本书编委会

总顾问　朱少平　万　力

主　编　张冉静

副主编　徐静静　林凌山

编写者　王钦刚　屠　博　郭宝生

　　　　黄立才　陈　擎

直通北交所

主　编　张冉静
副主编　徐静静　林凌山

中国出版集团有限公司
中国民主法制出版社

图书在版编目（CIP）数据

直通北交所／张冉静主编. —北京：中国民主法制出版社，2023. 3

ISBN 978-7-5162-3090-9

Ⅰ. ①直… Ⅱ. ①张… Ⅲ. ①中小企业—股票上市—案例—中国 Ⅳ. ①F279. 246

中国国家版本馆 CIP 数据核字（2023）第 026569 号

图书出品人：刘海涛
责 任 编 辑：陈　曦　张雅淇
图 书 策 划：刘　卫

书　　名／直通北交所
作　　者／张冉静　主编

出版 · 发行／中国民主法制出版社
地址／北京市丰台区右安门外玉林里 7 号（100069）
电话／010－57258080　57514499（系统发行）　63292520（编辑室）
传真／010－84815841
http：//www. npcpub. com
E-mail：mzfz@ npcpub. com
经销／新华书店
开本／16 开　710 毫米×1000 毫米
印张／21. 5　　**字数**／315 千字
版本／2023 年 4 月第 1 版　2023 年 4 月第 1 次印刷
印刷／北京飞帆印刷有限公司

书号／ISBN 978-7-5162-3090-9
定价／88. 00 元

专 家 介 绍 <<<

朱少平

- 北交所直通车项目总顾问
- 北京大学特聘教授
- 资本运作立法专家
- 原全国人大财经委法案室主任
- 中关村中成会创会会长
- 曾参与多部政策法律文件起草，在国企改革与有关国有经济、证券市场、私募股权投资、投资基金、信托、合伙制等方面有深入研究，相关言论与观点引起社会广泛关注

万力

- 北交所直通车项目总顾问
- 著名品牌专家
- 中关村成长型科技企业互助促进会会长
- 中国质量万里行论坛创办人
- 《国家品牌战略》课题组组长
- 先后担任中国新闻文化促进会经济新闻工作委员会主任、商务部《中国经贸》杂志总编辑、中国风险投资委员会执行秘书长、中国质量万里行名牌战略部部长、副秘书长、中国新品牌联盟主席等职务；兼任多个政府、社团、企业、新闻、学术组织的专家、顾问

张冉静

- 北交所直通车项目总负责人
- 北京大学硕士
- 中国政法大学法学学士
- 企业管理咨询专家
- 中关村中成会创会秘书长
- 擅长提升企业管理水平，激活组织活力，整合资源，帮助企业协同成长。专注于园区政府和科技企业政策研究，擅长为科技企业提供科技政策咨询及上市资源

徐静静

- 北京市振邦律师事务所执行主任、高级合伙人
- 中国传媒大学法律硕士导师
- 北海国际仲裁院、大连仲裁委员会仲裁员
- 民盟北京市法制工作委员会委员
- 新华网普法节目法律专家
- 北京大学硕士
- 专注公司证券领域22年，长期专注于并购重组、公司合规治理、股权架构设计、股权激励、控制权、投融资、公司上市，以及公司证券领域的争议解决

林凌山

- 北交所直通车项目执行总顾问
- 清华大学硕士
- 西安交通大学工学学士
- 中成会政策研究院院长
- 融资并购与市值管理专家
- 曾主持财政部2016年《会计法》普查工作，擅长财务管理、业财融合，创新商业模式，帮助企业实现融资并购与市值增值

王钦刚

- 资深保荐代表人
- 现任中天国富证券公司投资银行总部执行董事
- 北京大学法学学士
- 清华大学工商管理硕士
- 曾任职于国泰君安证券、瑞银证券和华安证券投资银行部
- 从事投资银行业务22年
- 曾负责和保荐了多家各种类型企业的IPO和股票及债券融资项目

屠博

- 北京国信中数投资管理有限公司董事总经理、风控合规负责人
- 南开大学工学学士、工学硕士
- 北京大学硕士
- 受邀担任多家上市公司的投融资顾问
- 资深保荐代表人、并购重组财务顾问主办人
- 具有证券分析师、证券投资顾问执业资格
- 曾任职安信证券、长城证券、浙商证券，具有十余年投资银行一线经验，业务范围涵盖全部投资银行业务条线

郭宝生

- 中国政法大学法学学士
- 中国人民大学经济学硕士
- 执业律师
- 北京市两高律师事务所高级合伙人、投融资事务部主任
- 曾在司法机关、投资公司、上市公司任职
- 多年来一直专注于投融资、并购重组、挂牌上市等领域，在公司资本运作方面拥有扎实理论功底和丰富实战经验

黄立才

- 中国资产评估师、高级会计师、并购交易师
- 北京大学硕士
- 中央财经大学会计学院研究生客座导师
- 中国CFO百人论坛副秘书长兼上市公司CFO组长
- 中国企业改革与发展研究会研究员
- 现任北京国融兴华资产评估有限责任公司副总经理
- 曾在央国企集团负责审计风险管控工作，具备丰富财务审计、投资并购风控、企业价值评估等经验

陈擎

- 中国注册会计师、资深ACCA会员、加拿大CPA会员
- 高级会计师
- 西南财经大学特聘研究员
- 杭州湾会计学院特聘专家
- 现任中审众环会计师事务所合伙人、技术总监
- 擅长公司风险识别、财务优化及融资咨询
- 曾推动数个大型客户完成IPO、并购及发债事项

主编的话

2021年9月，国家主席习近平在中国国际服务贸易交易会上宣布将继续支持中小企业创新发展，深化新三板改革，设立北京证券交易所（简称北交所），打造服务创新型中小企业主阵地，北交所的设立为中小企业打通了一条重要的直接融资通道。

同年11月，由清华大学和北京大学EMBA同学、校友联合发起北交所直通车项目，同时连接行业内优秀服务机构，共同为“专精特新”等科技型中小企业赋能，助力科技型中小企业快速成长，进入国家高质量发展跑道。

本书由中关村成长型科技企业互助促进会（简称中成会）北交所直通车项目组成员共同写作而成，结合案例分析与实务细节，是帮助中国中小企业创始人及联合创始人、股东、高管、财务总监等人士系统学习如何在北交所上市的金融工具书。它结合监管机构颁布的全新制度文件规定，深入解读北交所上市的各个流程节点、申报文件要求及注意事项，并辅以审核案例要点分析，提供务实、有针对性的指引和建议。

序言

忽如一夜春风来：北交所的诞生

马克·吐温曾说：历史不会简单重复，而会如押韵般不断再现。

30多年前伴随着社会主义市场经济的逐步建立，上海证券交易所（上交所）和深圳证券交易所（深交所）相继成立。正如上交所和深交所的成立生逢其时，在深化供给侧改革的背景下，在2021年的金秋时节，在新三板十年磨一剑的基础上，北京证券交易所（北交所）破茧而出、应运而生，走上了资本市场的历史舞台。

2021年9月2日，国家主席习近平在中国国际服务贸易交易会全球服务贸易峰会上的致辞中隆重宣布设立北京证券交易所，全力打造服务创新型中小企业的主阵地。

翌日，北京证券交易所注册成立，成为继上交所和深交所之后的第三家证券交易所，是第一家经国务院批准设立的公司制证券交易所。

同年11月15日，北交所揭牌暨开市仪式在北京隆重举行。新三板精选层原有的71家挂牌公司，全部平移至北交所。同时，10家已经完成公开发行的公司直接登陆北交所。

忽如一夜春风来，千树万树梨花开。

北交所的推出可谓生逢其时，对于深化多层次资本市场改革和支持中小企业的创新发展，具有里程碑式的重要意义。

“北交所”一词和“建党百年”“东京奥运”“双碳”等词汇一起成为“2021

年度中国媒体十大流行语”。

据统计，2022 年 11 月，A 股上市公司数量突破 5000 家，而全国有 4800 多万家企业。可以说，上市公司都是万里挑一的好企业。众多的中小企业想要成为上市公司，恰如千军万马过独木桥，实属不易。

而北交所的推出，坚持服务创新型中小企业的市场定位，着力打造服务创新型中小企业的主阵地，其必将成为中小企业进入资本市场、借助资本市场的加持而做大做强的捷径。

CONTENTS 目 录

第一篇　概览篇：迈向北交所……001

一、上市之门：会当凌绝顶，一览众山小……003

（一）资本市场：实体经济的晴雨表……003

（二）万紫千红总是春：多层次资本市场体系……006

（三）柳暗花明又一村：北交所的前世今生……010

（四）上市之门：康庄大道还是曲线救国……013

二、上市之利：大风起兮云飞扬……016

（一）公司上市：飞龙在天……017

（二）股东借势：顺势而为……017

三、上市之路：而今迈步从头越……018

（一）选择中介机构："三驾马车"……018

（二）引进私募股权投资：互利共赢的伙伴……019

（三）公司改制：建立现代企业制度……019

（四）辅导：上市前的热身……020

（五）文件编制与申报……023

（六）审核流程……024

四、上市之天时：时来天地皆同力……027

（一）九次 IPO 暂停：资本市场的痛苦回忆……027

（二）注册制：资本市场的春暖花开……029

五、上市之地利：近水楼台先得月……033

（一）纳斯达克：他山之石，可以攻玉……033

（二）北交所：打造中国的"纳斯达克"……035

（三）北交所：“专精特新”中小企业的舞台…… 036
六、上市之人和：IPO 的“三驾马车”…… 037
（一）总设计师：保荐机构…… 038
（二）“左膀右臂”：会计师和律师…… 040
（三）如何选择合适的 IPO 中介机构 …… 040
七、北交所：少年心事当拏云…… 041
（一）北交所：创新型中小企业的“少年班”…… 041
（二）宽严相济：北交所 IPO 的“30 条军规”…… 044
（三）转板：欲穷千里目，更上一层楼…… 056
（四）北交所的未来：任重道远，未来可期…… 057

第二篇　融资篇：投融资解析 …… 059
一、从一个独角兽落幕的案例讲起…… 061
（一）柔宇科技的 IPO 尝试之旅 …… 061
（二）柔宇科技带来的蝴蝶效应…… 061
（三）柔宇科技的前世今生…… 063
（四）思维盲区一：创始人的过度自信…… 066
（五）思维盲区二：朋友圈的专业性…… 067
二、投资机构在哪里…… 068
（一）转介绍与介绍…… 068
（二）主动出击…… 070
（三）面向企业的活动…… 071
三、投资机构类型介绍…… 072
（一）财务投资者…… 072
（二）战略投资者…… 085
（三）财务投资者与战略投资者的对比分析…… 093
（四）其他类型的投资机构…… 109
（五）如何寻找合适的投资机构…… 117

（六）选择投资机构时的常见误区…… 118
四、管理型基金与项目型基金…… 120
（一）管理型基金…… 120
（二）项目型基金…… 123
五、投资机构的决策流程…… 123
（一）一般决策流程…… 123
（二）Term Sheet 的条款解读 …… 127
六、投资机构的关注点…… 131
（一）行业情况…… 131
（二）公司管理层的构成…… 133
（三）关注公司财务…… 134
（四）公司业务开展情况…… 136
（五）公司的股权架构…… 137
（六）公司的上市规划…… 139
七、估值体系…… 142
（一）以投资机构梦碎 2022 年讲起 …… 142
（二）估值的几种方法…… 144
（三）估值凭什么…… 146
八、投后管理…… 149
九、如何与投资机构沟通…… 151
（一）怎么说话…… 151
（二）怎么做 BP …… 152
十、投融资部分小结…… 153

第三篇　法律篇（上）：控制权 …… 155
一、与控制权有关的股东责任及企业形式…… 157
（一）有限责任公司及股东责任…… 157
（二）股份有限公司及股东责任…… 159

（三）有限合伙企业及合伙人责任…… 160
二、影响控制权的重要持股比例…… 161
（一）相对控股权（过半数）…… 161
（二）绝对控股权（三分之二以上）…… 163
（三）反向控股权（超过三分之一）…… 164
三、以小比例出资实现控制权的架构…… 165
（一）有限合伙架构…… 165
（二）多层有限公司架构…… 171
（三）多层混合架构…… 174
（四）AB 股加一致行动人模式 …… 176
四、控制权的法律保障…… 180
（一）公司治理层面的保障…… 180
（二）法律文件的保障…… 181

第三篇　法律篇（中）：股权激励 …… 189
一、股权激励的价值和意义…… 191
二、股权激励的制度衔接…… 191
三、股权激励六大要素…… 192
（一）定方式：确定股权激励的模式…… 192
（二）定对象：确定股权激励对象…… 193
（三）定价格：确定获得股票的成本…… 196
（四）定条件：股票期权和限制性股票不同的股权激励条件…… 197
（五）定数量：确定股权激励数量占公司总股本的比例…… 198
（六）定机制：确定股权激励的终止机制和回购机制…… 199
四、案例分析…… 199
（一）中视文化（430508）股票期权股权激励 …… 199
（二）中绿环保（832580）限制性股票股权激励 …… 209
（三）夏阳检测（831228）限制性股票和股票期权结合的股权激励 …… 215

（四）诺思兰德（430047）限制性股票和股票期权结合的股权激励 …………………… 226

第三篇 法律篇（下）：规范运行上市北交所 ……………………………… 235

一、北交所上市流程及上市标准分析…………………………………………… 237

（一）北交所简介………………………………………………………………………… 237

（二）北交所上市流程规划……………………………………………………………… 238

（三）北交所上市标准剖析……………………………………………………………… 239

二、股东出资（公司设立）分析………………………………………………… 247

（一）我国公司资本制度变革简析…………………………………………………… 247

（二）股东出资瑕疵及影响分析……………………………………………………… 250

（三）出资方式如何影响控制权、税筹及变现便利性……………………………… 254

三、经营稳定性分析……………………………………………………………… 255

（一）主营业务稳定……………………………………………………………………… 255

（二）同一控制下的业务重组…………………………………………………………… 260

（三）非同一控制下的业务重组………………………………………………………… 265

（四）实际控制权保持稳定……………………………………………………………… 268

四、经营独立性分析……………………………………………………………… 269

（一）同业竞争…………………………………………………………………………… 269

（二）关联交易…………………………………………………………………………… 273

五、重大违法行为分析…………………………………………………………… 280

（一）刑事犯罪…………………………………………………………………………… 280

（二）重大行政违法行为………………………………………………………………… 284

第四篇 财税篇：备战 IPO ………………………………………………… 287

一、北交所上市财务方面的要求………………………………………………… 289

（一）整体发行上市条件要求…………………………………………………………… 289

（二）发行上市财务条件要求…………………………………………………………… 291

（三）公开发行之公众性要求…………………………………………………………… 291

二、北交所再融资财务方面要求…… 292
（一）再融资一般性要求…… 292
（二）再融资特殊性要求…… 292
三、北交所上市之难点财务问题…… 293
（一）股权投资…… 293
（二）企业合并…… 294
（三）收入确认…… 298
（四）金融工具…… 302
（五）股份支付…… 312
（六）非经常性损益及其他…… 315
四、北交所上市监管审核财务相关案例…… 319
（一）成功案例借鉴…… 319
（二）终止审核案例…… 323
（三）被否案例…… 326
（四）处罚案例…… 326

第一篇

概览篇：迈向北交所

一、上市之门：会当凌绝顶，一览众山小

将近 1300 年前，24 岁的青年杜甫站在泰山脚下，仰望着这座雄伟的五岳之尊，产生了“会当凌绝顶，一览众山小”的雄心壮志。

而今，千千万万个企业家站在证券交易所的门口，面对着汹涌澎湃的资本市场，或许也渴望得到一把打开上市之门的金钥匙。

对于面对资本市场之门的企业家来讲，资本市场的来龙去脉（What）、企业为什么要上市（Why）、企业怎样才能上市（How）、上市的时机如何选择（When）、上市地如何选择（Where）和上市的相关主体如何同心协力（Who）等问题可能不甚了了。

本章便试图从 6 个 W（What、Why、How、When、Where、Who）的角度，为企业家介绍资本市场的由来和上市的意义、路径、时机、场所、主体等问题，为渴望得到上市之门金钥匙的企业家答疑解惑，为站在证券交易所门口的企业家打开一扇通往资本市场、通往北交所的成功之门。

（一）资本市场：实体经济的晴雨表

资本市场（Capital Market）作为与货币市场相对应的概念，是金融市场的重要组成部分。资本市场通常是指进行中长期资金融通活动的市场。由于在长期金融活动中，涉及资金具有期限长、风险大的特点，类似于资本的投入，故称之为资本市场。

证券市场是指股票、债券、证券投资基金等有价证券发行和交易的场所，是资本市场的主要部分和典型形态。在实践中，我们通常会把资本市场等同于证券市场，特别是其中的股票市场。

证券交易所（Stock Exchange）作为证券发行和交易的场所，是资本市场和证券市场的主要载体。

从世界上第一家证券交易所成立至今，资本市场已经走过了 400 多年的漫长岁月。资本市场是市场经济发展的产物，同时又是反映实体经济发展状况的晴雨表。

资本市场由于不从事任何生产制造，因此被冠以“虚拟经济”的称呼，以区别于制造业等实体经济。如果把经济比作人体，实体经济就如同肌肉，包括资本市场在内的金融体系则如同血液，为实体经济输送养分。

接下来，让我们从400多年前欧洲大陆出现的世界上第一家证券交易所开始，说一说资本市场的来龙去脉。

1. 盛开的郁金香：证券交易所的起源

提起荷兰，人们首先会想起郁金香。正是在这个郁金香盛开的国度，400多年前诞生了世界上第一家证券交易所。

公元1602年，也就是中国明朝晚期的万历年间，在欧洲大陆的尼德兰联省共和国（今荷兰）诞生了世界上第一家证券交易所——阿姆斯特丹证券交易所。

17世纪是荷兰的黄金时代，荷兰商船从阿姆斯特丹开往波罗的海，北美洲，非洲，亚洲的印度、斯里兰卡、印度尼西亚以及南美洲的巴西，由此构建起世界范围的贸易网络，荷兰由此获得了“海上马车夫”的美誉。

1602年3月20日，荷兰东印度公司成立，这是荷兰建立的具有国家职能、向东方进行殖民掠夺和垄断东方贸易的商业公司，也是现代意义上的第一家股份制公司。

荷兰东印度公司成立后，开始大量发行股票，其阿姆斯特丹办公室开始出售自己的股票，阿姆斯特丹也在此时成为了欧洲航运和世界融资的中心。随着股票的不断发行，亟须解决股票流通的问题，于是阿姆斯特丹证券交易所应运而生。

阿姆斯特丹证券交易所市场具有流动性、公开性和投机性等特点，它的成立标志着现代金融市场的形成。到17世纪中叶，阿姆斯特丹已经发展为欧洲的股票交易中心，阿姆斯特丹证券交易所成为当时整个欧洲最活跃的资本市场，被誉为“17世纪的华尔街”。

2. 华尔街：资本市场的“天堂”

《北京人在纽约》里有一句经典台词：“如果你爱他，送他到纽约，因为那里是天堂；如果你恨他，送他到纽约，因为那里是地狱。”

而对于资本市场而言，纽约的华尔街可能就是“天堂”。

就在阿姆斯特丹证券交易所成立的同一年，荷兰派人前往北美洲找寻新的乐土，抵达纽约湾后溯流而上。开拓者带着北美洲的土特产回到荷兰后，引起了众多荷兰商人对这片土地的浓厚兴趣，由此荷兰商人纷至沓来，开始定居于此。

1626 年，荷兰殖民总督从当地人手中买下曼哈顿岛，建立起贸易站，并以荷兰首都阿姆斯特丹的名字，将此地命名为“新阿姆斯特丹”。

当时荷兰已经建立了一套包括银行、保险、证券交易所在内的非常完整的金融体系，金融体系的完善促进了荷兰经济的飞速发展，使得这个欧洲西部的蕞尔小国，一度成为世界上最强大的国家之一。当荷兰人移民到北美，便将资本主义的商业精神带到了新阿姆斯特丹。

1640 年，荷兰人开始把新阿姆斯特丹殖民地内的小块土地用尖木桩和围篱进行分隔。后来为了有效管控来自非洲的奴隶，荷兰西印度公司组织来自荷兰的移民建造了更加坚固的栅栏。

1653 年，新阿姆斯特丹市政委员会成立，将这片栅栏改建成一座 12 英尺（约 3.66 米）高的泥土木板墙。此后，为了抵御印第安部落和新英格兰殖民者，木板墙逐渐地被扩张和强化。

1664 年，英国人占领新阿姆斯特丹。当时正值英国国王查理二世的弟弟约克公爵的生日，查理二世便将这片地方交给约克公爵管辖，作为送给公爵的礼物，约克公爵于是将自己的领地从英国的约克郡迁到新阿姆斯特丹，并将地名改为“新约克”（New York，中文音译为纽约）。

1685 年，沿着原始栅栏划定出一条道路，将其命名为墙街（Wall Street，中文音译为华尔街）。

1699 年英国人将这面墙拆除，而华尔街的名字沿袭至今。

而今的华尔街是纽约市曼哈顿区南部的一条大街，全长不足 1600 米，宽仅为 11 米，街道狭窄局促，却曾经有众多金融机构的总部汇集于此，以“美国的金融中心”之名著称于世。著名的纽约证券交易所便坐落在这里。“华尔街”一词现已超越这条街道本身，成为整个美国金融市场和金融机构的代称。

而今，众多的各国企业把登陆华尔街、在纽约证券交易所上市作为终生奋斗的梦想。而华尔街则成为众多企业家心目中资本市场的“天堂”。

3. 梧桐树协议：纽约证券交易所的开端

美国建国之后，在股票发行的初期，尚无集中交易的证券交易场所，证券交易大都在咖啡馆或拍卖行里进行。

1792 年 5 月 17 日，24 名证券经纪人在纽约华尔街 68 号一间咖啡馆门前的梧桐树下签订了“梧桐树协议”，规定了经纪人的“联盟与合作”规则：只与在梧桐树协议上签字的经纪人进行证券交易；收取不少于交易额 0.25% 的手续费。于是，这 24 位在协议上签字的经纪人组成了一个独立的、享有交易特权的证券交易联盟。这便是后来纽约证券交易所的雏形，1792 年 5 月 17 日这一天也被确定为纽约证券交易所诞生的日子。

1817 年 3 月 8 日，该交易联盟在梧桐树协议的基础上草拟出《纽约证券和交易管理处条例》，并把联盟的名字更改为“纽约证券和交易管理处”，一个集中的证券交易市场基本形成。

1863 年，纽约证券和交易管理处更名为纽约证券交易所（New York Stock Exchange，NYSE），并发展成为世界上规模最大的证券交易所。

（二）万紫千红总是春：多层次资本市场体系

当代中国的资本市场比起美国差不多晚了 200 年，从 1990 年上海证券交易所和深圳证券交易所成立至今已逾 30 年，现已建立起由主板、创业板、科创板、北交所、全国股转系统（新三板）和区域股权市场（“四板”）组成的多层次资本市场体系。

1. 主板

主板市场指传统意义上的证券市场（通常指股票市场），是证券发行、上市及交易的主要场所。主板市场对发行人的营业期限、股本大小、盈利水平、最低市值等方面的要求标准较高，上市企业多为大型成熟企业，具有较大的资本规模以及稳定的盈利能力。

主板市场的公司在上海证券交易所和深圳证券交易所两个市场上市。主板市场是资本市场中最重要的组成部分，很大程度上能够反映经济发展状况，有“国民经济晴雨表”之称。

（1）上海证券交易所

1990 年 11 月 26 日，经国务院授权，由中国人民银行批准建立的上海证券交易所正式成立；同年 12 月 19 日，随着浦江饭店的锣声响起，上海证券交易所正式开业。

最早在上海证券交易所上市交易的 8 只股票——上海申华电工联合公司、上海豫园旅游商城股份有限公司、上海飞乐股份有限公司、上海真空电子器件股份有限公司、浙江凤凰化工股份有限公司、上海飞乐音响股份有限公司、上海爱使电子设备股份有限公司、上海延中实业股份有限公司，被称为上海“老八股”。

30 年间，上交所由 8 家上市公司发展到拥有 2000 多家上市公司的世界第三大证券交易所和全球最活跃的证券交易所之一。

截至 2023 年 3 月 3 日，上交所主板上市公司数量为 1678 家，总市值约 44 万亿元。

（2）深圳证券交易所

深圳证券交易所于 1990 年 12 月 1 日开始营业，是经国务院批准设立的全国性证券交易所，受中国证监会监督管理。

2004 年 5 月，经国务院批准，中国证监会批复同意深圳证券交易所在主板市场内设立中小企业板块，主要安排主板市场拟发行上市企业中具有较好成长性、流通股本规模相对较小的公司。中小企业板块是主板市场的一个组成部分。其上市的基本条件与主板市场完全一致，按照“两个不变”和“四个独立”的要求，该板块在主板市场法律法规和发行上市标准的框架内，实行包括“运行独立、监察独立、代码独立、指数独立”的相对独立管理。

2021 年 4 月，经中国证监会批准，深交所主板和中小板合并，中小企业板块成为历史。

截至 2023 年 3 月 3 日，深交所主板上市公司数量为 1516 家，总市值约 23 万亿元。

2. 创业板

2009 年 10 月 23 日，深圳证券交易所创业板举行开板启动仪式；10 月 30 日，创业板首批企业正式上市。

2020 年 8 月 24 日，随着注册制下首批 18 家企业敲响上市钟声，创业板步入注册制改革的新时代。

创业板深入贯彻创新驱动发展战略，适应发展更多依靠创新、创造、创意的大趋势，主要服务成长型创新创业企业，支持传统产业与新技术、新产业、新业态、新模式深度融合（即“三创四新”）。

截至 2023 年 3 月 3 日，创业板上市公司数量为 1239 家，总市值约 12 万亿元。

3. 科创板

2018 年 11 月 5 日，国家主席习近平出席首届中国国际进口博览会开幕式并发表主旨演讲，宣布在上海证券交易所设立科创板并试点注册制。

2019 年 6 月 13 日，在第十一届陆家嘴论坛开幕式上，中国证监会和上海市人民政府联合举办了上海证券交易所科创板开板仪式。

2019 年 7 月 22 日，科创板首批上市 25 家公司上市交易，科创板正式开市，中国资本市场迎来了一个全新板块。

科创板独立于上交所现有主板市场。在上交所新设科创板，坚持面向世界科技前沿、面向经济主战场、面向国家重大需求，主要服务于符合国家战略、突破关键核心技术、市场认可度高的科技创新企业。重点支持新一代信息技术、高端装备、新材料、新能源、节能环保以及生物医药等高新技术产业和战略性新兴产业，推动互联网、大数据、云计算、人工智能和制造业深度融合，引领中高端消费，推动质量变革、效率变革、动力变革。

截至 2023 年 3 月 3 日，上交所科创板上市公司数量为 508 家，总市值约 6 万亿元。

4. 北交所

北京证券交易所（简称北交所）于 2021 年 9 月 3 日注册成立，是经国务院批准设立的我国第一家公司制证券交易所，受中国证监会监督管理。经营范围为依法为证券集中交易提供场所和设施、组织和监督证券交易以及证券市场管理服务等业务。

2021 年 9 月 2 日，国家主席习近平在 2021 年中国国际服务贸易交易会全球服务贸易峰会上的致辞中宣布："我们将继续支持中小企业创新发展，深化新三板改革，设立北京证券交易所，打造服务创新型中小企业主阵地。"

2021 年 11 月 15 日，北交所揭牌暨开市仪式在北京隆重举行。

这是对资本市场更好服务构建新发展格局、推动高质量发展作出的新的重大战略部署，是实施国家创新驱动发展战略、持续培育发展新动能的重要举措，也是深化金融供给侧结构性改革、完善多层次资本市场体系的重要内容，对于更好发挥资本市场功能作用、促进科技与资本融合、支持中小企业创新发展具有重要意义。

在北交所建设过程中，将重点把握好以下原则：

坚守“一个定位”。北交所将牢牢坚持服务创新型中小企业的市场定位，尊重创新型中小企业发展规律和成长阶段，提升制度包容性和精准性。

处理好“两个关系”。一是北交所与沪深交易所、区域性股权市场坚持错位发展与互联互通，发挥好转板上市功能。二是北交所与新三板现有创新层、基础层坚持统筹协调与制度联动，维护市场结构平衡。

实现“三个目标”。一是构建一套契合创新型中小企业特点的涵盖发行上市、交易、退市、持续监管、投资者适当性管理等基础制度安排，提升多层次资本市场发展普惠金融的能力。二是畅通北交所在多层次资本市场的纽带作用，形成相互补充、相互促进的中小企业直接融资成长路径。三是培育一批优秀的创新型中小企业，形成创新创业热情高涨、合格投资者踊跃参与、中介机构归位尽责的良性市场生态。

截至 2023 年 3 月 3 日，北交所上市公司数量为 176 家，总市值约 2400 亿元。

5. 三板市场：全国股转系统

全国中小企业股份转让系统（简称全国股转系统，俗称新三板）是经国务院批准，依据《证券法》设立的继上交所、深交所之后第三家全国性证券交易场所，是我国第一家公司制运营的证券交易场所。全国中小企业股份转让系统有限责任公司（简称全国股转公司）为其运营机构，为新三板市场提供场所和设施，组织新三板市场的具体运营，监督和管理新三板市场，于 2012 年 9 月 20 日在国家工商总局注册，2013 年 1 月 16 日正式揭牌运营，隶属于中国证监会，由中国证监会直接管理。

2013 年 12 月 13 日，国务院发布《关于全国中小企业股份转让系统有关问题的决定》，明确了全国股转系统全国性公开证券市场的市场性质，主要为创新型、创业型、成长型中小企业发展服务的市场定位，符合条件的股份公司均可通过主办券商申请挂牌，公开转让股份，进行股权融资、债权融资、资产重组等。

2020 年 3 月 1 日正式施行的新《证券法》进一步明确了新三板作为“国务院批准的其他全国性证券交易场所”的法律地位，夯实了新三板场内、集中、公开市场的性质。

截至 2023 年 3 月 3 日，新三板公司数量为 6567 家，其中创新层 1635 家，基础层 4932 家。

6. 四板市场：区域性股权市场

区域性股权市场是为其所在省级行政区域内中小微企业证券非公开发行、转让及相关活动提供设施与服务的场所，是多层次资本市场体系的重要组成部分。

2008 年以来，为了探索拓展中小微企业股本融资渠道，各地陆续设立了一批区域性股权市场。2012 年 8 月中国证监会发布《关于规范证券公司参与区域性股权交易市场的指导意见（试行）》，从规范证券公司参与的角度，对区域性股权市场间接提出了规范要求。

2017 年国务院办公厅发布《关于规范发展区域性股权市场的通知》后，区域性股权市场进入了规范发展阶段。

目前，区域性股权市场已初具规模，其主要融资方式为股权和私募可转债融资，主要业务包括企业规范培育、登记托管、改制辅导、资本市场培训等方面，在多层次资本市场体系中的地位得到进一步提升，在拓宽中小微企业融资渠道等方面发挥了积极作用。

（三）柳暗花明又一村：北交所的前世今生

近些年来，国内许多高校纷纷追根溯源，争先恐后地把校史追溯到晚清时候的书院和学堂，使得几十年的校史一下子拉长到百年以上。

如果北交所仿照这种追根溯源的方式，其起源和前身也可以追溯到上交所和深交所成立的 1990 年代。

1. 百折千回二十载：从 STAQ 和 NET 系统到新三板

在上海和深圳成立证券交易所的同时，1990 年 12 月，全国证券交易自动报价系统 STAQ（Securities Trading Automated Quotations System）系统在北京正式开始运行。

STAQ 系统是一个基于网络进行证券交易的综合性场外交易市场。系统中心设在北京，连接国内证券交易比较活跃的城市，为会员公司提供证券交易信息以及结算等方面的服务。STAQ 系统的建立，推动了全国证券市场的发展，方便了异地证券机构间的沟通。

1993 年 4 月，由中国证券交易系统有限公司开发设计的 NET（National Exchange and Trading System）系统投入试运行。该系统中心设在北京，利用覆盖全国 100 多个城市的卫星数据通信网络连接起来的计算机网络系统，为证券市场提供证券的集中交易及报价、清算、交割、登记、托管、咨询等服务。

1999 年 9 月，STAQ 和 NET 两个交易系统日益萎缩并最终停止运行。

在 STAQ 和 NET 两个交易系统终止运行近两年之后，2001 年 6 月，经中国证监会批准，中国证券业协会主办设立了代办股份转让系统，妥善解决了 STAQ 和 NET 两大系统挂牌公司的股份流通问题。

2002 年 8 月起，从沪深证券交易所退市的公司也纳入代办股份转让系统。

2003 年 12 月，科技部与北京市人民政府联合向国务院上报了《关于中关村科技园区非上市股份有限公司进入证券公司代办股份转让系统进行股份转让试点的请示》，并于 2005 年 10 月得到国务院批准。

2006 年 1 月，在证券公司代办股份转让系统基础上，中关村科技园区非上市股份有限公司股份报价转让系统（简称报价转让系统）正式启动，开始进行股份报价转让试点。

2012 年 7 月，经国务院批准，决定扩大非上市股份公司股份转让试点。按照“总体规划、分步推进、稳妥实施”的原则，设立全国中小企业股份转让系统，逐步将条件比较成熟的园区纳入试点范围，为试点园区的非上市股份公司提供股份报价转让等服务。首批扩大试点除北京中关村科技园区之外，新增上海张江高新技术产业开发区、武汉东湖新技术产业开发区和天津滨海高新区。

2012 年 9 月，扩大非上市股份公司股份转让试点合作备忘录签署暨首批企业挂牌仪式在北京举行，首批 8 家企业挂牌进入全国中小企业股份转让系统进行股份报价转让。

全国中小企业股份转让系统（简称全国股转系统，俗称新三板）是经国务院批准，依据《证券法》设立的继上交所、深交所之后第三家全国性证券交易场所。全国中小企业股份转让系统有限责任公司（简称全国股转公司）为其运营机构，为新三板市场提供场所和设施，组织新三板市场的具体运营，监督和管理新三板市场，于 2012 年 9 月 20 日在国家工商总局注册，2013 年 1 月 16 日正式揭牌运营，隶属于中国证监会，由中国证监会直接管理。

2013 年 6 月，国务院常务会议决定，加快发展多层次资本市场，将全国中小企业股份转让系统试点扩大至全国，鼓励创新、创业型中小企业融资发展。

2013 年 12 月 13 日，国务院发布《关于全国中小企业股份转让系统有关问题的决定》，明确了全国股转系统全国性公开证券市场的市场性质，主要为创新型、创业型、成长型中小企业发展服务的市场定位，符合条件的股份公司均可通过主办券商申请挂牌，公开转让股份，进行股权融资、债权融资、资产重组等。

2020 年 3 月 1 日正式施行的新《证券法》进一步明确了新三板作为“国务院批准的其他全国性证券交易场所”的法律地位，夯实了新三板场内、集中、公开市场的性质。

2. 从新三板到北交所：一字之差的华丽转身

2019 年 10 月 25 日，中国证监会正式启动全面深化新三板改革。本次改革围绕改善市场流动性、强化融资功能、优化市场生态、加强多层次资本市场有机联系等四条主线，重点推出向不特定合格投资者公开发行并设立精选层、优化定向发行、实施连续竞价交易、建立差异化投资者适当性制度、引入公募基金、确立转板上市制度和深化差异化监管等改革举措。

2019 年 12 月 27 日，全国股转系统正式发布《全国中小企业股份转让系统分层管理办法》，其中规定：全国股转系统设置基础层、创新层和精选层，符合不同条件的挂牌公司分别纳入不同市场层级管理；在全国股转系统连续挂牌满 12 个月的创新层挂牌公司，可以申请公开发行并进入精选层。

2020 年 7 月 27 日，新三板精选层正式设立并开市交易。已完成公开发行的 32 家挂牌公司作为首批精选层公司晋层交易。

2021 年 9 月 2 日，国家主席习近平在 2021 年中国国际服务贸易交易会全球服务贸易峰会上的致辞中宣布：“我们将继续支持中小企业创新发展，深化新三板改革，设立北京证券交易所，打造服务创新型中小企业主阵地。”这是对资本市场更好服务构建新发展格局、推动高质量发展作出的新的重大战略部署，是实施国家创新驱动发展战略、持续培育发展新动能的重要举措，也是深化金融供给侧结构性改革、完善多层次资本市场体系的重要内容，对于更好发挥资本市场功能作用、促进科技与资本融合、支持中小企业创新发展具有重要意义。

北京证券交易所（简称北交所）于 2021 年 9 月 3 日注册成立，是经国务院批准设立的我国第一家公司制证券交易所，受中国证监会监督管理。经营范围为依法为证券集中交易提供场所和设施、组织和监督证券交易以及证券市场管理服务等业务。

11 月 15 日，北交所揭牌暨开市仪式在北京隆重举行。新三板精选层原有的 71 家挂牌公司，全部平移至北交所。

从全国股转系统的第三家全国性“证券交易场所”到北交所的第三家全国性“证券交易所”，仅仅一字之差，北交所却实现了与上交所和深交所平起平坐的华丽转身。

根据《北交所、新三板 2022 年市场改革发展报告》统计，截至 2022 年末，北交所上市公司 162 家，全年新增上市公司 83 家，较开市时翻一番；上市公司中小企业占比 81%，战略新兴产业、先进制造业、现代服务业等占比 84%，国家级专精特新“小巨人”企业 67 家，平均研发强度达 4.18%，部分公司突破“卡脖子”技术，实现进口替代，或拥有国际领先的技术专利。2022 年 83 家公司完成公开发行并进入北交所，融资金额 163.84 亿元，同比上升 118%；3 家上市公司再融资发行金额合计 3.15 亿元。

（四）上市之门：康庄大道还是曲线救国

条条大路通罗马。面对着金字塔般的多层次资本市场，上市的选择不止一个，而上市的方式也不止 IPO 这一条康庄大道。

除了最常见的 IPO（首次公开发行）的上市之路，还有“曲线救国”的借壳上市之路以及“卖身上市”之路。

1. 康庄大道：IPO——首次公开发行并上市

IPO（Initial Public Offering）即首次公开发行，这是一种公司实现直接上市的方式，也是目前企业上市的最主要的途径。“IPO”这个英文缩写在资本市场和企业家的心目中已经等同于上市，可谓深入人心、耳熟能详。

自 2019 年科创板试点注册制以来，通过 IPO 方式实现上市的企业日益增多，从 2018 年的 105 家、2019 年的 203 家，迅速增长到 2020 年的 437 家、2021 年的 524 家和 2022 年的 424 家。

据统计，1990 年至 2022 年历年 IPO 企业数量分别为 1990 年 7 家、1991 年 4 家、1992 年 37 家、1993 年 107 家、1994 年 99 家、1995 年 21 家、1996 年 182 家、1997 年 194 家、1998 年 98 家、1999 年 92 家、2000 年 132 家、2001 年 79 家、2002 年 68 家、2003 年 66 家、2004 年 99 家、2005 年 14 家、2006 年 66 家、2007 年 126 家、2008 年 77 家、2009 年 98 家、2010 年 348 家、2011 年 281 家、2012 家 155 家、2013 年 1 家、2014 年 124 家、2015 年 223 家、2016 年 227 家、

2017 年 438 家、2018 年 105 家、2019 年 203 家、2020 年 437 家、2021 年 524 家、2022 年 424 家。其中 2021 年 IPO 家数首次突破 500 家，成为 A 股 30 余年历史中 IPO 企业数量最多的一年。

2023 年 2 月 17 日，中国证监会发布全面实行股票发行注册制相关制度规则，自公布之日起施行。各证券交易所、全国股转公司、中国结算、中证金融、证券业协会配套制度规则同步发布实施。

随着全面注册制的正式实施，预计会有更多的企业将 IPO 作为上市的主要途径。

2.“曲线救国”之路：借壳上市

借壳上市一般是指未上市的公司通过对壳公司的股权收购或换股等方式取得一家上市公司（壳公司）的控股权，然后通过资产置换或注入的方式将新的资产和业务注入上市公司，之后可以增发股票等方式进行融资，从而实现上市的目的。

选择借壳上市的企业通常不符合通过 IPO 方式实现直接上市的条件。与 IPO 相比，借壳上市算是一种“曲线救国”的方式，所以在英文里叫作“后门上市”（Backdoor listing）。

（1）借壳上市的方案

①壳公司原控股股东股权转让 + 资产置换

A. 壳公司（上市公司）原控股股东将所持有的公司股份通过股权转让方式转让给拟借壳上市企业；

B. 借壳方完成对上市公司的控股后，与上市公司进行资产置换，收购其原有业务及资产，同时将拟上市的业务及资产注入上市公司。

②壳公司原控股股东股权转让 + 增发换股

A. 壳公司（上市公司）原控股股东将所持有的公司股份通过股权转让方式转让给拟借壳上市企业；

B. 借壳方完成对上市公司的控股后，由上市公司向拟借壳上市企业的全体（或控股）股东定向增发新股，收购其持有的拟借壳上市企业股权；

C. 上市公司向其原控股股东出售其原有的业务及资产。

③壳公司股权回购 + 增发换股

A. 壳公司（上市公司）向原控股股东出售全部业务及资产，同时回购并注销原控股股东所持有的上市公司股份；

B. 上市公司向拟借壳上市企业的全体（或控股）股东定向增发新股，收购其持有的拟借壳上市企业股权；增发换股后，拟借壳上市企业的控股股东成为上市公司的新控股股东。

④壳公司资产置换＋增发换股

A. 壳公司（上市公司）将全部业务和资产转让给拟借壳企业的控股股东，并同时向其增发新股，换取其所持有的拟上市企业股份；

B. 拟借壳企业控股股东取得壳公司的原有业务和资产后将其转让给上市公司原控股股东，以换取后者所持有的上市公司股份。

（2）借壳上市的流程

①前期准备阶段

A. 收购方对自身业务及资产进行梳理，确定拟上市业务和资产范围；

B. 收购方聘请财务顾问，财务顾问根据收购方的需求寻找适合的壳公司；

C. 在目标壳公司候选名单中进行筛选，与相关壳公司控股股东进行谈判；

D. 最终确定目标壳公司及其估值，制定重组计划及工作时间表；

E. 选聘其他中介机构，包括会计师事务所、资产评估机构、律师事务所等。

②申报审核阶段

A. 按照中国证监会要求申报相关文件：a. 本次重大资产重组涉及的相关财务文件，b. 重大资产重组报告书及相关文件，c. 本次重大资产重组涉及的有关协议、合同和决议，d. 独立财务顾问和律师事务所出具的文件，e. 本次重大资产重组的其他文件；

B. 壳公司（上市公司）根据规定申请停牌，向公众定期披露进展情况；

C. 根据中国证监会的反馈意见进行答复；

D. 交易方案等经上市公司股东大会批准和授权；

E. 中国证监会重组委对交易表决通过。

③方案实施阶段

A. 经中国证监会批准后，完成对壳公司控制权的收购，将壳公司的相关业务和资产置换出上市公司；

B. 对上市公司董事会等权力机构进行改组，加强对上市公司的控制力；

C. 将收购方的优质业务及资产逐步注入上市公司；

D. 上市公司以定向增发、配股等方式进行再融资。

曾经 IPO 的门槛较高，还有 IPO 暂停期间，一些 ST 上市公司成为借壳上市的热门对象。近年来，随着发行上市注册制的试点和借壳上市审核的趋严，通过借壳实现上市的企业数量越来越少。

2019—2021 年通过 IPO 方式实现上市的企业数量分别为 203 家、437 家和 524 家，而同期完成借壳上市的企业仅有 8 家、8 家和 2 家。

3.“老大嫁作商人妇”：“卖身”上市

“卖身”上市是种形象的通俗说法，一般是指企业的股东或控股股东将企业卖给上市公司，使企业成为上市公司的全资或控股子公司，从而达到企业间接上市的目的。企业的原股东或控股股东以此换取上市公司的少数股权，失去了对原企业的控制权，所以称之为“卖身”上市。

如果企业的股东或控股股东将企业卖给上市公司，获得的对价是现金而不是上市公司的股权，则只是单纯的股权出售，而不是“卖身”上市。其原因就在于没有实现“证券化”。

“卖身”上市对于上市公司而言，则是以股权或“股权 + 现金”的方式并购其他企业，相当于是“换股收购”。作为上市公司，由于其股权的流动性好，因此拥有一种类似“铸币权”的特权，通常可以股权或“股权 + 现金”作为主要的支付手段。

“卖身”上市对于卖方而言，可以获得上市公司的资源支持以促进其业务发展；对于原企业的 PE（私募股权基金）投资者也获得了在 IPO 之外的退出途径；对于上市公司而言，也是其外延式发展的一种捷径。

二、上市之利：大风起兮云飞扬

两千多年前，荀子在《劝学》中说：“假舆马者，非利足也，而致千里；假舟楫者，非能水也，而绝江河。君子生非异也，善假于物也。”

21 世纪的今天，小米的雷军说：“站在风口上，猪都可以飞起来。”

而今，千千万万的中小企业可以假资本市场之利，借北交所上市这一“风口”，“大风起兮云飞扬”，从而做大做强。

（一）公司上市：飞龙在天

1. 可以直接募集资金

企业通过首次公开发行，可以募集数以亿计的资金进行项目投资或补充流动资金、偿还银行贷款。

2. 获得持续的直接融资渠道

企业成为上市公司后，可以通过增发、配股、发行债券等方式进行公开或定向融资，从而获得持续的直接融资渠道。

3. 改善公司财务结构

公司通过首次公开发行所得的募集资金作为所有者权益计入资产负债表，从而可以降低公司的资产负债率，改善公司财务结构。

4. 完善公司治理结构

企业成为上市公司后，以股东大会、董事会、监事会、独立董事制度为核心的公司治理结构得到进一步完善，有利于保障公司规范运营。

5. 获得资本运作的平台

企业成为上市公司后，可以通过发行股份购买资产 / 股权的方式进行资本运作，并购上下游或同行业的企业，进一步做大做强。

6. 便于进行股权激励

企业成为上市公司后，便于以上市公司的股权进行股权激励，吸引优秀人才的加入。

7. 有利于提升公司形象

企业成为上市公司后，上市公司无形的广告效应有利于提升公司形象和社会地位。

（二）股东借势：顺势而为

1. 获得财富的大幅增值

公司通过首次公开发行并上市后，公司股东的股权价值开始以二级市场的价值（市值）进行计算，与之前的净资产计量或私募估值相比，其股权价值将获得大幅增值。

2. 提高股权的流动性，获得便利的退出平台

公司上市后，公司股东所持的股份在禁售期之后，其流动性与上市之前相比大大提高，并可以通过二级市场比较方便地进行减持套现。此外，公司股东还可以通过股权质押进行融资。

三、上市之路：而今迈步从头越

当企业家站在证券交易所 IPO 舞台的中央，有谁知道在鲜花与掌声的背后有多少汗水与泪水交织的过往。

上市公司是万里挑一的好企业，众多的中小企业想要成为上市公司，恰如千军万马过独木桥，需要十年磨一剑的坚持与努力。

雄关漫道真如铁，而今迈步从头越。

（一）选择中介机构："三驾马车"

企业通过 IPO 方式上市，通常需要聘请三家中介机构——保荐机构（证券公司，俗称券商或投行）、审计机构（会计师事务所）和发行人律师（律师事务所）。三家中介机构被通俗地合称为 IPO 的"三驾马车"。

1. 保荐机构

拥有保荐业务资格的证券公司——保荐机构（又称保荐人）是企业 IPO 过程中的总协调人，是"三驾马车"的核心。保荐机构履行保荐职责，通常指定两名保荐代表人具体负责保荐工作。

2. 审计机构和发行人律师

审计机构（会计师事务所、注册会计师）和发行人律师（律师事务所）在 IPO 的"三驾马车"中堪称保荐机构的"左膀右臂"。

会计师事务所作为企业 IPO 的审计机构，其主要工作包括协助企业完善会计核算、财务管理和内控制度，对企业的财务报表进行审计并出具审计报告，就 IPO 过程中的财务及税务问题提供专业意见等。

在 IPO 中审计机构出具的主要文件包括：审计报告、内部控制鉴证报告、经注册会计师鉴证的非经常性损益明细表、注册会计师对主要税种纳税情况说明出具的意见、注册会计师对原始财务报表与申报财务报表的差异情况出具的意见、验资报告。

律师事务所作为发行人（企业）律师，在企业 IPO 过程中的主要工作包括：就企业 IPO 过程的相关法律问题提供专业意见、协助企业解决相关法律问题、协助企业准备相关法律文件、出具法律意见书和律师工作报告、对相关产权证书等文件进行鉴证等。

（二）引进私募股权投资：互利共赢的伙伴

提起英文缩写“PE”，在资本圈一般会想到两个词，一个是市盈率（Price Earnings Ratio，简称 P/E），另外一个则是私募股权投资（Private Equity，简称 PE）。

私募股权投资（PE）通常是指通过私募基金对非上市公司进行的权益性投资，包括募集资金、对外投资、投后管理和退出四个环节；一般通过公司首次公开发行股票（IPO）、兼并与收购（M&A）或管理层回购（MBO）等方式退出获利。

私募股权投资者常常是企业 IPO 过程中互利共赢的合作伙伴。对于企业而言，一方面，企业在上市公开融资之前通过私募形式获得了发展所需的资金；另一方面通过引入新的外部机构股东，也进一步完善了公司治理结构。

（三）公司改制：建立现代企业制度

1993 年 12 月 29 日，第八届全国人民代表大会常务委员会第五次会议通过了《中华人民共和国公司法》，第一次从法律上明确了现代企业制度的基本法律形式，对规范股份有限公司的设立运作、股票发行和上市作出规定，特别是明确规定了股东大会、董事会、监事会“三会”的公司治理结构，成为构建现代企业制度的起点。

公司是最重要的市场主体，《公司法》是社会主义市场经济制度的基础性法律。我国现行《公司法》于 1993 年制定，1999 年、2004 年对个别条款进行了修改，2005 年进行了全面修订，2013 年、2018 年又对公司资本制度相关问题作了两次重要修改。

《公司法》的制定和修改，与我国社会主义市场经济体制的建立和完善密切相关，其颁布实施近 30 年来，对于建立健全现代企业制度，促进社会主义市场经济持续健康发展，发挥了重要作用。

目前境内的上市公司除发行存托凭证（CDR）的红筹企业外，都是在境内按照《中华人民共和国公司法》要求注册的股份有限公司。如果公司是有限公司（有限责任公司）的形式，则需要按照整体变更的形式设立股份有限公司。

1. 业务重组：构建上市架构

根据中国证监会相关规定，发行人业务完整，具有直接面向市场独立持续经营的能力：资产完整，业务及人员、财务、机构独立，与控股股东、实际控制人及其控制的其他企业间不存在对发行人构成重大不利影响的同业竞争，不存在严重影响独立性或者显失公平的关联交易；主营业务、控制权和管理团队稳定，最近三年或二年内主营业务和董事、高级管理人员均没有发生重大不利变化；控股股东和受控股股东、实际控制人支配的股东所持发行人的股份权属清晰，最近三年或二年实际控制人没有发生变更，不存在导致控制权可能变更的重大权属纠纷；不存在涉及主要资产、核心技术、商标等的重大权属纠纷，重大偿债风险，重大担保、诉讼、仲裁等或有事项，经营环境已经或者将要发生重大变化等对持续经营有重大不利影响的事项。

2. 整体变更：设立股份公司

根据中国证监会相关规定，发行人应当是依法设立且合法存续的股份有限公司。发行人自股份有限公司成立后，持续经营时间应当在三年以上。有限责任公司按原账面净资产值折股整体变更为股份有限公司的，持续经营时间可以从有限责任公司成立之日起计算。

（四）辅导：上市前的热身

为落实《国务院关于进一步提高上市公司质量的意见》相关要求，进一步规范辅导相关工作，充分发挥派出机构（证监局）属地监管优势，压实中介机构责任，从源头提高上市公司质量，为在全市场推进注册制改革积极创造条件，2021 年 9 月 30 日，中国证监会公布了《首次公开发行股票并上市辅导监管规定》。

1. 辅导目的

辅导的主要目的是促进拟上市企业（发行人、辅导对象）具备成为上市公司应有的公司治理结构、会计基础工作、内部控制制度，充分了解多层次资本市场各板块的特点和属性，树立进入证券市场的诚信意识、自律意识和法治意识。

2. 辅导相关方

辅导机构：保荐机构（证券公司）；

辅导对象：拟申请首次公开发行股票并上市的公司（拟上市企业、发行人）；

证券服务机构：会计师事务所、律师事务所；

辅导工作人员：保荐机构有关人员，其中保荐代表人不得少于二人；

接受辅导人员：辅导对象的董事、监事、高级管理人员及持有百分之五以上股份的股东（或其法定代表人、执行事务合伙人）和实际控制人（或其法定代表人、执行事务合伙人）。

3. 辅导内容

（1）督促辅导对象规范公司治理结构、会计基础工作、内部控制制度，指导辅导对象对存在问题进行规范；

（2）督促辅导对象及其相关人员掌握发行上市、规范运作等方面的法律法规和规则，知悉信息披露和履行承诺等方面的责任、义务以及法律后果；

（3）引导辅导对象及其相关人员充分了解多层次资本市场各板块的特点和属性，掌握拟上市板块的定位和相关监管要求。

4. 辅导时间

辅导机构和辅导对象应当签订书面辅导协议，明确约定协议双方的权利义务。

签订辅导协议后五个工作日内，辅导机构应当向中国证监会派出机构（证监局、辅导验收机构）进行辅导备案。辅导验收机构应当在收到齐备的辅导备案材料后五个工作日内完成备案，辅导期自完成辅导备案之日起算，至辅导机构向验收机构提交齐备的辅导验收材料之日截止。辅导期原则上不少于三个月。

辅导期内，辅导机构应在每季度结束后十五日内更新辅导工作进展情况报告，辅导备案日距最近一季末不足三十日的，可以将有关情况并入次季度辅导工作进展情况报告。

验收工作完成函的有效期为十二个月，超期未提交首次公开发行并上市申请的，应当重新履行辅导及辅导验收程序。

5. 辅导验收

辅导机构完成辅导工作，且已通过首次公开发行股票并上市的内核程序的，应当向验收机构提交下列辅导验收材料：

（1）辅导情况报告，包括重点辅导工作开展情况、辅导过程中发现的问题及改进情况等；

（2）辅导机构内核会议记录（或会议决议）及关注事项说明；

（3）辅导对象近三年及一期财务报表及审计报告、经内核会议审定的招股说明书；

（4）辅导工作相关底稿；

（5）辅导对象的律师、会计师向辅导机构就辅导工作中遇到的问题所出具的初步意见；

（6）中国证监会要求的其他材料。

验收机构主要验收下列事项：

（1）辅导机构辅导计划和实施方案的执行情况；

（2）辅导机构督促辅导对象规范公司治理结构、会计基础工作、内部控制制度情况，指导辅导对象对存在问题进行规范的情况；

（3）辅导机构督促辅导对象及其相关人员掌握发行上市、规范运作等方面的法律法规和规则、知悉信息披露和履行承诺等方面的责任、义务以及法律后果情况；

（4）辅导机构引导辅导对象及其相关人员充分了解多层次资本市场各板块的特点和属性，掌握拟上市板块的定位和相关监管要求情况。

验收机构进行辅导验收，应当采取下列方式：

（1）审阅辅导验收材料；

（2）现场走访辅导对象、查阅公司资料、约谈有关人员等；

（3）检查或抽查保荐业务工作底稿；

（4）其他必要方式。

验收机构进行辅导验收，可以组织辅导对象相关人员参加证券市场知识测试。辅导对象相关人员已经取得独立董事、董事会秘书资格，可以申请豁免参加证券市场知识测试。

辅导工作对于提高拟上市企业规范运作水平，促进拟上市企业及其董事、监事、高级管理人员等全面掌握发行上市、规范运作等方面的法律法规和规则、知悉信息披露和履行承诺等方面的责任和义务，树立进入证券市场的诚信意识、自律意识和法治意识等方面发挥了重要作用。

（五）文件编制与申报

由保荐机构牵头，相关中介机构协助发行人编制以招股说明书为核心的一系列上市申请文件并向交易所或证监会申报，各交易所和板块申请文件大同小异，现以北交所申请文件为例。

向不特定合格投资者公开发行股票
并在北京证券交易所上市申请文件目录

（一）发行文件

1-1 招股说明书（申报稿）

（二）发行人关于本次发行上市的申请与授权文件

2-1 发行人关于本次公开发行股票并在北交所上市的申请报告

2-2 发行人董事会有关本次公开发行并在北交所上市的决议

2-3 发行人股东大会有关本次公开发行并在北交所上市的决议

2-4 发行人监事会对招股说明书真实性、准确性、完整性的书面审核意见

（三）保荐人关于本次发行的文件

3-1 发行保荐书

3-2 上市保荐书

3-3 保荐工作报告

（四）会计师关于本次发行的文件

4-1 最近三年及一期的财务报告和审计报告

4-2 盈利预测报告及审核报告（如有）

4-3 内部控制鉴证报告

4-4 经注册会计师鉴证的非经常性损益明细表

4-5 会计师事务所关于发行人前次募集资金使用情况的报告（如有）

（五）律师关于本次发行的文件

5-1 法律意见书

5-2 律师工作报告

5-3 发行人律师关于发行人董事、监事、高级管理人员、发行人控股股东和实际控制人在相关文件上签名盖章的真实性的鉴证意见

5-4 关于申请电子文件与预留原件一致的鉴证意见

（六）关于本次发行募集资金运用的文件

6-1 募集资金投资项目的审批、核准或备案文件（如有）

6-2 发行人拟收购资产（包括权益）的有关财务报告、审计报告、资产评估报告（如有）

6-3 发行人拟收购资产（包括权益）的合同或其草案（如有）

（七）其他文件

7-1 发行人营业执照及公司章程（草案）

7-2 发行人控股股东、实际控制人最近一年及一期的财务报告及审计报告（如有）

7-3 承诺事项

7-3-1 发行人及其控股股东、实际控制人、持股5%以上股东以及发行人董事、监事、高级管理人员等责任主体的重要承诺及未履行承诺的约束措施

7-3-2 发行人及其控股股东、实际控制人、全体董事、监事、高级管理人员、保荐人（主承销商）、律师事务所、会计师事务所及其他证券服务机构对发行申请文件真实性、准确性、完整性的承诺书以及前述主体及保荐人、证券服务机构的相关责任人员关于不得影响或干扰发行上市审核注册工作的承诺书

7-3-3 发行人、保荐人关于申请电子文件与预留原件一致的承诺函

7-4 信息披露豁免申请及保荐人核查意见（如有）

7-5 特定行业（或企业）管理部门出具的相关意见（如有）

7-6 保荐协议

7-7 其他文件

（六）审核流程

北交所实行电子化审核，申请、受理、问询、回复等事项通过北交所发行上市审核业务系统办理。

1.申请与受理

发行人申请公开发行股票并上市的，应当按照规定聘请保荐机构进行保荐，并委托保荐机构通过审核系统报送下列文件：中国证监会规定的招股说明书、发行保荐书、审计报告、法律意见书、公司章程、股东大会决议等注册申请文件；

上市保荐书；北交所要求的其他文件。

北交所收到发行上市申请文件后，对申请文件的齐备性进行核对，并在五个工作日内作出是否受理的决定。发行上市申请文件齐备的，出具受理通知；发行上市申请文件不齐备的，一次性告知需要补正的事项。补正时限最长不得超过三十个工作日。多次补正的，补正时间累计计算。

北交所受理发行上市申请文件当日，发行人应当在北交所网站预先披露招股说明书、发行保荐书、上市保荐书、审计报告和法律意见书等文件。

2.审核内容与方式

北交所在发行条件、上市条件的审核中重点关注下列事项：发行人是否符合《发行注册办法》及中国证监会规定的发行条件；发行人是否符合《北京证券交易所股票上市规则（试行）》及北交所规定的上市条件；保荐机构、证券服务机构出具的文件是否就发行人符合发行条件、上市条件逐项发表明确意见，且具备充分的理由和依据。

北交所在公开发行股票并上市的信息披露审核中重点关注以下事项：发行上市申请文件及信息披露内容是否达到真实、准确、完整的要求，是否符合中国证监会和北交所有关要求；发行上市申请文件及信息披露内容是否包含对投资者作出投资决策有重大影响的信息，披露程度是否达到投资者作出投资决策所必需的水平，包括但不限于是否充分、全面披露相关规则要求的内容，是否充分揭示可能对发行人经营状况、财务状况产生重大不利影响的所有因素；发行上市申请文件及信息披露内容是否一致、合理和具有内在逻辑性，包括但不限于财务数据是否勾稽合理，是否符合发行人实际情况，财务信息与非财务信息是否相互印证，保荐机构、证券服务机构核查依据是否充分，能否对财务数据的变动或者与同行业公司存在的差异作出合理解释；发行上市申请文件披露的内容是否简明易懂，是否便于投资者阅读和理解，包括但不限于是否使用事实描述性语言，是否言简意赅、通俗易懂、逻辑清晰，是否结合发行人自身特点进行有针对性的信息披露。

北交所主要通过提出问题、回答问题等多种方式，督促发行人及其保荐机构、证券服务机构真实、准确、完整地披露信息。北交所可以视情况在审核问询中对发行人、保荐机构及证券服务机构，提出下列要求：解释和说明相关问题及原因；补充核查相关事项；补充提供新的证据或材料；修改或更新信息披露内容。

3. 审核程序：审核机构审核

北交所审核机构按照发行上市申请文件受理顺序开始审核，自受理之日起二十个工作日内，通过审核系统发出首轮审核问询。

在首轮审核问询发出前，发行人、保荐机构、证券服务机构及其相关人员不得与审核人员接触，不得以任何形式干扰审核工作。

发行人及其保荐机构、证券服务机构应当按照审核问询要求进行必要的补充调查和核查，及时、逐项回复审核问询事项，补充或者修改相应发行上市申请文件，在收到审核问询之日起二十个工作日内通过审核系统提交回复文件。预计难以在规定的时间内回复的，保荐机构应当及时提交延期回复申请，说明延期理由及具体回复时限，延期一般不超过二十个工作日。

首轮审核问询后，存在下列情形之一的，北交所审核机构收到发行人回复后十个工作日内可以继续提出审核问询：首轮审核问询后，发现新的需要问询事项；发行人及其保荐机构、证券服务机构的回复未能有针对性地回答北交所审核机构提出的审核问询，或者北交所就其回复需要继续审核问询；发行人的信息披露仍未满足中国证监会和北交所规定的要求。

4. 审核程序：上市委员会审议

上市委员会召开审议会议，对发行上市申请文件和审核机构的审核报告进行审议。

上市委员会进行审议时要求对发行人及其保荐机构进行现场问询的，发行人代表及保荐代表人应当到会接受问询，回答参会委员提出的问题。

上市委员会审议时，参会委员就审核报告的内容和审核机构提出的初步审核意见发表意见，通过合议形成发行人是否符合发行条件、上市条件和信息披露要求的审议意见。

北交所结合上市委员会审议意见，出具发行人符合发行条件、上市条件和信息披露要求的审核意见或作出终止发行上市审核的决定。

北交所自受理发行上市申请文件之日起两个月内形成审核意见，但发行人及其保荐机构、证券服务机构回复审核问询的时间不计算在内。发行人及其保荐机构、证券服务机构回复审核问询的时间总计不超过三个月。

5. 审核程序：向中国证监会报送审核意见

北交所审核通过的，向中国证监会报送发行人符合发行条件、上市条件和信息披露要求的审核意见、相关审核资料和发行人的发行上市申请文件。

中国证监会要求北交所进一步问询的，北交所向发行人及其保荐机构、证券服务机构提出反馈问题。

中国证监会在注册程序中，决定退回北交所补充审核的，北交所审核机构对要求补充审核的事项重新审核，并提交上市委员会审议。北交所审核通过的，重新向中国证监会报送审核意见及相关资料；审核不通过的，作出终止发行上市审核的决定。

发行人在取得中国证监会予以注册决定后，启动股票公开发行前，应当在北交所网站披露招股意向书或招股说明书。

发行人采取询价或竞价方式发行的，发行价格确定后五个工作日内，发行人应当在北交所网站刊登招股说明书。

招股说明书的有效期为六个月，自公开发行前最后一次签署之日起算。发行人应当使用有效期内的招股说明书完成本次发行。招股说明书中引用的财务报表在其最近一期截止日后六个月内有效。特别情况下发行人可以申请适当延长，延长至多不超过三个月。财务报表应当以年度末、半年度末或者季度末为截止日。

四、上市之天时：时来天地皆同力

（一）九次 IPO 暂停：资本市场的痛苦回忆

1．1990 年代的三次 IPO 暂停

第一次 IPO 暂停：1994 年 7 月 21 日—1994 年 12 月 7 日。

1994 年 7 月 20 日粤宏远 A 发行后，一直到当年 12 月 8 日，中炬高新（600872）发行，新股暂停发行近 5 个月。

第二次 IPO 暂停：1995 年 1 月 19 日—1995 年 6 月 9 日。

1995 年 1 月 18 日，仪征化纤招股后，到当年 6 月创业环保（600874）招股，其间新股暂停发行时间约 5 个月。

第三次 IPO 暂停：1995 年 7 月 5 日—1996 年 1 月 3 日。

1995 年 7 月 4 日东方电气公开发行后的随后一段时间内，只有洛阳玻璃、东北电气（000585）两家新股发行，直到 1996 年 1 月 4 日，黔轮胎招股。

2. 2000 年代的四次 IPO 暂停

第四次 IPO 暂停：2001 年 7 月 31 日—2001 年 11 月 2 日。

2001 年 6 月 6 日，国务院五部委联合发布《减持国有股筹集社会保障资金管理暂行办法》，其中第 5 条规定：股份有限公司首次发行和增发股票时，均应按融资额的 10% 出售国有股，且减持的价格执行市场定价。该国有股减持方案一经公布，立即引发轩然大波，股市自此狂泻不止。

截至 2001 年 10 月 20 日左右，上证指数从 2245 点跌到 1520 点，其间证监会完全停止了新股发行和增发，并于 10 月 22 日宣布暂停执行前述规定，并暂停新股发行。

第五次 IPO 暂停：2004 年 8 月 26 日—2005 年 1 月 23 日。

2004 年 12 月，中国证监会发布了《关于首次公开发行股票试行询价制度若干问题的通知》，而在方案正式出台前，IPO 已经被暂停。搭上末班车的是 8 月 18 日上市的双鹭药业。

自双鹭药业发行之后，新股发行再度暂停，直到 2005 年 1 月华电国际的发行宣告 IPO 重新启动。

第六次 IPO 暂停：2005 年 5 月 25 日—2006 年 6 月 2 日。

这是 A 股历史上新股发行暂停时间最长的一次，因为股权分置改革影响范围很广，新股发行暂停了一年。

2006 年 6 月 5 日，新老划断后第一股中工国际（002051）招股，虽然导致了市场短时间的回落，但随后股指很快就创出新高，此后上证综指更是一路上涨到 6124 点。

第七次 IPO 暂停：2008 年 9 月 16 日—2009 年 7 月 10 日。

第七次暂停 IPO 发生在国际金融危机全面爆发之际，为期 10 个月。

3. 2010 年代的两次 IPO 暂停

第八次 IPO 暂停：2012 年 11 月 16 日—2013 年 12 月 30 日。

2012 年 11 月 2 日浙江世宝（002703）上市后，IPO 暂停。

虽然监管层没有明确表态，但 IPO 处于实质暂停。中国证监会开展了号称史上最严的 IPO 公司财务大检查。

2012 年 12 月 28 日，中国证监会发布《关于做好首次公开发行股票公司 2012 年度财务报告专项检查工作的通知》，通知要求各中介机构在开展 2012 年年度财务资料补充和信息披露工作时，应严格遵守现行各项执业准则和信息披露规范要求，勤勉尽责，审慎执业，对首发公司报告期内财务会计信息真实性、准确性、完整性开展全面自查工作。并要求保荐机构、会计师事务所应在2013年3月31日之前将自查工作报告报送中国证监会。

2013年1月29日，中国证监会又发布了《关于首次公开发行股票公司2012年度财务报告专项检查工作相关问题的答复》，称如果确实出现在3月31日前无法提交自查报告的情况，根据证监会审核流程，发行人和保荐机构可提出中止审查申请，待其提交自查报告并经审核后，证监会仍将对该部分企业按比例组织抽查。

2013年12月30日晚，5家IPO排队企业获得发行批文。纽威股份（603699）、新宝股份（002705）、楚天科技（300358）、我武生物（300357）、全通教育（300359）在12月31日陆续发布招股说明书。

第九次IPO暂停：2015年7月4日—11月6日。

2015年7月4日，证监会暂缓IPO发行。11月6日，证监会宣布将重启IPO。

（二）注册制：资本市场的春暖花开

1990年底上交所、深交所相继成立。1992年10月，国务院证券委员会和中国证监会成立。1993年4月22日，国务院颁发《股票发行与交易管理暂行条例》，标志着全国统一的股票发行制度正式确立。

30多年来，资本市场股票发行制度经历了审批制、核准制及核准制与注册制并行的阶段，以信息披露为核心的理念逐步深化，发行定价的市场化程度日益提高，促进了市场投融资功能的发挥，为引入“源头活水”提供了重要制度保障。

注册制，即证券发行注册制，是公司发行证券上市的制度，其区别于审批制和核准制。注册制的核心是处理好政府与市场的关系，坚持市场化和法治化的改革方向，从核准制、试点注册制到走向全面注册制。

1. 审批制（1993—2000年）

证券发行的审批制是指用行政和计划的方法分配股票发行的额度和指标，由省级地方政府或行业主管部门根据指标推荐企业发行股票的一种发行制度。

（1）“额度管理”阶段（1993—1995 年）

在此阶段，国务院证券委每年确定股票发行总体额度计划，下达给各省（自治区、直辖市）和国务院有关部委，各省（自治区、直辖市）和有关部委负责选择和推荐企业，中国证监会对推荐的企业进行审核并作出批准上市的决定。

（2）“指标管理”阶段（1996—2000 年）

1996 年 8 月，国务院证券委公布了《关于 1996 年全国证券期货工作安排意见》发布，新股发行计划改为“总量控制，限报家数”的指标管理办法，即由国家计委、国务院证券委共同制定股票发行总规模，中国证监会在确定的总规模内，根据市场情况向各省（自治区、直辖市）和有关部委下达发行企业家数，并对企业进行审核。

证券发行审批制具有浓重的计划经济色彩，其弊端显而易见，资本市场资源配置的功能未能充分显现。

2. 核准制（2001 年至 2023 年 2 月）

1999 年 7 月，《证券法》正式实施，其中明确规定公开发行股票，必须依照《公司法》规定的条件，报经国务院证券监督管理机构核准；同年 9 月，中国证监会发布《中国证券监督管理委员会股票发行审核委员会条例》，设立股票发行审核委员会（发审委）。

2000 年 3 月 16 日，中国证监会发布《股票发行核准程序》，标志着我国股票发行体制开始从审批制向核准制转变。

2001 年 3 月 6 日，中国证监会首次发布了《公开发行证券公司信息披露内容与格式准则第 9 号——首次公开发行股票申请文件》等文件。首次公开发布的发行股票申请文件从程序上改变了过去行政审批制下的发行申报推荐做法，按照市场化和规范化的要求，采取了由主承销商推荐材料的方法。根据规定，申报文件是在主承销商充分尽职调查和对发行人申请材料进行核查，并且对发行申报材料把关的基础上，在律师事务所和会计师事务所等中介机构提出专业意见的基础上完成的。在内容上则按照核准制的要求，体现了强制性信息披露的理念，强调发行人从保护投资者利益的角度，充分履行信息披露义务。

2001 年 3 月 17 日，股票发行核准制正式启动，相对于审批制，核准制下的行政审批权力弱化，发行过程的透明程度也大幅提高。

（1）“通道制”阶段（2001—2004年）

2001年，中国证券业协会发布《关于证券公司推荐发行申请有关工作方案的通知》，提出证券公司推荐企业发行股票实行“证券公司自行排队，限报家数”的方案，即“通道制”。每家证券公司所推荐企业“发行一家，再报一家”。具有主承销资格的证券公司拥有的通道数量为2—8条。截至2004年底，83家证券公司共计拥有318条通道。

（2）“保荐制”阶段（2004年至2023年2月）

2003年12月28日，中国证监会发布《证券发行上市保荐制度暂行办法》，决定从2004年2月1日起在股票发行中正式实行保荐制度。

保荐制度指的是由保荐机构对发行人发行证券进行推荐和辅导，并核实公司发行文件中所载资料是否真实、准确、完整，协助发行人建立严格的信息披露制度，承担风险防范责任，并在公司上市后的规定时间内继续协助发行人建立规范的法人治理结构，督促公司遵守上市规定，完成招股计划书中的承诺，同时对上市公司的信息披露负有连带责任。与“通道制”相比，保荐制增加了由保荐人承担发行上市过程中连带责任的内容。

2004年5月，67家证券公司注册登记为首批保荐机构，609名考试成绩合格的从业人员注册登记为首批保荐代表人。

2006年5月17日，中国证监会正式发布了《首次公开发行股票并上市管理办法》（简称《管理办法》）。《管理办法》的发布，标志着企业IPO的正式重新启动。

《管理办法》的出台源于两大背景，一是全流通背景下的新股发行，二是《证券法》《公司法》对于证券发行、上市等环节的修改。

《管理办法》对首次公开发行股票并上市公司的发行条件、发行程序、信息披露、监管和处罚等作了详细明确的规定。其中一章专门对上市公司的独立性作出了相关规定，要求发行人的资产、人员、财务、机构和业务的独立。

3. 注册制（2019年开始试点，2023年2月开始全面注册制）

2013年11月，中共十八届三中全会审议通过的《中共中央关于全面深化改革若干重大问题的决定》中明确提出“推进股票发行注册制改革”。

2015年12月，十二届全国人大常委会第十八次会议审议通过《关于授权国务院在实施股票发行注册制改革中调整适用〈中华人民共和国证券法〉有关规定的决定》；2018 年 2 月，十二届全国人大常委会第三十三次会议决定，延长授权国务院在实施股票发行注册制改革中调整适用证券法有关规定期限，为在《证券法》完成修订之前推进注册制改革提供了法律依据。

2018 年 11 月 5 日，国家主席习近平在首届中国国际进口博览会开幕式上宣布：在上海证券交易所设立科创板并试点注册制，标志着注册制改革进入启动实施阶段。

2019 年 7 月 22 日，适用试点注册制的首批企业在科创板上市交易。

2019 年 12 月 28 日，十三届全国人大常委会第十五次会议审议通过了修订后的《证券法》，并于 2020 年 3 月 1 日起施行，为注册制改革提供了法律保障。

2020 年 8 月 24 日，创业板改革并试点注册制首批公司上市，存量市场的注册制改革取得实质性突破。

2020 年 10 月，国务院发布《国务院关于进一步提高上市公司质量的意见》，其中明确提出：支持优质企业上市。全面推行、分步实施证券发行注册制。优化发行上市标准，增强包容性。加强对拟上市企业的培育和辅导，提升拟上市企业规范化水平。

2021 年 9 月 2 日，国家主席习近平在 2021 年中国国际服务贸易交易会全球服务贸易峰会上的致辞中宣布："我们将继续支持中小企业创新发展，深化新三板改革，设立北京证券交易所，打造服务创新型中小企业主阵地。"

北京证券交易所（简称北交所）于 2021 年 9 月 3 日注册成立。

11 月 15 日，北交所揭牌暨开市仪式在北京隆重举行。新三板精选层原有的 71 家挂牌公司，全部平移至北交所。

2021 年 12 月，中央经济工作会议在北京举行，会议要求"全面实行股票发行注册制"，为 2022 年资本市场稳定发展和深化改革提供了指引。要精心设计，稳步推进，以全面实行注册制为牵引，完善发行上市、信息披露、中介机构履职、持续监管、退市等全链条的市场化机制，促进上市公司优胜劣汰，促进各主体归位尽责、诚信经营，实现价值发现和价值驱动机制的再造，做实资本市场优化资源配置的功能作用。

2023 年 2 月 17 日，中国证监会发布全面实行股票发行注册制相关制度规则，自公布之日起施行。各证券交易所、全国股转公司、中国结算、中证金融、证券业协会配套制度规则同步发布实施。

注册制的灵魂是信息的公开透明，注册制以信息披露为核心，让投资者根据真实、准确、完整、及时的信息进行价值判断，把资金投向优势企业，由此可以充分发挥资本市场资源配置的作用。

“时来天地皆同力，运去英雄不自由。”IPO 暂停的痛苦回忆已不堪回首，注册制的时代正春暖花开。创新型中小企业需要借助注册制的天时，迈向北交所，搭上开往春天的时代快车。

五、上市之地利：近水楼台先得月

在 1971 年美国纳斯达克（NASDAQ）成立之后，1990 年代各地证券市场开始了一轮创业板（二板）设立的热潮，其中包括伦敦证券交易所（AIM，1995）、法国新市场（LNA，1996）、德国新市场（NM，1996）、韩国科斯达克（KOSDAQ，1996）、中国香港创业板市场（GEM，1999）等。从整体上看，创业板的市场份额远低于主板，甚至有的创业板市场曾一度陷入经营困境。在这些形形色色的创业板市场中，只有美国的创业板——纳斯达克可谓是一枝独秀，一直被模仿，从未被超越。

他山之石，可以攻玉。新兴的北交所如何借鉴纳斯达克的成功经验，打造中国版的纳斯达克，成为摆在我们面前的一个重要课题。

（一）纳斯达克：他山之石，可以攻玉

纳斯达克（NASDAQ），全称为美国全国证券交易商协会自动报价系统（National Association of Securities Dealers Automated Quotations），成立于 1971 年 2 月 8 日。

纳斯达克成立的初衷是为了规范场外交易和为小企业提供融资平台，主要收集和发布场外交易非上市股票的证券商报价。纳斯达克是全世界第一个采用电子交易并面向全球的股票市场，也是世界上主要的股票市场中成长速度最快的市场，现有 5400 多家上市公司，现已成为全球第二大证券交易市场。

1975 年，纳斯达克设置了第一套上市标准，对挂牌公司的总资产、股本、公众持股数量、股东数量和做市商数量提出了要求，只有达到标准才可以申请在纳斯达克挂牌交易。通过设置上述上市标准，纳斯达克将自己与场外交易市场（OTC）区别开来，成为一个完全独立的证券交易场所。

1982 年，纳斯达克市场开始划分为两个层次：纳斯达克全国市场和纳斯达

克小型市场。

2006 年，纳斯达克引入更高的上市标准，成立了纳斯达克全球精选市场，将纳斯达克市场内满足新标准的 1187 家公司转移到全球精选市场挂牌，同时将纳斯达克全国市场更名为纳斯达克全球市场，将纳斯达克小型市场更名为纳斯达克资本市场。至此，纳斯达克市场内部形成三个层次——纳斯达克全球精选市场、纳斯达克全球市场和纳斯达克资本市场，进一步优化了市场结构，可以吸引不同层次的企业上市。

1.兼容并包，量体裁衣

纳斯达克取得成功的首要原因是其包容性。这种包容性首先来自美国特殊的历史背景，在其领土不断扩张的过程中，其金融体系也随之不断完善，并且具有强烈的国际色彩，在这种历史背景下，其金融体系必定具有与众不同的包容性。

纳斯达克所具有的包容性体现为内在和外在两个方面。内在包容性体现为其独具特色的分层制度，外在包容性体现为纳斯达克为全球的优秀企业提供融资平台。

纳斯达克目前分为纳斯达克全球精选市场、纳斯达克全球市场和纳斯达克资本市场三个层次。这种具有包容性的分层结构使得纳斯达克既能容纳可以比肩纽交所上市公司的优秀企业（全球精选市场），也能容纳资质相对一般的普通企业（纳斯达克资本市场）。

为了更好地服务不同规模和类型企业的融资需求，纳斯达克通过制定多套差异化的上市标准，实现对拟上市公司的精准服务。针对经营风险高的小型企业，纳斯达克增加以“股东权益”为核心的上市标准；针对处于高成长阶段的中型企业，纳斯达克制定了更加灵活多元的上市标准，不仅包括“股东权益”指标，还包括“市值”“总资产 + 收入”等标准；针对大型成熟企业，纳斯达克制定了较为严格的上市标准，对盈利和现金流均有一定要求，设有“税前利润”“市值 + 总收入 + 现金流”“市值”等指标。

纳斯达克吸引了一大批海外公司，尤其是一些尚不符合本国市场上市标准的公司。如国内的新浪、搜狐、网易这样的互联网企业在当时的国内上市无望，只能远走美国，在纳斯达克实现了上市梦想。

2.因时而变，与时俱进

纳斯达克根据经济发展和市场环境的变化，适时调整上市标准。伴随着重大产业政策的调整和引导，纳斯达克不断调整上市标准。世纪交替之际，美国开始大力发展信息产业，许多尚未盈利的科技公司无法满足当时净利润的上市标准，为适应形势变化，纳斯达克适时调整盈利要求，增加了“市值”和“收入”等上市标准。2008 年国际金融危机之后，纳斯达克及时根据支持创新创业企业的《乔布斯法案》而调整上市标准、降低盈利要求，提升了对中小创新创业企业的上市融资服务。

纳斯达克及时调整了对净利润的要求，而用公司市值、现金流和营业收入的指标进行替代，正是这种与时俱进的机制创新，才使得一大批具有成长性的公司相继投入纳斯达克的怀抱。

如京东（JD），公司在纳斯达克上市前尚未盈利，无法满足当时国内主板和创业板的上市标准。而纳斯达克的公司市值、现金流和营业收入等替代性指标使得京东提前圆梦资本市场，从而借助资本市场的力量加速做大做强。

3. 优胜劣汰，进退有序

有效的退市和转板制度是实现上市资源有进有退、确保市场优胜劣汰的重要保障。纳斯达克在变革上市制度的同时，也在不断完善退市和转板制度，通过进口和出口两个通道、增量和存量两个维度，健全多层次资本市场体系。

纳斯达克在交易所内部和交易所之间形成了便捷的转板渠道，实现上市公司可上可下；每年有大量公司从交易所市场主动或被动退市，实现上市公司可进可退。健全的上市、退市和转板制度，构成了纳斯达克市场优胜劣汰、进退有序的循环机制，实现了股票供求关系市场化调节，促进了上市公司优胜劣汰，为资本市场长期平稳运行奠定了坚实基础。

（二）北交所：打造中国的“纳斯达克”

有人说北交所对标纳斯达克，目标是要发展成为中国版的纳斯达克，甚至赶超纳斯达克，发展成为吸引全球投资者的交易所。从创立伊始，北交所就坚守为中小企业服务的明确定位，并提升制度的包容性和精准性。

在北交所成立之前，创业板、新三板、科创板都曾被称为“中国版纳斯达克”，如今这个名号又落到北交所头上。

北交所采取公司制，致力于服务创新型、成长性中小企业，采取了更加包容精准的上市标准，引入了做市商交易制度，并且与沪深交易所打通了转板机制，并平移了新三板精选层的各项基础制度，形成了新三板基础层、创新层与北交所层层递进的结构。这样更有利于服务中小企业直接融资和构建多层次资本市场。

北交所在服务国家“专精特新”战略上也将会有一系列配套政策,形成金融、科技、产业的良性循环。“专精特新”企业的特点是：小市值、高估值、高成长、高盈利。一直以来，我国以间接融资为主的资本市场机构，让融资难、融资贵成为中小企业长期面临的老大难问题。而北交所的推出，将为中小型企业尤其是科技创新型企业提供上市融资的新机会。

完善多层次资本市场建设是贯彻中国证监会易会满主席提出的“防止脱实向虚风险”的具体要求。在中国制造和需求升级的整体大环境下，中国制造业的创新升级迈入新阶段。资本市场也从过去专注成长快、回报高的互联网新经济行业，转向投资回报周期长、偏重资产但着重于高精尖领域的创新企业投资。在此背景下提出“专精特新”，本质上是引导中小企业向创新领域发展，培育上升至制造业强链补链的战略高度。

打造中国版的纳斯达克任重道远，现实中需要从搭建“专精特新”中小企业的舞台开始。

（三）北交所：“专精特新”中小企业的舞台

“专精特新”特指“专业化、精细化、特色化、新颖化”的中小企业。

“专”,即专业化,是指采用专项技术或工艺通过专业化生产制造的专用性强、专业特点明显、市场专业性强的产品，其主要特征是产品用途的专门性、生产工艺的专业性、技术的专有性和产品在细分市场中具有专业化发展优势。

“精”，即精细化，是指采用先进适用技术或工艺，按照精益求精的理念，建立精细高效的管理制度和流程，通过精细化管理，精心设计生产的精良产品，其主要特征是产品的精致性、工艺技术的精深性和企业的精细化管理。

“特”，即特色化，是指采用独特的工艺、技术、配方或特殊原料研制生产的，具有地域特点或具有特殊功能的产品，其主要特征是产品或服务的特色化。

“新”，即新颖化，是指依靠自主创新、转化科技成果、联合创新或引进消化吸收再创新方式研制生产的，具有自主知识产权的高新技术产品，其主要特征是产品（技术）的创新性、先进性，具有较高的技术含量，较高的附加值和显著的经济、社会效益。

2012 年 4 月 19 日，国务院发布《国务院关于进一步支持小型微型企业健康发展的意见》，首次提出“专精特新”的概念——“鼓励小型微型企业发展现代服务业、战略性新兴产业、现代农业和文化产业，走‘专精特新’和与大企业协作配套发展的道路，加快从要素驱动向创新驱动的转变。”

2013 年 7 月 16 日，工业和信息化部发布《关于促进中小企业“专精特新”发展的指导意见》，明确提出促进“专精特新”中小企业的总体思路、重点任务及推进措施。并提出鼓励符合条件的“专精特新”中小企业上市融资。

2021 年 7 月 30 日，中共中央政治局会议首次将“发展专精特新中小企业”上升至国家层面，要求强化科技创新和产业链供应链韧性，加强基础研究，推动应用研究，开展强链补链专项行动，加快解决“卡脖子”难题，发展专精特新中小企业。

2022 年 6 月 1 日，工业和信息化部发布《优质中小企业梯度培育管理暂行办法》，其中规定：优质中小企业是指在产品、技术、管理、模式等方面创新能力强、专注细分市场、成长性好的中小企业，由创新型中小企业、专精特新中小企业和专精特新“小巨人”企业三个层次组成。

创新型中小企业具有较高专业化水平、较强创新能力和发展潜力，是优质中小企业的基础力量；专精特新中小企业实现专业化、精细化、特色化发展，创新能力强、质量效益好，是优质中小企业的中坚力量；专精特新“小巨人”企业位于产业基础核心领域、产业链关键环节，创新能力突出、掌握核心技术、细分市场占有率高、质量效益好，是优质中小企业的核心力量。

北交所的推出，将为“专精特新”中小企业的迅速发展提供腾飞的舞台。

六、上市之人和：IPO 的“三驾马车”

《孟子》中说：“天时不如地利，地利不如人和……得道者多助，失道者寡助……多助之至，天下顺之……”欲成事，应天时，得地利，最终还是要靠人和去实现。

企业通过 IPO 方式上市，通常需要聘请三家中介机构——保荐机构（证券公司，俗称券商或投行）、审计机构（会计师事务所）和发行人律师（律师事务所）。三家中介机构被通俗地合称为 IPO 的“三驾马车”。

在IPO的过程中,企业需要依靠中介机构的“三驾马车”,齐心协力,才能“直挂云帆济沧海”。

(一)总设计师:保荐机构

拥有保荐业务资格的证券公司——保荐机构(又称保荐人)是企业IPO过程中的总设计师和总协调人,是“三驾马车”的核心。保荐机构履行保荐职责,通常指定两名保荐代表人具体负责保荐工作。保荐代表人应当熟练掌握保荐业务相关的法律、会计、财务管理、税务、审计等专业知识。

1.尽职调查

保荐机构应当遵循诚实守信、勤勉尽责的原则,按照中国证监会《证券发行上市保荐业务管理办法》的相关要求,对发行人进行全面调查,充分了解发行人的经营状况及其面临的风险和问题。

2.辅导

保荐机构在推荐发行人首次公开发行股票并上市前,应当对发行人进行辅导。辅导内容包括,对发行人的董事、监事和高级管理人员、持有5%以上股份的股东和实际控制人(或者其法定代表人)进行系统的法规知识、证券市场知识培训,使其全面掌握发行上市、规范运作等方面的有关法律法规和规则,知悉信息披露和履行承诺等方面的责任和义务,树立进入证券市场的诚信意识、自律意识和法制意识,以及中国证监会规定的其他事项。

保荐机构辅导工作完成后,应当由发行人所在地的中国证监会派出机构(证监局)进行辅导验收。

3.编制申请文件并出具保荐工作相关文件

保荐机构决定推荐发行人证券发行上市的,可以根据发行人的委托,组织编制《招股说明书》等申请文件,并出具《发行保荐书》和《上市保荐书》等保荐业务相关文件。

《发行保荐书》应当包括下列内容:

(1)逐项说明本次发行是否符合《公司法》《证券法》规定的发行条件和程序;

(2)逐项说明本次发行是否符合中国证监会的有关规定,并载明得出每项结论的查证过程及事实依据;

（3）发行人存在的主要风险；

（4）对发行人发展前景的评价；

（5）保荐机构内部审核程序简介及内核意见；

（6）保荐机构及其关联方与发行人及其关联方之间的利害关系及主要业务往来情况；

（7）相关承诺事项；

（8）中国证监会要求的其他事项。

《上市保荐书》应当包括下列内容：

（1）逐项说明本次证券上市是否符合《公司法》《证券法》及证券交易所规定的上市条件；

（2）对发行人证券上市后持续督导工作的具体安排；

（3）保荐机构及其关联方与发行人及其关联方之间的利害关系及主要业务往来情况；

（4）相关承诺事项；

（5）中国证监会或者证券交易所要求的其他事项。

4. 审核期间的保荐工作

保荐机构提交《发行保荐书》后，应当配合中国证监会或证券交易所的审核，并承担下列工作：

（1）组织发行人及证券服务机构对中国证监会或证券交易所的意见进行答复；

（2）按照中国证监会或证券交易所的要求对涉及本次证券发行上市的特定事项进行尽职调查或者核查；

（3）指定保荐代表人与中国证监会或证券交易所职能部门进行专业沟通，保荐代表人在发行审核 / 上市委员会会议上接受委员质询。

5. 持续督导

保荐机构应当针对发行人的具体情况，确定证券发行上市后持续督导的内容，督导发行人履行有关上市公司规范运作、信守承诺和信息披露等义务，审阅信息披露文件及向中国证监会、证券交易所提交的其他文件，并承担下列工作：

（1）督导发行人有效执行并完善防止控股股东、实际控制人、其他关联方违规占用发行人资源的制度；

（2）督导发行人有效执行并完善防止其董事、监事、高级管理人员利用职务之便损害发行人利益的内控制度；

（3）督导发行人有效执行并完善保障关联交易公允性和合规性的制度，并对关联交易发表意见；

（4）持续关注发行人募集资金的专户存储、投资项目的实施等承诺事项；

（5）持续关注发行人为他人提供担保等事项，并发表意见；

（6）中国证监会、证券交易所规定及保荐协议约定的其他工作。

首次公开发行股票并在主板上市的，持续督导的期间为证券上市当年剩余时间及其后 2 个完整会计年度。

首次公开发行股票并在创业板、科创板上市的，持续督导的期间为证券上市当年剩余时间及其后 3 个完整会计年度。

（二）“左膀右臂”：会计师和律师

审计机构（会计师事务所、注册会计师）和发行人律师（律师事务所）在 IPO 的“三驾马车”中堪称保荐机构的“左膀右臂”。

会计师事务所作为企业 IPO 的审计机构，其主要工作包括协助企业完善会计核算、财务管理和内控制度，对企业的财务报表进行审计并出具审计报告、就 IPO 过程中的财务及税务问题提供专业意见等。

在 IPO 中审计机构出具的主要文件包括：审计报告、内部控制鉴证报告、经注册会计师鉴证的非经常性损益明细表、注册会计师对主要税种纳税情况说明出具的意见、注册会计师对原始财务报表与申报财务报表的差异情况出具的意见、验资报告。

律师事务所作为发行人（企业）律师，在企业 IPO 过程中的主要工作包括：就企业 IPO 过程的相关法律问题提供专业意见、协助企业解决相关法律问题、协助企业准备相关法律文件、出具法律意见书和律师工作报告、对相关产权证书等文件进行鉴证等。

（三）如何选择合适的 IPO 中介机构

1. 相关机构的资质与实力

企业 IPO 选择中介机构，首先要考虑相关机构是否具备相应的资质，这是前提和必要条件。

在资质之外，相关机构的实力、声誉和经验也是应该考虑的重要因素。

2. 团队的能力与经验

在考虑相关机构资质和实力之外，相关机构具体业务团队的能力和经验尤为重要。团队负责人、项目负责人、具体项目团队成员的能力和经验都是需要考虑的重要因素。

3. 收费情况

相关机构的收费情况也是选择中介机构需要关注的问题。由于保荐承销费、审计费、律师费等相关中介机构费用可以在 IPO 募集资金中作为资本公积的扣减项扣除，并不影响公司的当期损益，所以收费的性价比显得更加重要。

4. 机构与团队的重视程度：时间与精力

在相关机构及其业务团队的实力与经验之外，其重视程度——能够付出的时间和精力也是不可忽视的因素。

5. 双方及各方的合作关系

企业与相关机构的合作关系、各相关机构之间的合作关系也是应该考虑的因素。IPO 是个系统工程，也是个长期工程，需要各方团结合作，才能抵达 IPO 的彼岸。

6. 机构潜在的风险因素

对于相关机构的风险因素（如被监管部门处罚或立案调查）是避免 IPO 出现意外变故的应该考虑的负面因素。

七、北交所：少年心事当拏云

（一）北交所：创新型中小企业的"少年班"

"我有迷魂招不得，雄鸡一声天下白。少年心事当拏云，谁念幽寒坐呜呃。"

如果把上交所和深交所比作成熟老练的中年人，那么北交所就好比初出茅庐的少年，"少年心事当拏云"，壮志凌云，未来可期。

如果把上交所和深交所比作门槛很高的 985/211 大学，那么北交所就好比是"少年班"，需要及早发掘，提前圆梦。

下面就以净利润指标来对比北交所和相关板块的上市 / 挂牌标准。

表 1-1　以净利润为指标的各板块上市标准比较

	新三板基础层	新三板创新层	北交所	科创板	创业板	主板
不要求盈利	【标准 2】最近两年营业收入平均不低于 3000 万元且最近一年营业收入增长率不低于 20%，或者最近两年营业收入平均不低于 5000 万元且经营活动现金流量净额均为正 【标准 3】最近一年营业收入不低于 3000 万元，且最近两年累计研发投入占最近两年累计营业收入比例不低于 5% 【标准 4】最近两年研发投入累计不低于 1000 万元，且最近 24 个月或挂牌同时定向发行获得专业机构投资者股权投资金额不低于 2000 万元。【标准 5】挂牌时即采取做市交易方式，挂牌同时向不少于 4 家做市商在内的对象定向发行股票，按挂牌同时定向发行价格计算的市值不低于 1 亿元	【标准 2】最近两年营业收入平均不低于 8000 万元，且持续增长，年均复合增长率不低于 30%，股本总额不少于 2000 万元 【标准 3】最近两年研发投入不低于 2500 万元，完成挂牌同时定向发行普通股后，融资金额不低于 4000 万元，且公司股票市值不低于 3 亿元 【标准 4】在挂牌时即采取做市交易方式，完成挂牌同时定向发行普通股后，公司股票市值不低于 3 亿元，股本总额不少于 5000 万元，做市商家数不少于 4 家，且做市商做市库存股均通过本次定向发行取得	【标准 2】最近两年营业收入均不低于 1 亿元且最近一年增长率不低于 30%，最近一年经营现金流为正，市值不低于 4 亿元 【标准 3】最近一年营业收入不低于 2 亿元，市值不低于 8 亿元，最近两年研发投入合计占最近两年营业收入合计比例不低于 8% 【标准 4】市值不低 15 亿元，最近两年研发投入合计不低 5000 万元	【标准 2】市值不低于 15 亿元，最近一年营业收入不低于 2 亿元，研发投入最近三年累计不低于最近三年累计营业收入的 15% 【标准 3】市值不低于 20 亿元，最近一年营业收入不低于 3 亿元，最近三年经营活动产生的净现金流量不低于 1 亿元 【标准 4】市值不低于 30 亿元，最近一年营业收入不低于 3 亿元 【标准 5】市值不低于 40 亿元	【标准 3】市值不低于 50 亿元，最近一年营业收入不低于 3 亿元	不允许

续表

	新三板基础层	新三板创新层	北交所	科创板	创业板	主板
最近一年盈利	【标准 1.2】最近一年净利润不低于 600 万元	同上	【标准 1.2】最近一年净利润不低于 2500 万元，且加权平均净资产收益率平均不低于 8%，市值不低于 2 亿元	【标准 1.2】市值不低于 10 亿元，最近一年营业收入不低于 1 亿元	【标准 2】市值不低于 10 亿元，最近一年营业收入不低于 1 亿元	【标准 2】预计市值不低于 50 亿元；最近一年营业收入不低于 6 亿元；最近三年经营活动现金流净额累计不低于 1.5 亿元 【标准 3】预计市值不低于 80 亿元；最近一年营业收入不低于 8 亿元
连续两年盈利	【标准 1.1】最近两年净利润均为正且累计不低于 800 万元	【标准 1】最近两年净利润均不低于 1000 万元，最近两年加权平均净资产收益率平均不低于 6%，股本总额不少于 2000 万元	【标准 1.1】最近两年净利润均不低于 1500 万元，且加权平均净资产收益率平均不低于 8%，市值不低于 2 亿元	【标准 1.1】市值不低于 10 亿元，最近两年累计净利润不低于 5000 万元	【标准 1】最近两年累计净利润不低于 5000 万元	—
连续三年盈利	无此要求	无此要求	无此要求	无此要求	无此要求	【标准 1】三年累计净利润不低于 1.5 亿元；最近一年净利润不低于 6000 万元；最近三年经营活动现金流净额累计不低于 1 亿元，或营业收入累计不低于 10 亿元

（二）宽严相济：北交所 IPO 的“30 条军规”

列夫·托尔斯泰在其长篇巨著《安娜·卡列尼娜》开篇中写道：幸福的家庭彼此相似，不幸的家庭各不相同。

有幸成为上市公司的企业与此类似，大多是“品学兼优”的“三好学生”，而折戟于 IPO 之路的企业却各有各的短板。

2021 年 11 月 12 日，北交所发布了《北京证券交易所向不特定合格投资者公开发行股票并上市业务规则适用指引第 1 号》（简称《北交所发行规则指引第 1 号》）的公告，对申请在北交所 IPO 的企业给出了上市标准与适用指引。

为落实全面实行股票发行注册制的有关要求，2023 年 2 月 17 日，北交所修订了《北交所发行规则指引第 1 号》，自发布之日起施行。

总体来看，北交所的 IPO 适用指引与创业板、科创板的审核要求相差不大，但在 IPO 财务指标、对多项业务的包容性、关联交易、现金交易等方面与创业板和科创板存在一些差异化的地方。北交所对 IPO 企业的财务指标要求更加宽泛和包容，体现了宽严相济的特点。

《北交所发行规则指引第 1 号》包括以下 30 条规定，可以说是北交所 IPO 的“30 条军规”。

下面我们就来对照一下北交所 IPO 的“30 条军规”，看看可以进入北交所的“品学兼优”的“三好学生”应该符合哪些条件。

1. 上市标准的选择与变更

《北京证券交易所股票上市规则（试行）》以市值为中心，结合净利润、净资产收益率、营业收入及增长率、研发投入和经营活动产生的现金流量净额等财务指标，设置了四套上市标准。

发行人申请向不特定合格投资者公开发行股票并在北交所上市的，应当在相关申请文件中明确说明所选择的一项具体的上市标准，即《上市规则》2.1.3 规定的四套标准之一。发行人应当结合自身财务状况、公司治理特点、发展阶段以及上市后的持续监管要求等，审慎选择上市标准。

2. 上市标准的理解与适用

发行人选择适用《上市规则》第 2.1.3 条规定的第一套标准上市的，保荐机构应重点关注：发行人最近一年的净利润对关联方或者有重大不确定性的客户是否存在重大依赖，最近一年的净利润是否主要来自合并报表范围以外的投资收益，最近一年的净利润对税收优惠、政府补助等非经常性损益是否存在较大依赖，净利润等经营业绩指标大幅下滑是否对发行人经营业绩构成重大不利影响等。

发行人选择适用《上市规则》第2.1.3条规定的第四套标准上市的，其主营业务应属于新一代信息技术、高端装备、生物医药等国家重点鼓励发展的战略性新兴产业。保荐机构应重点关注：发行人创新能力是否突出、是否具备明显的技术优势、是否已取得阶段性研发或经营成果。

发行人若尚未盈利或最近一期存在累计未弥补亏损的情形，保荐机构应重点关注：发行人是否按照《公开发行证券的公司信息披露内容与格式准则第46号——北京证券交易所公司招股说明书》要求，在招股说明书“风险因素”和“其他重要事项”章节充分披露相关信息；发行人尚未盈利或最近一期存在累计未弥补亏损是偶发性因素还是经常性因素导致；发行人产品、服务或者业务的发展趋势、研发阶段以及达到盈亏平衡状态时主要经营要素需要达到的水平；发行人尚未盈利或最近一期存在累计未弥补亏损是否影响发行人持续经营能力；未盈利状态持续存在或累计未弥补亏损继续扩大是否会触发退市情形。

3. 市值指标

《上市规则》第2.1.3条规定的四套上市标准均以市值为中心，针对申请文件涉及的预计市值、发行承销过程中涉及的预计发行后市值，应注意以下事项：

保荐机构应当对发行人的市值进行预先评估，并在《关于发行人预计市值的分析报告》中充分说明发行人市值评估的依据、方法、结果以及是否满足所选择上市标准中市值指标的结论性意见等。保荐机构应当根据发行人特点、市场数据的可获得性及评估方法的可靠性等，谨慎、合理地选用评估方法，结合发行人报告期股票交易价格、定向发行价格以及同行业可比公众公司在境内外市场的估值情况等进行综合判断。

4. 研发投入指标

研发投入为企业研究开发活动形成的总支出，通常包括研发人员工资费用、直接投入费用、折旧费用与长期待摊费用、设计费用、装备调试费、无形资产摊销费用、委托外部研究开发费用、其他费用等。本期研发投入为本期费用化的研发费用与本期资本化的开发支出之和。

发行人应制定并严格执行研发相关内控制度，明确研发支出的开支范围、标准、审批程序以及研发支出资本化的起始时点、依据、内部控制流程。同时，应按照研发项目设立台账归集核算研发支出。发行人应审慎制定研发支出资本化的标准，并在报告期内保持一致。

5. 经营稳定性

《上市规则》第 2.1.4 条第 6 项规定了发行人不得存在对经营稳定性具有重大不利影响的情形。发行人应当保持主营业务、控制权、管理团队的稳定，最近 24 个月内主营业务未发生重大变化；最近 12 个月内曾实施重大资产重组的，在重组实施前发行人应当符合《上市规则》第 2.1.3 条规定的四套标准之一（市值除外）；最近 24 个月内实际控制人未发生变更；最近 24 个月内董事、高级管理人员未发生重大不利变化。

保荐机构对发行人的董事、高级管理人员是否发生重大不利变化的认定，应当本着实质重于形式的原则，综合两方面因素分析：一是最近 24 个月内变动人数及比例，在计算人数比例时，以上述人员合计总数作为基数；二是上述人员离职或无法正常参与发行人的生产经营是否对发行人生产经营产生重大不利影响。变动后新增的上述人员来自原股东委派或发行人内部培养产生的，原则上不构成重大不利变化；发行人管理层因退休、调任、亲属间继承等原因发生岗位变化的，原则上不构成重大不利变化，但发行人应当披露相关人员变动对公司生产经营的影响。如果最近 24 个月内发行人上述人员变动人数比例较大或上述人员中的核心人员发生变化，进而对发行人的生产经营产生重大不利影响的，应视为发生重大不利变化。

6. 直接面向市场独立持续经营的能力

发行人应满足下列要求：

（1）发行人业务、资产、人员、财务、机构独立，与控股股东、实际控制人及其控制的其他企业间不存在对发行人构成重大不利影响的同业竞争，不存在严重影响发行人独立性或者显失公平的关联交易。

（2）发行人或其控股股东、实际控制人、对发行人主营业务收入或净利润占比超过 10% 的重要子公司在申报受理后至上市前不存在被列入失信被执行人名单且尚未消除的情形。

（3）不存在其他对发行人持续经营能力构成重大不利影响的情形。

7. 重大违法行为

发行人及其控股股东、实际控制人最近三年内不得存在重大违法行为。

最近 36 个月内，发行人及其控股股东、实际控制人在国家安全、公共安全、生态安全、生产安全、公众健康安全等领域，存在以下违法行为之一的，原则上视为重大违法行为：被处以罚款等处罚且情节严重；导致严重环境污染、重大人员伤亡、社会影响恶劣等。

有以下情形之一且保荐机构及发行人律师出具明确核查结论的，可以不认定为重大违法：违法行为显著轻微、罚款数额较小；相关规定或处罚决定未认定该行为属于情节严重；有权机关证明该行为不属于重大违法。但违法行为导致严重环境污染、重大人员伤亡、社会影响恶劣等并被处以罚款等处罚的，不适用上述情形。

8. 业务、资产和股份权属

（1）发行人的主营业务、主要产品或服务、用途及其商业模式明确、具体，发行人经营一种或多种业务的，每种业务应具有相应的关键资源要素，该要素组成应具有投入、处理和产出能力，能够与合同、收入或成本费用等相匹配。

（2）对发行人主要业务有重大影响的土地使用权、房屋所有权、生产设备、专利、商标和著作权等不存在对发行人持续经营能力构成重大不利影响的权属纠纷。

（3）发行人控股股东和受控股股东、实际控制人支配的股东所持有的发行人股份不存在重大权属纠纷。

9. 行业相关要求

发行人属于金融业、房地产业企业的，不支持其申报在北交所发行上市。

发行人生产经营应当符合国家产业政策。发行人不得属于产能过剩行业（产能过剩行业的认定以国务院主管部门的规定为准）、《产业结构调整指导目录》中规定的淘汰类行业，以及从事学前教育、学科类培训等业务的企业。

10. 财务信息披露质量

报告期内发行人会计政策和会计估计应保持一致性，不得随意变更，若有变更应符合企业会计准则的规定；变更时，保荐机构及申报会计师应关注是否有充分、合理的证据表明变更的合理性，并说明变更会计政策或会计估计后，能够提供更可靠、更相关的会计信息的理由；对会计政策、会计估计的变更，应行必要的审批程序，并依据《企业会计准则第 28 号——会计政策、会计估计变更和差错更正》的规定披露相关信息。

相关变更事项应符合专业审慎原则，与同行业公众公司不存在重大差异，不存在对发行人会计基础工作规范及内控有效性产生重大影响的情形。保荐机构及申报会计师应当充分说明专业判断的依据，对相关调整变更事项的合规性发表明确意见。如无充分、合理的证据表明会计政策或会计估计变更的合理性，或者未经批准擅自变更会计政策或会计估计的，视为滥用会计政策或会计估计。

报告期内发行人如出现会计差错更正事项，保荐机构及申报会计师应重点核查并发表明确意见：会计差错更正的时间和范围，是否反映发行人存在故意遗漏或虚构交易、事项或者其他重要信息，滥用会计政策或者会计估计，操纵、伪造或篡改编制财务报表所依据的会计记录等情形；差错更正对发行人的影响程度，是否符合《企业会计准则第 28 号——会计政策、会计估计变更和差错更正》的规定。发行人是否存在会计基础工作薄弱和内控缺失，是否按照《公开发行证券的公司信息披露编报规则第 19 号——财务信息的更正及相关披露》及相关日常监管要求进行了信息披露。

发行人因会计基础薄弱、内控不完善、未及时进行审计调整的重大会计核算疏漏、滥用会计政策或者会计估计以及恶意隐瞒或舞弊行为，导致重大会计差错更正的，将依据相关制度采取自律监管措施或纪律处分，进行严肃处理；涉及财务会计文件虚假记载的，将依法移送中国证监会查处。

11. 招股说明书财务报告审计截止日后的信息披露

（1）发行人财务报告审计截止日至招股说明书签署日之间超过 1 个月的，应在招股说明书“重大事项提示”中披露审计截止日后的主要经营状况；

（2）发行人财务报告审计截止日至招股说明书签署日之间超过 4 个月的，应补充提供经会计师事务所审阅的期间 1 个季度的财务报表，超过 7 个月的，应补充提供经会计师事务所审阅的期间 2 个季度的财务报表；

（3）发行人应在招股说明书“重大事项提示”中补充披露下一报告期业绩预告信息，主要包括年初至下一报告期末营业收入、扣除非经常性损益前后净利润的预计情况、同比变化趋势及原因等；较上年同期可能发生重大变化的，应分析披露其性质、程度及对持续经营的影响。

12. 同业竞争

发行人与控股股东、实际控制人及其控制的其他企业间如存在同业竞争情形，认定同业竞争是否对发行人构成重大不利影响时，保荐机构及发行人律师应结合竞争方与发行人的经营地域、产品或服务的定位，同业竞争是否会导致发行人与竞争方之间的非公平竞争、是否会导致发行人与竞争方之间存在利益输送、是否会导致发行人与竞争方之间相互或者单方让渡商业机会情形，对未来发展的潜在影响等方面，核查并出具明确意见。

发行人应在招股说明书中，披露保荐机构及发行人律师针对同业竞争是否对发行人构成重大不利影响的核查意见和认定依据。

13. 关联交易

保荐机构、申报会计师及发行人律师应重点关注：关联方的财务状况和经营情况；发行人报告期内关联方注销及非关联化的情况，非关联化后发行人与上述原关联方的后续交易情况；关联交易产生的收入、利润总额合理性，关联交易是否影响发行人的经营独立性、是否构成对控股股东或实际控制人的依赖，是否存在通过关联交易调节发行人收入利润或成本费用、对发行人利益输送的情形；发行人披露的未来减少关联交易的具体措施是否切实可行。保荐机构、会计师及律师在核查关联方关系时，不应仅限于查阅书面资料，应采取实地走访，核对工商、税务、银行等部门提供的资料。

14. 客户集中度较高

发行人存在客户集中度较高情形的，保荐机构应重点关注该情形的合理性、客户的稳定性和业务的持续性，督促发行人做好信息披露和风险揭示。

对于发行人由于下游客户的行业分布集中而导致的客户集中具备合理性的特殊行业（如电力、电网、电信、石油、银行、军工等行业），发行人应与同行业可比公众公司进行比较，充分说明客户集中是否符合行业特性，发行人与客户的合作关系是否具有一定的历史基础，是否有充分的证据表明发行人采用公开、公平的手段或方式独立获取业务，相关的业务是否具有稳定性以及可持续性，并予以充分的信息披露。

针对因上述特殊行业分布或行业产业链关系导致发行人客户集中情况，保荐机构应当综合分析考量以下因素的影响：一是发行人客户集中的原因，与行业经营特点是否一致，是否存在下游行业较为分散而发行人自身客户较为集中的情况及其合理性。二是发行人客户在其行业中的地位、透明度与经营状况，是否存在重大不确定性风险。三是发行人与客户合作的历史、业务稳定性及可持续性，相关交易的定价原则及公允性。四是发行人与重大客户是否存在关联关系，发行人的业务获取方式是否影响独立性，发行人是否具备独立面向市场获取业务的能力。

15. 经营业绩大幅下滑

发行人在报告期内出现营业收入、净利润等经营业绩指标大幅下滑情形的，保荐机构及申报会计师应当从以下方面充分核查经营业绩下滑的程度、性质、持续时间等：（1）经营能力或经营环境是否发生变化，如发生变化应关注具体原因，变化的时间节点、趋势方向及具体影响程度；（2）发行人正在采取或拟采取的改善措施及预计效果，结合前瞻性信息或经审核的盈利预测（如有）情况，判断经营业绩下滑趋势是否已扭转，是否仍存在对经营业绩产生重大不利影响的事项；（3）发行人所处行业是否具备强周期特征、是否存在严重产能过剩、是否呈现整体持续衰退，发行人收入、利润变动情况与同行业可比公众公司情况是否基本一致；（4）因不可抗力或偶发性特殊业务事项导致经营业绩下滑的，相关事项对经营业绩的不利影响是否已完全消化或基本消除。

发行人最近一年（期）经营业绩指标较上一年（期）下滑幅度超过 50%，如无充分相反证据或其他特殊原因，一般应认定对发行人持续经营能力构成重大不利影响。

16. 承诺事项

发行人及其控股股东或实际控制人曾出具公开承诺的，应当诚实守信，最近 12 个月内不得存在违反公开承诺的情形。

17. 政府补助

发行人应结合政府补助的具体来源、获取条件、形式、金额、时间及持续情况、分类、政府补助与公司日常活动的相关性等，在招股说明书中披露报告期各期取得政府补助资金的具体情况和使用情况、计入经常性损益与非经常性损益的政府补助金额，以及政府补助相关收益的列报情况是否符合《公开发行证券的公司信息披露解释性公告第 1 号——非经常性损益》的规定；结合报告期各期计入损益的政府补助金额占同期净利润的比例说明对政府补助的依赖情况，报告期内经营业绩对政府补助存在较大依赖的，应当进行重大事项提示，并分析披露对发行人经营业绩和持续经营能力的影响。

18. 税收优惠

对于税收优惠，发行人应遵循如下原则进行处理：（1）如果很可能获得相关税收优惠批复，按优惠税率预提预缴经税务部门同意，可暂按优惠税率预提并做风险提示，并说明如果未来被追缴税款的处理安排；同时，发行人应在招股说明书中披露税收优惠不确定性风险。（2）如果获得相关税收优惠批复的可能性较小，需按照谨慎性原则按正常税率预提，未来根据实际的税收优惠批复情况进行相应调整。（3）发行人依法取得的税收优惠，在《公开发行证券的公司信息披露解释性公告第 1 号——非经常性损益》规定项目之外的，可以计入经常性损益。

19. 现金交易

发行人存在销售或采购环节现金交易金额较大或占比较高情形的，应在招股说明书中披露以下信息：（1）现金交易的必要性与合理性，是否与发行人业务情况或行业惯例相符，现金交易比例及其变动情况与同行业可比公众公司是否存在重大差异，现金使用是否依法合规；（2）现金交易的客户或供应商的基本情况，是否为自然人或发行人的关联方，现金交易对象含自然人的，还应披露向自然人客户（或供应商）销售（或采购）的金额及占比；（3）现金交易相关收入确认及成本核算的原则与依据，是否存在体外循环或虚构业务情形；（4）现金交易是否具有可验证性，与现金交易相关的内部控制制度的完备性、合理性与执行有效性；（5）现金交易流水的发生与相关业务发生是否真实一致，是否存在异常分布；（6）实际控制人及发行人董事、监事、高级管理人员等关联方是否与相关客户或供应商存在资金往来；（7）发行人为减少现金交易所采取的改进措施及进展情况。

20. 境外销售

发行人报告期存在来自境外的销售收入的，保荐机构、发行人律师及申报会计师应重点关注下列事项：（1）境外销售业务的开展情况，包括但不限于主要进口国和地区情况，主要客户情况、与发行人是否签订框架协议及相关协议的主要条款内容，境外销售模式、订单获取方式、定价原则、信用政策等；（2）发行人在销售所涉国家和地区是否依法取得从事相关业务所必需的法律法规规定的资质、许可，报告期内是否存在被境外销售所涉及国家和地区处罚或者立案调查的情形；（3）相关业务模式下的结算方式、跨境资金流动情况、结换汇情况，是否符合国家外汇及税务等相关法律法规的规定；（4）报告期境外销售收入与海关报关数据是否存在较大差异及差异原因是否真实合理；（5）出口退税等税收优惠的具体情况；（6）进口国和地区的有关进口政策、汇率变动等贸易环境对发行人持续经营能力的影响；（7）主要境外客户与发行人及其关联方是否存在关联方关系及资金往来。

21.第三方回款

企业在正常经营活动中存在的第三方回款，通常情况下应考虑是否符合以下条件。（1）与自身经营模式相关，符合行业经营特点，具有必要性和合理性，例如：①客户为个体工商户或自然人，其通过家庭约定由直系亲属代为支付货款，经中介机构核查无异常的；②客户为自然人控制的企业，该企业的法定代表人、实际控制人代为支付货款，经中介机构核查无异常的；③客户所属集团通过集团财务公司或指定相关公司代客户统一对外付款，经中介机构核查无异常的；④政府采购项目指定财政部门或专门部门统一付款，经中介机构核查无异常的；⑤通过应收账款保理、供应链物流等合规方式或渠道完成付款，经中介机构核查无异常的；⑥境外客户指定付款，经中介机构核查无异常的。（2）第三方回款的付款方不是发行人的关联方。（3）第三方回款与相关销售收入勾稽一致，具有可验证性，不影响销售循环内部控制有效性的认定，申报会计师已对第三方回款及销售确认相关内部控制有效性发表明确核查意见。（4）能够合理区分不同类别的第三方回款，相关金额及比例处于合理可控范围。

22.转贷

首次申报审计截止日后，发行人原则上不能再出现“转贷”情形。中介机构应关注发行人连续12个月内银行贷款受托支付累计金额与相关采购或销售（同一交易对手或同一业务）累计金额是否基本一致或匹配,是否属于“转贷”行为。

23.特殊经营模式

（1）委托加工：当发行人与同一主体既有采购又有销售业务时，应结合业务合同的属性类别及主要条款、原材料的保管和灭失及价格波动等风险承担、最终产品的完整销售定价权、最终产品对应账款的信用风险承担、对原材料加工的复杂程度等方面判断业务作为独立购销业务，还是作为委托加工或受托加工处理。

（2）线上销售：保荐机构及申报会计师应结合客户名称、送货地址、购买数量、消费次数、消费金额及付款等实际情况，以及其他数据、指标、证明资料等，对线上销售收入确认是否符合企业会计准则规定、是否存在通过刷单虚增收入的情形以及收入的真实性等进行核查，说明采取的核查方法、程序以及核查结果或结论，并就报告期发行人线上销售收入的真实性、准确性、完整性发表明确意见。

（3）经销商模式：保荐机构及申报会计师应对经销业务进行充分核查，并对经销商模式下收入的真实性发表明确意见。

（4）加盟模式：保荐机构及申报会计师应结合加盟协议关键条款、行业惯例、加盟商的经营情况、终端客户销售、退换货情况等，核查加盟相关业务收入确认政策是否符合企业会计准则规定。

（5）涉农企业：发行人为涉农企业的，中介机构应重点关注以下事项：经营业务整体合理性；经营风险是否充分披露；非法人客户或供应商的真实性；货币资金相关内部控制的有效性；存货和生物资产等的真实性、准确性。

24. 与上市公司监管规定的衔接

发行人上市前公司治理方面的衔接准备情况、发行人申报时存在全国股转系统挂牌期间发行的可转债的、发行人申报时存在全国股转系统挂牌期间发行的优先股的、发行人申报时存在全国股转系统挂牌期间依法实行的期权激励计划的，保荐机构及发行人律师应重点核查发行人是否符合相关要求并发布明确意见。

25. 上市公司直接或间接控制

发行人为上市公司直接或间接控制的公司的，应当独立于上市公司并在信息披露方面与上市公司一致、同步。

26. 共同投资

发行人如存在与其控股股东、实际控制人、董事、监事、高级管理人员及其亲属直接或者间接共同设立公司情形，发行人及中介机构应主要披露及核查以下事项：（1）发行人应当披露相关公司的基本情况，中介机构应当核查发行人与上述主体共同设立公司的背景、原因和必要性，说明发行人出资是否合法合规、出资价格是否公允。（2）如发行人与共同设立的公司存在业务或资金往来的，还应当披露相关交易的交易内容、交易金额、交易背景以及相关交易与发行人主营业务之间的关系。中介机构应当核查相关交易的真实性、合法性、必要性、合理性及公允性，是否存在损害发行人利益的行为。（3）如公司共同投资方为董事、高级管理人员及其近亲属，中介机构应核查说明公司是否符合《公司法》第148条规定，即董事、高级管理人员未经股东会或者股东大会同意，不得利用职务便利为自己或者他人谋取属于公司的商业机会，自营或者为他人经营与所任职公司同类的业务。

27.重大事项报告

发行人及中介机构应当按照北交所发行上市审核相关规定，对下列重大事项进行报告、核查并发表明确意见：

（1）发行人及其实际控制人、控股股东等发生重大媒体质疑、涉及重大违法行为的突发事件或被列入失信被执行人名单；

（2）发生涉及公司主要资产、核心技术等诉讼仲裁，或者公司主要资产被查封、扣押等；

（3）发行人控股股东和受控股股东、实际控制人支配的股东所持发行人股份被质押、冻结、拍卖、托管、设定信托或者被依法限制表决权，或发生其他可能导致控制权变更的权属纠纷；

（4）发行人发生重大资产置换、债务重组等公司架构变化的情形；

（5）发生影响公司经营的法律、政策、市场等方面的重大变化；

（6）发生违规对外担保、资金占用或其他权益被控股股东、实际控制人严重损害的情形，或者损害投资者合法权益和社会公共利益的其他情形；

（7）披露审计报告、重大事项临时公告或者调整盈利预测；

（8）发生可能导致中止或终止审核的情形；

（9）存在其他可能影响发行人符合发行条件、上市条件和相应信息披露要求，或者影响投资者判断的重大事项。

28.权益分派

（1）申报前提出权益分派方案

发行人申报前就已提出了现金分红、分派股票股利或资本公积转增股本方案的，应充分披露相关方案的执行是否对发行人符合发行条件和上市条件造成影响，相关方案应在中国证监会同意注册前执行完毕；保荐机构应对前述事项的披露情况和相关方案执行完毕后发行人是否符合发行条件和上市条件发表明确意见。

（2）审核期间新增现金分红方案

发行人在申报受理后至上市前原则上不应提出分派股票股利或资本公积转增股本的方案。发行人在审期间提出现金分红方案的，保荐机构和发行人应按重大事项报告要求及时进行报告，并遵循如下原则进行处理：发行人如拟现金分红的，应依据公司章程和相关监管要求，充分论证现金分红的必要性和恰当性，以最近一期经审计的财务数据为基础，测算和确定与发行人财务状况相匹配的现金分红方案，并履行相关决策程序。如存在大额分红并可能对财务状况和新老股东利益产生重大影响的，发行人应谨慎决策。发行人的现金分红方案应在中国证监会同意注册前执行完毕。已通过上市委员会审议的企业，在上市前原则上不应提出新的现金分红方案。

29. 第三方数据

第三方数据主要指涉及发行人及其交易对手之外的第三方相关交易信息，例如发行人的交易对手与其客户或供应商之间的交易单价及数量、可比公司或可比业务财务数据等。考虑到第三方数据一般较难获取并具有一定隐私性，发行人及中介机构在公开披露的文件中引用的第三方数据可以限于公开信息，并注明资料来源，一般不要求披露未公开的第三方数据。

中介机构应当核查第三方数据来源的真实性及权威性、引用数据的必要性及完整性、与其他披露信息是否存在不一致，说明第三方数据是否已公开、是否专门为本次发行准备以及发行人是否为此支付费用或提供帮助，确保直接或间接引用的第三方数据有充分、客观、独立的依据。

30. 国家秘密、商业秘密

发行人有充分依据证明拟披露的某些信息涉及国家秘密、商业秘密的，应当在提交发行上市申请文件或问询回复时，一并提交关于信息披露豁免的申请文件。

发行人应在豁免申请中逐项说明需要豁免披露的信息，认定国家秘密或商业秘密的依据和理由，并说明相关信息披露文件是否符合招股说明书准则及相关规定要求，豁免披露后的信息是否对投资者决策判断构成重大障碍。

（三）转板：欲穷千里目，更上一层楼

北交所明确提出要处理好“两个关系”，其中之一便是与沪深交易所坚持错位发展与互联互通，发挥好转板上市功能。

北交所上市的企业符合上交所科创板或深交所创业板条件的，可以申请转板上市。

由拟转入的交易所对转板公司的转板申请文件进行审核。转板审核重点关注并判断转板公司是否符合拟转入的交易所规定的转板条件和信息披露要求，督促转板公司完善信息披露内容。审核通过的，由拟转入的交易所作出同意上市的决定；审核不通过的，作出不同意上市的决定。

1. 转板科创板

北交所已经有一家企业成功转板科创板，并已在科创板上市交易。这家企业是观典防务技术股份有限公司（832317）。

2020 年 4 月 27 日，观典防务成为首家提交精选层挂牌申请的公司。观典防务在短短的三个月内就迅速完成了从申报、问询再到过会、核准等必要程序。

2020 年 7 月 27 日，观典防务成为首批精选层企业之一。

2021 年 8 月 11 日，观典防务发布公告宣布冲刺科创板。

2021 年 10 月 20 日，观典防务向上交所递交了转板至科创板上市的申报文件，次日公司股票停牌。

2021 年 11 月 10 日，上交所正式受理了观典防务的申报文件。

2022 年 1 月 27 日，观典防务上会并顺利过会。

2022 年 3 月 31 日，上交所同意观典防务转板上市申请。

2022 年 4 月 26 日，观典防务在北交所停止交易。

2022 年 5 月 25 日，观典防务在科创板转板上市交易，股票代码为 688287。

2. 转板创业板

北交所现已有两家公司通过了创业板转板上市的审核。

第一家转板创业板的北交所企业是翰博高新材料（合肥）股份有限公司（833994）。

2021 年 11 月 9 日，深圳证券交易所受理了翰博高新转板上市申请并出具了受理通知书，翰博高新披露了转板上市报告书等文件。

2022 年 3 月 10 日，翰博高新转板上市在 2022 年第 11 次创业板上市委员会会议审核通过。

2022 年 7 月 5 日，深交所同意翰博高新转板上市申请。

2022 年 8 月 18 日，翰博高新在创业板上市交易，股票代码为 301321。

第二家转板创业板的北交所企业是十堰市泰祥实业股份有限公司(833874)。

2021 年 11 月 10 日，深圳证券交易所受理泰祥实业转板上市申请并出具了受理通知书。

2022 年 3 月 25 日，泰祥实业转板上市在 2022 年第 15 次创业板上市委员会会议审核通过。

2022 年 6 月 17 日，深交所同意泰祥实业转板上市申请。

2022 年 8 月 11 日，泰祥实业在创业板上市交易，股票代码为 301192。

（四）北交所的未来：任重道远，未来可期

按照中国证监会统一部署，2023 年 2 月 17 日，北交所正式发布 3 部业务规则和 15 部细则、指引及指南，自公布之日起施行。

全面实行注册制是涉及资本市场全局的重大改革，对健全资本市场功能、提高直接融资比重、促进经济高质量发展具有重要意义。

北交所设立时即同步试点注册制，坚守服务创新型中小企业的定位，体现标准明确、披露为本、公开透明、尊重市场的制度特色，开市以来市场运行整体平稳，各项制度经受住了市场检验，改革成效得到了市场认可。

目前北交所上市公司家数还不多，总市值也不大，估值水平、交易量还无法与上交所、深交所相比，然而毕竟北交所刚刚起步，与三十而立的上交所和深交所相比，还只是个蹒跚学步的婴儿，任重道远，未来可期。

期待越来越多的创新型中小企业能够顺天时、择地利、尽人事，迈向北交所，通过资本市场的加持加速做大做强，不负时代，不负未来。

第二篇

融资篇：投融资解析

笔者写本部分内容的初衷，是希望能够站在企业家和投资人双方的角度，提供一套共性的思维体系和话语体系，帮助企业家在未来的融资活动中，增加沟通效率，提高融资速度。

本部分共分为九个小的话题，都属于投融资过程中必然会触及的内容，笔者结合部分实际案例对相关话题进行补充说明，但在很多问题上，企业家朋友会发现与自己此前的认知并不一致，这些不一致的点，就是笔者希望能够帮助企业家朋友“纠偏”或带来一些思考的地方。此外，需要读者朋友注意的是，本部分内容旨在为大家尽可能地提供更多的背景介绍，因而在各部分的内容里穿插了投融资行业的一些基本概念和故事，供读者朋友参考。

一、从一个独角兽落幕的案例讲起

（一）柔宇科技的 IPO 尝试之旅

柔宇科技曾是深圳资本圈中明星企业之一，在 2020 年的最后一天，柔宇科技拟在上交所科创板的上市申请获得了受理，申报后的第 28 天收到了上交所的问询函，而致命的是，柔宇科技在 1 月 31 日被抽中现场检查。而后，柔宇科技于 2021 年 2 月 9 日向上交所撤回申请。

一般来说，企业在首次问询后立即选择“撤材料”，十分反常。因 IPO 的筹划时间非常长，付出的成本也比较高昂，“撤材料”的动作属于推倒重来，即便有重新申报的意愿，在实务中也往往需要一年乃至更久的时间，因此说，一个月内就将几年的努力毁于一旦，“事出反常必有妖”。

（二）柔宇科技带来的蝴蝶效应

在监管机构于 2021 年 1 月 31 日发布的“首发企业信息披露质量抽查抽签情况”的 20 家被抽查企业中，有 16 家企业在 2 月 28 日前选择了“撤材料”，即终止 IPO 申请，柔宇科技就是 16 家“撤材料”企业中的一家。（表 2–1）

表 2-1　2021 年初现场检查 20 家企业撤回情况统计

序号	公司简称	申报板块	首轮撤回日期
1	蓝科石化	科创板	2021-02-18
2	镇江研究院	创业板	2021-02-09
3	恒伦医疗	创业板	2021-02-20
4	百子尖科技	科创板	2021-02-10
5	华之杰	科创板	/
6	博创智能	科创板	2021-02-18
7	江苏扬瑞	创业板	/
8	柔宇科技	科创板	2021-02-09
9	格林生物	创业板	2021-02-10
10	湘园新材	创业板	2021-02-09
11	国光信息	科创板	2021-02-19
12	风神科技	创业板	/
13	凤凰画材	创业板	2021-02-09
14	恒兴新材	创业板	2021-02-09
15	紫泉能源	科创板	2021-02-18
16	木瓜移动	创业板	2021-02-18
17	国祥股份	科创板	/
18	时代凌宇	创业板	2021-02-18
19	德威华泰	科创板	2021-02-18
20	华鹏智能	创业板	2021-02-20

资料来源：根据上交所及深交所公开信息整理

本次抽查中，9 家科创板撤了 7 家，11 家创业板中撤了 9 家，主动撤回率达到了 80%，因为撤材料过多，舆论导向十分负面。

在这种情况下，上交所和深交所都迅速回应，表示将高度重视如大比例项目撤回的情况，不能“一撤了之”，如发现存在涉嫌财务造假、虚假陈述等重大违法违规问题的，项目即便撤回，保荐机构、发行人也仍要承担相应的责任，杜绝“带病闯关”的现象，同时也将充分发挥现场检查、现场督导与审核问询的监管联动机制，严把上市“入口关”。而在地方证监局以及证券公司层面，均受到此次事件影响，大幅提高了申报标准，甚至有的证券公司以“撤回率”作为项目人员的关键绩效（KPI）考核指标。

（三）柔宇科技的前世今生

1. 自带科技含量的创业公司

柔宇科技的创始人刘自鸿生于1983年，17岁即以江西省抚州市理科高考第一名的成绩考入清华大学电子工程系，清华大学硕士毕业后选择留学美国斯坦福大学并于2009年获得了电子工程系博士学位。2012年，刘自鸿和同是清华大学兼斯坦福大学校友的魏鹏、樊俊超共同创立柔宇科技。

根据柔宇科技的招股说明书，截至2020年6月30日，公司员工人数达到了1551人，其中技术人员1028人，占到了总人数的66.28%。同时，招股说明书中更是着重提到“公司始终鼓励创新，重视研发工作，其核心技术均系自主研发结果”。在报告期内的研发费用情况如表2–2所示：

表2–2 柔宇科技研发费用情况

单位：万元

项目	2020年1—6月	2019年度	2018年度	2017年度
研发费用	58,269.60	58,617.64	48,839.15	16,043.57
营业收入	11,607.37	22,697.77	10,904.58	6,472.67
占营业收入比重	502.01%	258.25%	447.88%	247.87%

研发费用是公司营业收入的几倍，坐实了以融资砸研发的企业画像。并且，柔宇科技自成立8年来共申请了2428项专利，平均每年超过300项，几乎每一天都有新的专利。

从以上维度可以看出，柔宇科技绝对属于自带科技含量的创业型公司，硬科技乃至黑科技的科创属性是确定无疑的。

2. 出色的融资能力和极大的对赌压力

柔宇科技成立以来的定位是生产柔性屏幕，选择的技术路线并非业界主流的多晶硅（LTPS），而是独家研发的成本更低、良率更高的超低温非硅制程集成技术（ULT-NSSP）。新技术叠加新产品的故事足够吸引资本的进入，从2017年8月到2019年11月，各路投资机构向柔宇科技投入了50.53亿元人民币。（表2-3）

表2-3　投资机构向柔宇科技的投入金额

时间	金额
2017年8月	9亿元
2017年12月	7.98亿元
2018年6月	4亿元
2018年8月	4.4亿元
2018年11月	4.65亿元
2019年3月	1.5亿元
2019年11月	19亿元

根据披露的《法律意见书》，与柔宇科技签署了相关特殊权利条款或相关协议（例如对赌条款等）的投资机构和投资人的数量就达到了37家，其中不乏资本市场中耳熟能详的市场化基金和国家投资机构。该等投资机构和投资人与柔宇科技约定，自柔宇科技向证券发行监管部门正式报送首次公开发行股票并上市申请材料之日起立即中止执行并在证券发行监管部门审核通过后完全终止，相关条款或协议在中止期间及终止后对协议签署各方不再具有约束力和效力，各方均不再享有相关条款或协议项下的权利、均无须再承担在相关条款或协议项下的责任和义务；如公司上市申请因任何原因未获证券发行监管部门核准通过，或被公司撤回，或被证券发行监管部门终止审查或否决或不予注册时，已中止的相关条款或协议恢复法律效力。

我们不去深究对赌协议中具体涉及了哪些条款，仅从条款“中止”和“终止”的约定中可以看出，如柔宇科技无法顺利上市，则将面临大量的对赌条款的履约压力，时至今日我们已经看到，现金流断裂的柔宇科技似乎已经没有履行对赌条款的能力了，各家投资机构的“浮亏”变成“损失”或许只是时间问题。

3. 履霜坚冰至

柔宇科技的快速发展直至陨落或许也有迹可循，当柔宇科技的招股说明书披露后，其所有的财务数据一览无余。2017 年度、2018 年度、2019 年度以及 2020 年上半年，柔宇科技的营业收入为 6472.67 万元、1.09 亿元、2.27 亿元和 1.16 亿元；对应的归属于母公司股东的净利润分别为 –3.59 亿元、–8.02 亿元、–10.73 亿元和 –9.61 亿元；经营活动产生的现金流量净额分别为 –3.58 亿元、–6.12 亿元、–8.11 亿元和 –3.86 亿元。可以说，从最传统的财务分析角度，柔宇科技已经处在崩溃的边缘，我们可以想象，在如此巨大的财务压力之下，曾经的梦想和初心似乎都会变得苍白无力，To B 和 To C 的模式已经无法支撑，To VC 又已经做到了极致，如能顺利上市，或许仍有一搏的可能性。

所谓“履霜坚冰至”，意为当我们看到脚下的寒霜时，就要意识到寒冬已至，需要为过冬作准备了。对于柔宇科技的管理层而言，在发现自己的产品无法顺畅销售的时候，就应当及时调整战略，而非继续仅在宣传层面下功夫，一直到柔宇科技撤回 IPO 申报材料，我们仍未见到主流厂商大规模使用柔宇科技产品的情况，而柔宇科技所宣传的其他合作方，如中兴公司、空中客车、中国移动等，其应用场景也难觅踪迹。此外，C 端产品的代表可折叠柔性屏智能手机 FlexPai 的销量也极为惨淡。

正是由于市场无法打开，而烧钱的技术是否有商业价值存在较大不确定性，柔宇科技似乎迅速走入了“死循环”，订单的缺失导致了公司的产能利用率上不去，人员限制的同时也带来了成本高企，因此欠薪的到来也只是时间问题。

4. 一切或许才刚刚开始

从本部分的叙述逻辑上来讲，柔宇科技最大的问题当然是过度沉浸在自己的 PPT 世界里。但同时，柔宇科技在自己的资本运作过程中，肉眼可见的犯下了致命的错误。作为清华大学本科、斯坦福大学博士的创业团队，他们周围一定围绕着许多同样优秀的企业家和投资银行家，但却为何会屡屡错过国内资本市场的“窗口期”，搭建了红筹架构却终未实施，反而最终沦落到了“不上市就死”的境地，这些都值得企业家朋友们深思。

（四）思维盲区一：创始人的过度自信

在本部分内容中，我们会反复地讲到投资机构对于创业团队的重视，而这个信息是公开且容易理解的，因此企业创始人在面对投资机构时会非常重视自我包装，名校学历加大厂工作背景几乎成了标配。如果创始人自己不具备这些要素，他也会拉上几位符合条件的候选人作为创始合伙人，以提升团队的格调。此外，同样是由于信息的透明性，投融资的双方也都清楚地知道，企业在寻找投资机构的同时，投资机构也在寻找好的投资标的，而在“资产荒”的当下，高格局、远憧憬的公司似乎更有吸引力。

一般而言，能够起心动念来寻找投资机构加持的企业，往往都是有相当大的比较优势的，即企业的创始人往往都在某个领域非常优秀，创始团队的构成往往也多元且有战斗力；并且，该创始人或许也已经有了创业成功的经历，而这种成功的经验有时会给这些创始人一种错觉，即他在某些其他方面，或许也有与众不同的强能力。

我们常说，企业文化是创始人价值观的延续，过度自信的创始人可能会将企业带入不可知的境地而不自知。我们常常见到一些企业创始人，从他的过往经历上来看无懈可击，当讲到投资领域的一些逻辑时，该创始人也有自己独到的见解，但如前所述，不管有意还是无意，因创始人自信程度的泛化，他已经很难再听进去他人的意见了。因此，投资机构的主要工作之一，就是先打击创始人的自信，越是段位高的投资者，越会表现得非常有攻击性。

如果回到柔宇科技的案例中来看，清华大学本科已经很优秀，再加持了斯坦福的博士学位，几名这样的人才放在国内绝对是凤毛麟角，而其创业的课题又是既有理论验证又有市场想象空间，连徐小平这样的资深天使投资人也会“打眼”。我们从事后反思的角度来看，创业企业最大的社会责任仍要回归商业的本质，即赚钱，而华美的故事和步步高升的估值却并不是，企业如能安心做经营，找到能够符合商业逻辑的变现模式，才能真正地为员工、为广大投资人创造价值。企业投入大量的资金进行基础研究值得尊敬，但不以赚钱为目的的话，就不能算是一个合格企业。

创始人的过度自信除了会将企业的发展主业带偏外，有的时候还会误以为自己能够驾驭得了投资机构，其心态一般还是基于对自己“硬科技”的执着，认定投资机构无论如何也是不敢离开自己的，这个公司离开资本能活下去，但离开自己就活不下去。正是这种心态作祟，导致很多具备一定科技含量的企业走上了与各路资本起舞之路，公司的主营业务逐渐变为投融资，但我们还要再泼一盆冷水，因为资本能把创始人捧得很高，也有更多的资本运作方式能够让创始人的动作发生更大的变形。讲了这么多，还是希望创始人能够放平心态，认清自己既然在本专业已经成为专家了，那么在金融领域高概率无法成为专家的这一事实，同时也请认清资本追逐的仍然是那个有梦想的企业。

（五）思维盲区二：朋友圈的专业性

不可否认，优秀的企业家的周围往往也围绕着和他一样优秀的朋友，这些人在各自领域里也同样优秀，在资本运作层面也有着丰富的经验，所以大家在某个聚会上谈及某个企业的融资事项、上市事项时，就会有无数的成功经验的输出。

但是对于一个企业而言，在不同的时间，或者在不同的发展阶段，遇到同样的问题就可能有完全不同的应对方式。企业家身边的朋友们出的主意很可能出于好心，但往往不能带来预期的效果，在《易经》中有时和位的概念，就是提倡做事要在合适的时间做合适的事情，所谓天时地利。

“专业的人做专业的事情”这句话已经深入人心，许多企业家朋友也认为自己正是按照这样的方式处事的，当企业在投融资过程中遇到一些财务问题，就会主动找到在某会计师事务所做资深合伙人的朋友进行咨询，最终也能够按照这位朋友的意见向下布置任务，但当发现事情跑偏之后，一般情况下会认为是办事人员的理解能力有问题才导致事情无法落到实处，却无从判断到底问题出在哪里。

在这里向各位读者朋友提示的是，您的朋友圈或许十分专业，但企业所面临的问题既然已经上升到需要借助外力，那么该问题一般都会具有较高的复杂性，单凭企业家朋友自己在朋友圈内进行简单的咨询是很难将问题讲清楚的，也就是说，连解决问题的第一步都做不好，因此这些问题无法顺利解决才是正常现象，不要认为是下属的办事不力才好。在投资行业里，经常会遇到类似“大咖”误事的问题，其实错不在大咖，而是企业家朋友们没有正确理解朋友圈的专业性，如果是宏观方向的问题，我们愿意相信朋友圈可以给出很好的意见，但涉及微观方向的具体问题，还是要去相信专业机构的意见才是。

仍以柔宇科技的案例来推理和猜测，在辅导其上市的中介机构选择上，有较大的可能性是听从了专业意见，所有中介机构都选择了头部，但在撤材料这个动作上，我们可以看出柔宇科技可能并没有选择到最合适自己的辅导机构。讲得再具体一点，或许因为辅导机构认为柔宇科技可能无法顺利通过监管机构安排的现场检查，进而导致查出的问题会被归结为自身未达到勤勉尽责的要求，因而希望通过主动撤回申报材料的方式豁免后续的麻烦，而在是否撤回的这个决定上，柔宇科技与头部中介机构进行博弈时是毫无胜算可言的。当然，最后因材料撤回的企业过多反而引起监管机构的更多关注，这是所有人都始料未及的。

柔宇科技的落幕是投资界注定发生变革的注脚之一，在此前多轮的疯狂融资过程中，投资机构仍遵循上一个时代的投资理念，以“概念”“模式”作为决策依据，生怕上不去车；而现在已然发现，当高速行驶的车出现危险时，下车的难度其实更大。本部分我们站在更为客观的角度，通过对市场案例的分析，向各位读者朋友介绍投融资过程中的一些普遍问题和解决方案。

二、投资机构在哪里

比照电影《神奇动物在哪里》，这一节的内容是在告诉大家，投资机构其实到处都是，但由于我们对于如何找到投资机构，并没有一个系统性的思维，既不清楚自己属于哪一类，也不清楚投资机构属于哪一类，那么相互之间擦出火花和匹配也就无从谈起。

（一）转介绍与介绍

1.转介绍

在营销学上，有一个概念非常被重视，即“转介绍”，是指某个客户通过他自己的朋友圈为该客户已使用的产品或者服务进行推介的行为。

在整个转介绍过程中，实施转介绍行为的某个客户投入了自身的信用成本，并且也主动筛选了该产品或服务的可能的受众群体，因而该种方式能够帮助企业更快速和高效地与目标客户建立联系，并迅速得到信任，最终实现销售。

在投资与融资的领域里，口碑的力量同样能够带来更快速的成交，转介绍省时高效，是快速建立信任的方式，而信任在资方和企业方的建立，往往是非常艰难的。

2. 专业FA的推荐

（1）FA的定义

FA是Financial Advisor的缩写，中文名称一般叫财务顾问，其主要工作内容是帮助创业企业提供咨询服务，帮助创业企业对接到资金方并最终达成交易，FA收取的佣金本质上是中介服务的费用。

FA是许多创业公司和资金方之间的桥梁，其日常工作内容十分庞杂，包括辅导企业做BP（Business Plan，商业计划）、一定程度的财务咨询和战略咨询、融资辅导、行业研究以及对接投资机构。

市场上常见的FA已逐步的专业化，仅专注于有限的几个行业，做细做精的同时在小范围内积累自己的口碑。因此，当企业家遇到一个FA，发现周围很多朋友没有听说过的时候也无须惊讶。因为FA行业中最重要的就是对接企业的“人”，多数情况下，企业最终能够接触到的投资机构多数都来自这位对接人的朋友圈。有的时候，FA会建议与企业深度合作，签订独家FA的协议，在这种情况下，则建议企业对这个FA的人员配置和市场影响力做一次深度的调研，否则不要轻易签署。

通过FA对接投资机构是一种常见的方式，但由于FA本质上并不属于下注者，更多的角色是跟踪机会和协助交割。FA的成本主要是时间成本，因而分配在单一企业身上的时间和精力不会太多，虽然能够对接到数量众多的投资机构，但最终达成投融资意向还是要靠企业和资方之间的互动和努力。

总体而言，转介绍与介绍可以使企业迅速扩大视野，且靠谱的中间方的信用背书能够起到正向作用，但这种方式接触到的“有效投资人”仍比较有限。

在某些具体场景里，FA机构会希望与融资企业签署“独家财务顾问协议”，旨在锁定双方的合作关系，除该FA机构外，融资企业不能够通过其他第三方再在市场上进行融资。这个合作模式也可以换个方式解释，当融资企业融到任意一笔资金时，都需要向该FA机构支付相应的财务顾问费用，而不论这个资金方是否来源于该FA机构。讲到这里，相信企业家朋友们能够准确地把握到关键点，即与您签署独家FA的机构必定是一家市场占有率高、市场口碑好的品牌机构，而非随意一家FA都能与之签署“独家”，希望大家切记，避免踩坑。

（2）典型的 FA 案例

在 FA 的机构里也有头部团队，包凡在 2004 年创立的华兴资本就是行业翘楚，几乎垄断了互联网行业的融资、并购的财务顾问业务。当下有许多优秀的 FA 团队也或多或少地具有一些华兴资本的基因，在本部分我们就以华兴资本服务京东公司的案例对 FA 在投融资过程中的作用进行介绍。

①腾讯公司收购京东公司部分股权的情况介绍

2014 年 3 月，腾讯公司公告将以 2.14 亿美元收购京东公司上市前 15% 的股份。具体方案为京东公司通过向腾讯公司发行约 15% 新股，未来京东公司实现 IPO 时，腾讯公司再以市场价认购额外的 5% 股权。本次交易后，腾讯公司与京东公司双方将产生进一步的战略协同，京东公司将借助腾讯公司在移动和互联网领域的庞大用户基础获得进一步发展，而腾讯公司将通过京东公司为用户提供一流的电子商务服务。

双方对于这场影响国内互联网格局的交易也十分重视，腾讯公司方面聘请了全球顶级投资银行巴克莱银行为财务顾问，而京东公司聘请了美林银行和华兴资本作为财务顾问。

②华兴资本能够促成此次合作的原因

华兴资本与京东公司和腾讯公司都曾有过交集，且其在互联网行业的经验十分丰富，以财务顾问的身份促成阿里巴巴和宽带资本投资国内首家 O2O 旅行服务公司佰程旅行网的近 2000 万美元 B 轮融资，同时也曾帮助当当网、奇虎 360、搜狐公司等公司的融资和并购。

据统计，华兴资本在私募融资财务顾问的业务成立后发展速度非常快，仅 2016 年一年，就做了 41 个项目，涉及资金额约 120 亿美金，是该市场里绝对的领导者。

华兴资本能够在诸多明星项目中分得一部分筹码的原因已经很清晰了，除了其创始人包凡的朋友圈外，华兴资本的团队深耕互联网领域也是主因之一，通过不断地完成融资、并购的案例，已经形成了比较完善的正反馈链路。

（二）主动出击

日常关注每周证监会审核 IPO 企业的朋友，可能会发现一个企业刚刚成立四年多就已经步入 IPO 环节了，也有一些更极端的案例，成立刚刚满三年即进入了 IPO 申报。大家知道，企业如想登陆我国 A 股市场，一般都会要求要成立三年以上，且能提供连续三个完整会计年度的财务报表，那么这些刚刚达到要求的公司，是如何做到的呢？

第一种可能性，是原企业历史包袱过重，使用新主体另起炉灶，这种方式的企业并不鲜见，是摆脱“原罪”的有效方式。这里我们要讲的是第二种可能性，即该企业从成立的第一天起，就已经做好了整个资本运作规划。

笔者曾接触过一个案例，企业创始人在公司成立后，根据自己资源禀赋的特点，落实了未来新公司的技术来源和产品形态，而后通过频繁地与银行、地方政府、券商和律师等各方签署战略协议的方式扩大自身影响力。在这一系列的操作完成后，制作了精美的 BP，开始启动投资者见面会，而这些投资人多数都是企业创始人通过各种渠道“陌拜”而来。我们十分敬佩这位创始人的努力程度和决心，但该种方式耗费的精力非常多，且高度依赖创始团队的拼搏。而最重要的是，这种主动出击的方式，需要创始人带来的故事足够诱人才有可能达成交易。就像前面提到的，除了产品和销路外，创始人连同资本运作规划都已做好，投资人只要判断三年后是否能申报 IPO 即可。

（三）面向企业的活动

类似于“北交所直通车”组织的系列培训和沙龙，是属于投资机构能够直接面向企业的活动，其本质上是一个双选的过程。企业人员在学习知识的同时更具象化地去了解投资机构，消除陌生感和恐惧感，而投资机构也是通过彼此交流过程中遴选合适的企业进一步了解。该类活动的类型多种多样，既可能是某类型企业的路演会，也可能是政府园区组织的培训，等等。

在这类培训和沙龙的交流过程中，企业家特别需要的一项能力就是要在最短的时间内将企业的核心优势传达出来。一般来说，能够在这类活动中，成为全场最闪亮的企业的，一般会迅速获得多家投资机构的青睐。

但与此同时，需要给企业家朋友们做一个提醒，在该类活动中推介自己公司的时候，可以在一定程度上包装，但千万不要过度夸大，现在早已经不是人傻钱多的年代了，投资人经历了多轮亏损后，已经对“PPT”门派的企业免疫了，浮夸的公司介绍能吸引到的往往是没钱的伪投资机构。

对于企业来讲，在参与该类型活动前，需要多了解一些与融资相关的基本知识，同时也需要尽可能多地了解投资机构的思维逻辑，确保实际交流过程的有效性。

三、投资机构类型介绍

企业在进行融资时，往往会先对自身作一个基础判断，然后将目标投资机构做一个画像，并按照这个画像去融资，即“按图索骥”。通常来说，这个画像中包含的两个主要类别，分别是财务投资者和战略投资者。我们在本部分先对这两种大家耳熟能详的投资人类型作介绍，而后向读者朋友们简单介绍一下其他类型的投资机构。

（一）财务投资者

1. 财务投资者的特点

财务投资者一般仅从财务回报的方面考虑，选择适合的创业公司标的，而不考虑与创业公司在业务上的关系。即，财务投资的目的是谋求经济上的回报。因此财务投资者更青睐市场空间广阔、高成长性的项目。财务投资者不会强调对公司的控制权，未来主要的项目退出方式是提前退出、并购或者上市。

财务投资者的特点可以总结为以下四点：

（1）不强调谋求控制权；

（2）追求快速资本回报；

（3）决策相对较快；

（4）知名机构会具有领投效应。

2. 典型案例介绍

（1）券商系基金

财务投资者始终追逐相对快速的投资回报，而对于不同基因的投资机构而言，都尽其所能地发挥自己最具备优势的方面。

我们不去过多探讨保荐 + 直投的科学性与合规性，至少对于券商系基金而言，由于投资银行保荐业务的协同作用，券商系基金更容易客观地判断出某企业是否具备 IPO 前景，而这项能力却是多数市场化机构所不具备的。换句话说，券商系基金在退出渠道方面比其他类型的投资机构具有更明确的预期，即便 IPO 不成，被上市公司或第三方并购也是一个比较好的出路。

另外，由于券商的保荐业务或财务顾问业务的收费水准都比较高，因而在券商系资金进行财务投资的时候，以同体系内的业务团队承接被投资企业未来的投资银行业务也是常见的谈判模式，以国内的头部证券公司中信建投证券股份有限公司为例，其100%控股的中信建投资本管理有限公司是北京润信鼎泰投资中心（有限合伙）（简称润信鼎泰）的执行事务合伙人。润信鼎泰投资的企业中包括了南京威尔药业股份有限公司（股票代码：603351，股票简称：威尔药业）以及北京天智航医疗科技股份有限公司（股票代码：688277，股票简称：天智航），这两家公司在上市时候的保荐机构均为中信建投证券股份有限公司。

（2）赛道投资者

有些财务投资者对投资某类型企业的决策速度非常快，可能的原因之一就是这个财务投资者“押宝”了某个细分领域，这个细分领域现在被大家称为“赛道”，即小标题中的“赛道投资者”。

在日本的便利店中，小朋友们常常可以将零钱投入贩卖“扭蛋”的机器中，以获取不确定的玩具为乐，这种模式如今也被引进到了中国，并已形成了一种潮流，泡泡玛特的自动贩卖机和实体店目前已经遍布各大商场。

潮玩赛道佼佼者的泡泡玛特成功登陆港股上市之后，以其为代表的潮玩行业猛然间映入大众眼帘，而随着越来越多的创业者加入，投资机构也开始在这个赛道持续布局，两相作用下，这个赛道的景气程度也不断升温，资本和人力的投入使得我们能够在日常生活中见到越来越多的类似产品，所有人都在寻找着或者期待着成为下一个泡泡玛特。

对于像笔者一样对潮流和时尚关注度不够的人来说，泡泡玛特更像是一个突然冒出来的新现象，消费者和资本似乎一夜之间涌了进来，当心平气和之后仔细分析，似乎这些潮玩与当年在干脆面里收集《水浒传》的人物卡并无不同，只不过本轮涌现的潮玩被艺术家、设计师、雕塑师等赋予了更多的设计感和个人风格。

除红杉资本下注泡泡玛特外，真格基金作为领投方参与新国风儿童潮流玩具品牌的东方小匠的首轮融资，此外，前海母基金和国中资本参与了主打收藏玩具的52TOYS，不二资本和奇点资本投资了原创潮玩厂商ToyCity，对于许多已入局的投资机构而言，只要市场中有新的玩家出现，都是需要尽快关注的，即便没有达成合作，能够了解潜在竞争对手的动向也是好的。

投资者关注某特定赛道的投资逻辑里，将风险尽可能地分散是基本诉求，而赛马机制里一定会有一家企业突围而出，赛道投资者只要确保自己的下注范围足够广泛就好了。

（3）领投效应

前文的案例可以对财务投资者的行为特征有比较具象化的介绍，对于已经进入融资阶段的企业而言，知名度更高的财务投资者可以给市场上其他投资人带来示范效应。具体而言，头部的财务投资者往往意味着流程更加规范，人力资源配备得也更加齐全，并且与被投资企业交流时的话语权也更大，因而领投身份在投资和融资双方博弈的过程中能够起到重要作用。对于有些小型的投资机构而言，有时只能依赖领投机构的尽调报告作出最终的投资决策。

我们在各种投融资信息中时常可以看到“领投”“跟投”“B 轮”“A 轮”等关键词，前文中我们对 FA 以及投资轮次的意义作了介绍，以下我们对“领投”和“跟投”的概念同样作简要的整理。

①概念

领投方并不是一个法律概念，而是在投融资实务中逐渐形成的一个角色。一般而言，领投方在该次投资所涉及的领域里有很强的比较优势，例如投资类似企业较多、团队中行业专家配置完备等，以其作为领投方带领和指导其他投资人共同完成对标的企业的投资。除了领投方以外的参与者被称为跟投方。

需要注意的是，有些投资机构虽然是跟投方的角色，但有时其内部鼓励投资团队中的个人跟随公司投资，因而也会将该类行为叫作员工跟投，读者朋友在日常交流中根据实际语境进行区别就好。

②领投方与跟投方的区别

投融资市场上有时存在一种误解，认为领投方和跟投方的风险收益有区别，但在现行的政策框架之下，同股同权仍然是最基本的要求，因此不管是哪一方出的资金，还回来的股权是一样的。

领投方和跟投方的区别主要在于以下三个方面：

第一，与标的公司谈判的话语权。

领投方在谈判过程中代表所有投资机构，往往拥有绝对的话语权，例如在谈估值的环节，跟投方往往没有说话机会，领投方与标的公司确定后，其他投资方也无法更改，反之，如果领投方认定不能答应的条款，其他投资方也无法通过。

因此，领投方更像是一种“江湖地位”的体现，在多轮谈判过程中领投方可以基于自身的利益考量作出决策，其他投资方以跟随者的身份对领投方予以支持，毕竟，没有跟投方认可也就成了光杆司令。

第二，资金额度。

一般情况下，领投方活动的投资金额占较大比重，这也是其话语权的来源之一，而跟投方往往是几家共同分配剩余的额度。之所以形成这种分配机制，也是由于领投方一般都有着亮眼的过往业绩，其他投资机构更愿意相信领投方的眼光，领投方相当于开路的大资金，而跟投方更像是二级市场里看着股价持续上涨而进场的跟风盘。

如果领投方和跟投方同样是一个亿的资金体量，那么领投方可能只能投资两三个项目，而跟投方则可以投资十几个或二十几个项目，个中优劣很难一言而决。

第三，实质性尽调。

除了资金以外，领投方在投融资所涉及的相关事务处理上承担主导作用，例如对标的企业的尽职调查工作有时会由领投方独立或聘请第三方中介机构完成，而跟投方经常会采取购买领投方的相关报告的方式对项目进行研究。这也是为什么有些投资机构明明成为了标的公司的股东，却并没有实地去拜访过这个企业的原因。曾经有做投资基金有限合伙人（LP）的高净值个人希望普通合伙人（GP）能够牵线去拜访已投企业，却发现普通合伙人与被投资企业并没有太多的交集。

对于某些明星企业，各路资本追捧的时候设置仅允许领投方尽调的要求也很常见，而这也给监管层带来了不少麻烦，尤其对于某些国资背景的投资公司而言，如果投资了没有实际尽调的企业，是涉及程序上的一些不合规问题，希望读到这里的企业家朋友能够在自己的投融资环节尽量减少些人为设置障碍，以更全面的方案设计解决这类问题。

③一些需要了解的规则

由前述内容可以看出，领投方与跟投方具有比较多的实质区别，至于做领投方还是跟投方，不仅仅需要考虑投资标的的情况，还需要更多地考虑各家投资机构的比较优势。在投资机构的世界里，同行之间并非是你争我夺的竞争关系，而更像是风险共担的互助体系，因此在组团投资时的角色定位也是各方多年或多次磨合的结果。

对于领投方而言，其一般是某投资项目的主要牵头人，而其在整个投资过程中的参与程度是最高的，在投融资过程中履行着实际的“甲方”职责，跟投方虽然同样出钱，但却不会有相应的待遇。同时还有一点更为重要，本轮的领投方高概率也会继续参与该项目公司的下一轮的投资。但是，却较少有某个投资机构在同一个被投资标的的多轮融资中都担任领投角色。

3. 进阶知识库

（1）VC、PE 的概念介绍

VC、PE 的叫法大家已经习惯，在国内资本市场中两种机构的类型经常混淆。VC 的英文是 Venture Capital，广义上的 VC 泛指高风险、高预期收益的投资，实务中一般指投资于高新技术领域的科技型企业的投资；PE 的英文是 Private Equity，是指通过非公开方式募集的资金对公司股权进行的权益性投资。两者的共同点是都属于风险投资，而我们在中文翻译时将 VC 直接翻译为“风险投资”，而将 PE 翻译为“私募股权投资”，因而造成了误解。

企业在与投资者进行交流的时候常将所有的投资者统称为 PE 机构，偶尔会遇到某些投资者强调自己 VC 的身份，实际上，我们日常投融资过程中遇到的机构大多都是 VC。

相比较 VC 而言，PE 主要指对已经形成一定规模的，并产生稳定现金流的成熟企业的私募股权投资。PE 的投资方式主要可以分为三种：

① Growth Capital：专注于投资扩张期及成熟期企业的资金；

② PIPE：英文全拼为 Private Investment in Public Equity，即通过非公开方式募集的资金，专项用于投资已上市公司股权；

③ Buyout：我们经常听到的杠杆收购即为 Leveraged Buyout，简称 LBO，是欧美许多著名私募股权基金公司进行投资的主要方式之一，这种投资方式可以最大限度地调动基金公司以外的资金，将被投资企业打包买下。以 KKR 集团为例，KKR 曾以杠杆收购的方式斥资 200 多亿美元并购了大型食品企业纳贝斯克，在完成企业并购后，基金公司一般会通过改组管理团队的方式提高被投资企业的管理效率，进而使企业重新焕发生机，也为资本方带来超额回报。

（2）PE/VC 在中国的发展

中国的资本市场的发展与欧美的投资机构进入中国关系密切，而最初的投资机构都是以财务投资者的身份扎根中国的。以下我们按照时间顺序介绍我国国内的 PE/VC 的发展情况。

1992—2000 年，国际资本 IDG Capital 于 1992 年正式进入中国，中国创投时代正式开启，此时国内的投资机构数量增长缓慢，直至 1999 年，国内的 PE/VC 市场只有不到 100 家机构。在 1999 年，深圳市政府发起设立深创投，成为最早一批内资创投机构，也成为内资投资机构发展过程中的里程碑事件。

2001—2008 年，《中国加入世贸组织议定书》在 2001 年签署，使得国外资本进入中国的速度大大加快，并在 2005 年达到了外商投资单年增长高峰，而此时国内的 PE/VC 市场已发展到 500 家。与此同时，与国际接轨也促使中国的市场主体加速成长成熟，现代企业治理体系也在国内生根发芽，企业家对于资本不再是敬而远之的态度。在此期间，《创业投资企业暂行管理办法》的出台和《合伙企业法》的修订都不断地给创投领域带来新的活力。而随着 2008 年创业板规则征求意见稿的正式发布，投资科技创新性企业的市场预期进一步打开，但这一切被随之而来的全球金融危机打乱。

2009—2014 年，经历了全球金融危机后，国内经济增长由高速增长转至中高速增长，PE/VC 市场也在不断调整，步入了复苏阶段。随着 2009 年创业板推出，人民币基金获得急速发展，整个市场开始快速发展，以九鼎投资为代表的国内资本新势力登上历史舞台，而更多的欧美基金也陆续直接进入中国或在中国选择代理人。国内整个 PE/VC 市场在 2012 年达到顶点，约有 10000 多家基金管理人，新进入市场的增量资金超过 400 亿元。

2015 年至今是我国股权投资市场逐步走向成熟的时期，从这个时期开始，我国的经济进入低速增长的新常态，移动互联网、半导体、人工智能、大数据等新兴产业进入投资机构的视野，国内脱虚向实的政策引导方向初现端倪。而与此同时，由于科技氛围的日渐浓郁，资本追逐互联网思维也在逐步向硬科技方向转变，同时，由于过去的野蛮生长给金融市场的稳定性造成了一定影响，因此市场监管的趋势也由宽松转为严格。2020 年 12 月 30 日，中国证监会发布了《关于加强私募投资基金监管的若干规定》，重申了过往私募基金监管要求，并在总结近年典型问题和监管经验的基础上，进一步强化私募基金监管的底线要求。新申请基金管理人身份的门槛变高，且对募集资金环节的合法合规性提出了更高的要求。国内资本市场的注册制改革也为投融资市场注入了新的活力，同时，也是由于市场成熟度的提升，越来越多的投资人不再迷信概念和趋势，转而更加注重企业个体的价值，因而“杀估值”的案例也不断上演，国内PE/VC市场由此进入更加理性的发展阶段。

（3）一些知名的财务投资机构简介

基于公开资料，我们整理了几家知名财务投资机构的简要介绍，供大家参考。

IDG资本：作为最早进入中国市场的外资投资基金，IDG资本已成为中国风险投资行业的领先者。IDG资本目前在全国40余个城市（含二、三线城市）形成了完整的地域覆盖网络，建立起良好的网络资源平台。IDG资本重点关注互联网与高科技、文化旅游、新型消费与服务、医疗健康、工业技术等领域，已经在中国投资了超过600家公司，具体案例包括腾讯、百度、搜狐、小米、携程、金蝶软件、奇虎360、如家酒店集团、汉庭酒店集团、爱奇艺、周黑鸭、美团、哔哩哔哩、拼多多、蔚来汽车等诸多知名企业，已有超过150家所投公司公开上市或并购。

红杉资本：红杉资本于1972年在美国硅谷成立，始终致力于帮助创业者成就基业长青的公司。2005年9月，由沈南鹏与红杉资本共同创办红杉资本中国基金，该类本土化基金在红杉资本体系中分别位于美国、中国和印度。红杉资本中国基金作为“创业者背后的创业者”，专注于科技/传媒、医疗健康、消费品/服务、工业科技四个方向的投资机遇，自创立以来，共投资了500余家企业。具体而言，其投资组合包括京东商城、阿里巴巴、蚂蚁金服、京东金融、今日头条、摩拜单车、饿了么、滴滴出行、爱奇艺、蔚来汽车、华大基因、药明生物以及DJI大疆创新等众多创新型公司。

真格基金：真格基金由新东方联合创始人徐小平、王强和红杉资本中国基金在2011年联合创立的天使投资基金，旨在鼓励青年人创业、创新、创富、创造。真格基金专注于TMT（数字新媒体）行业，包括物联网、移动互联、游戏、企业软件、O2O、电子商务及教育培训等领域的种子期投资。真格基金的投资组合包括世纪佳缘、兰亭集势、聚美优品、水滴筹、水滴互助、小红书、蜜芽、51Talk等多家明星企业。

高瓴资本：高瓴资本是一家专注于长期结构性价值投资的投资公司，由张磊于2005年创立，是亚洲地区资产管理规模最大的投资基金之一。高瓴资本投资覆盖TMT、生命健康、消费零售和企业服务等领域，其投资的企业包括百度、腾讯、京东、携程、去哪儿、爱彼迎、美的、格力、中通快递等。

4. 一些提示

在本部分的一开始，我们就提到财务投资者是不谋求企业控制权的，我们很少听说哪个企业最后被财务投资者控股并经营了，尤其是一些科技类企业，核心技术掌握在公司少数经营层手里，对于财务投资者而言，控制这个企业意味着增加各方面的投入，且一定概率上无法让企业正常运转。

讲了这么多财务投资人的“弱势”，那么是不是财务投资人就任人拿捏呢？

（1）案例一：雷士照明控制权争夺案

在投资机构与公司创始人争夺控制权的案例中，雷士照明CEO吴长江被驱逐一案是不容错过的，该案将商战的残酷明明白白地摆在了公众面前，是许多人的商战启蒙。

①吴长江的涉诉情况

2014年8月8日晚，雷士照明在香港交易所网站上发布公告，宣布罢免吴长江CEO职务，2015年元旦假期刚刚结束，吴长江因涉嫌挪用资金罪，已于1月4日下午正式被广东省惠州市公安局移送至惠州市人民检察院提请批准逮捕。2021年4月30日，吴长江在被羁押超6年后，终于等到重审一审宣判：有期徒刑10年，但增加了判项“责令被告人吴长江退赔人民币55650.23万元给被害单位雷士照明（中国）有限公司”。

②吴长江的创业故事

1965年，吴长江出生于重庆铜梁农村。1985年，20岁的吴长江考取了西北工业大学,学习飞机制造专业。从大学毕业后,吴长江被分配到陕西汉中航空公司，凭借着专业的技术能力以及人际交往能力，吴长江27岁便有机会被提拔为副处长，而此时吴长江选择了辞职，只身南下深圳，开始实现自己的“老板梦”。

1998年底，已经获得了初步原始资本的吴长江找到两名高中同学杜刚和胡永宏，三人共同出资100万元成立了惠州雷士照明有限公司，当时的股权结构为吴长江45%，另外两人各27.5%，彼时的三人团队或许由于正处于蜜月期，或许也是由于当时的国内商业环境中对于何种股权结构更为稳定没有过多的研究，因此三人股权结构的设定已经为将来的公司控制权之争埋下了伏笔。

雷士照明创办之初，正值飞利浦、欧司朗、松下等跨国照明行业巨头进入中国的时期，在珠三角一带的照明企业已超过3000家，外部强大的竞争压力使得公司的三位创始人齐心协力开拓业务，等到了2000年，雷士照明的销售额已经到了7000万元。在三人的角色定位上，吴长江负责工厂管理，胡永宏负责市场营销，杜刚负责财务与政府相关事宜，公司的三位股东都能够独当一面。而且伴随着市场份额的迅速增长，团队内部的矛盾被红火的赚钱效应暂时掩盖了，待到2005年，雷士照明业已成为全行业第一之时，公司的三位创始股东之间已经产生了不可弥合的矛盾。磕磕绊绊几年之后，雷士照明业绩依然乐观，也于2010年登陆香港资本市场，当时的雷士照明也已成为全国最大的专注于照明行业的企业之一。

③三进三出

从雷士照明设立的第一天，三位股东45%∶27.5%∶27.5%的股权比例已经为将来的纷争埋了种子，这样的股权架构天然地将三人分成两派，进而形成45%∶55%的局面。想来如果再给吴长江一次选择的机会，他应该会毫不犹豫地在公司成立之初就占到50%以上的股权比例。

A. 一进一出：农村包围城市

雷士照明在行业内第一个推行了专卖店模式，而伴随品牌店模式的迅速发展，越来越多的经销商加入雷士照明的体系之内。可以说，庞大的经销商资源是雷士照明能够成为行业第一的生命线。

随着公司越来越好，三位创始股东对于公司的发展方向逐渐有了分歧。两位小股东希望能够稳扎稳打，并尽快实现收益，而吴长江则更希望将利润进行再投入，以继续扩大市场规模。三位股东之间的矛盾愈演愈烈，而由于两位小股东绑定在一起之后，变成了公司实际意义上的大股东，吴长江的45%股权显得无比鸡肋，为了平衡关系，吴长江让出了董事长的位置，他被要求领走8000万元后彻底退出“雷士”，这是吴长江第一次被驱逐出自己创立的企业。

坊间传闻，在吴长江签订协议并退出后的第3天，雷士照明的经销商们行动了，他们将吴长江邀回惠州，并在名为“雷士战略研讨会”的会议上举行了一场现场表决，最终两百多名经销商举手表决，全票让吴长江留下。而当时，两位小股东尚在筹备将于成都举行经销商大会以稳定人心。由供应商、经销商集体表决，推翻了三位股东此前的决议，由吴长江败走麦城，变成了两位小股东双双出局，这件事情也算是开创了中国企业史的先河，但同时我们也可以看到一点，雷士照明的股东们在资本层面并没有太强的契约精神。

最终，两位小股东选择接受现实，各自拿走8000万退出雷士照明，三人的纷争就此告一段落。但是，对于任何一个公司来说，一次性拿出1.6亿元都是难以承受的，两位小股东的退出看似是吴长江手段高明，其实最多也只是自断双腕的无奈之举。

B. 二进二出：吴长江饮鸩止渴

在实务中，经常会遇到企业因为某股东退股而导致发展停滞不前的案例，而当我们习惯了看到西方的管理案例之后，总会对国内企业遇到的这种困局深感不解。其实，只要我们把国内企业创始人的江湖气带入思维里，就能非常好地理解他们的抉择了。当吴长江面临两位创业同人的一致反对时，想来他也会有“燕雀焉知鸿鹄之志”的感慨吧，但无论如何，最后一丝体面他还是希望保留的，1.6亿元的巨款，无论以何种方式支付，看起来都不是明智之举，我们可以相信彼时的吴长江不可能不知道这一点。只不过既然决定分手了，不如就一刀两断，此次分家可以看作壮士断腕，伤害极大。

断腕式的分手自然会给雷士照明的财务体系造成巨大的窟窿，此时的吴长江发挥了其作为企业掌舵人的关键作用，首先通过柳传志的介绍，在股东层面引入了与联想控股有合作关系的叶志如，而后又先后引入了高盛、软银赛富与法国施耐德电气，雷士照明此时的股权架构已经具备了很强的“国际范”。软银赛富合伙人阎焱是资本市场的资深玩家，其对雷士照明的认可程度很高，因此在2006年8月软银赛富正式决定投资雷士时，一出手就以2200万美元的金额拿下了雷士照明35.71%的股权，此时已经非常接近第一大股东的比例。可以说软银赛富进入的时间非常巧妙，雷士照明为了清退小股东，资金流已经难以为继，本轮的资金引入即便存在风险，但吴长江可能依然认为自己的能力能够解决这个问题，而后的事件发展也果然如吴长江之预料，雷士照明很顺利地走上了稳健扩张的道路。

在这个时间段的吴长江并没有从创业时股权架构不合理的教训中吸取到足够的经验，反而可能为自己联合经销商“逼宫”的行为暗自鼓掌，这种心态给雷士照明之后的股权纷争埋下伏笔。2008年，雷士照明为了加强节能灯的制造能力，通过收购的方式往往是最快的，在这时，吴长江半只脚已经踏入了软银赛富的阳谋之中。吴长江第二次犯的最大错误，是在错误的时间作了错误的决定。吴长江在内生资金不充裕的时候想继续通过股权融资的方式进行资金筹措，只想到了请股权比例相对较低的高盛入股，却没想到也拦不住拥有反稀释条款的软银赛富的跟投，导致吴长江第一大股东的身份旁落。此次收购后，软银赛富成为雷士照明第一大股东，持有 36.05% 的股权。

前文提到，吴长江在资本层面缺乏契约精神，而其另外两个致命的缺点是赌博及法律意识淡薄。据传，吴长江赌博成瘾，并在澳门欠下高达 4.6 亿的赌债，而其个人显然是不具备如此大的资金体量的，正所谓欲壑难填，吴长江频繁地拿公司的钱去满足自己的赌博欲望，而这也踩到了法律的红线之上。由于吴长江本人的诸多缺点，使得专业的财务投资机构很难有安全感，且在引入产业投资机构法国施耐德后，财务投资者的腰杆也更加硬气了，雷士照明不再是无法离开吴长江的企业了，软银赛富的阎焱最终联合了高盛和法国施耐德，将吴长江驱逐出董事会。而此时的吴长江能想到的，仍是通过老办法，即联合经销商罢工，切断核心供应商供货等或许可以被认作“毒丸”的方式进行自救。

这一次出局的过程十分精彩，财务投资者在被逼急之后选择了亮出獠牙，阎焱也给许多致力于进入投资行业的新人们上了一课，即完善的投资协议是何等的重要，在生死攸关的时刻，每一个条款上的每一个字都是斗争的武器。而反观吴长江，因不懂也不尊重资本，更无视资本层面的契约，因而在面对逼宫时，除了大喊“阴谋”之外，已经毫无还手之力。

C. 三进三出：驱虎吞狼

2012 年 7 月，吴长江的“毒丸计划”初见成效，但招数已经用老，影响力仍不足以使吴长江重返雷士照明的董事会。此时的吴长江为了对付大敌软银赛富的阎焱，采取了驱虎吞狼之计，而他找到的“虎”就是来自德豪润达的王冬雷。王冬雷也是业内大佬，其在 20 世纪 90 年代创立的德润豪达早已成为了全球知名的面包机大王，全球的市场占有率高达 40%。在雷士照明的资本局中，王冬雷的德润豪达扮演“白衣骑士”的角色，通过收购和二级市场直接买入的方式同时增持雷士照明的股票，使德豪润达占雷士照明的股权比例超过软银赛富，而后又通过“釜底抽薪”之计，打破了持股比例达 9.21% 的法国施耐德与软银赛富的“一致行动”局面，最终促成了阎焱辞任，吴长江在 2013 年 6 月重返雷士照明董事会的结局。

我们知道，“驱虎吞狼”本就是一着险棋，更何况使用这一招的，是对资本圈的玩法并不甚精通的吴长江。当狼被打跑之后，吴长江愕然发现，自己请进来的虎也不是吃素的。据公开信息，2010 年，在王冬雷的带领下，德豪润达通过与全球著名 LED 外延片、芯片制造企业的合作，获得了近 400 项外延和芯片技术的授权，一跃成为国内极少数掌握 LED 核心技术并拥有知识产权的企业。2011 年，德豪润达 LED 光源产品销售收入突破 10 亿元人民币，营业规模稳居全国三甲。王冬雷成为中国 LED 产业最具影响力的人物之一。雷士照明遍布全国的营销渠道以及经过多年淬炼的产品品牌，都是雷士照明在股权层面、董事会层面多轮变动后仍能活下来的核心原因，而王冬雷作为“白衣骑士”进场雷士照明也不单单是做奉献来的。

在吴长江的最后一战中，其侵害公司利益的行为被揭发，而这一局已经从商业上你来我往的“文斗”演化成了鸡飞蛋打式的“武斗”，事件的解决就是本案例开始部分引用的，2014 年 8 月 8 日晚，雷士照明在香港交易所网站上发布公告，宣布罢免吴长江 CEO 职务，吴长江最终出局且再无机会返回。

④复盘

最后一轮争端之中的你来我往仍然是刀光剑影，但双方除了数落和斥责对方对公司不利之外,并没有过多的精彩片段,最终吴长江彻底出局更是意料之中。当吴长江彻底出局之后，王冬雷执掌雷士照明，到了 2017 年，雷士照明的品牌价值已经达到 206.85 亿元，连续六年占据中国照明行业榜首。

吴长江曾一度被称为中国当代商业史上“最惨创始人”，他将雷士照明打造成市值 250 亿的超级企业，却一连三次被不同的合作伙伴赶出自己一手经营发展的公司,最后更是被送进监狱。回顾吴长江的失误,赌博的确是主要原因之一,但其不懂得与资本相处之道,也是最终丧失控制权的原因。正所谓一步错步步错,在资本的战场上，吴长江两次险中求胜，却不断地为之后埋下祸患，最终将自己陷入万劫不复的境地。这里引申出来一句话，“如果一个企业的合作伙伴不断离开，员工不断离职，说明问题一定是出在老板的身上”，想来当时的吴长江并不理解这句话的含义，这里提出来与读者朋友们共勉。

以上对于雷士照明案例的叙述资料均来源于网络上的公开信息，有兴趣的读者朋友可以在网络上查询到该案例的详细进展情况。

（2）案例二：天融信曲折的上市之路

2016年，上市公司南洋股份发布公告，拟通过发行股份购买资产并配套募集资金的方式收购网络安全的头部企业天融信的100%股权。该公告一出，有关“天融信借壳上市”的新闻便铺天盖地而来，关于天融信团队的创业故事也再一次展现在人们面前，而让大众十分关注的，莫过于其曲折的上市之路。

2017年初，南洋股份并购天融信一案完成了交割，此时距离天融信成立已经过去了二十余年，而享受鲜花与掌声的并不是公司的创始人贺卫东，而是时任董事长章征宇。

天融信成立于1995年，是我国第一代国产防火墙的设计者，在业内占据龙头位置数年，作为公司创始人的贺卫东也一度踌躇满志，希望将公司带向美国上市，早在2004年，天融信就已经接受了数个外方投资机构的投资，其中也包括了日本软银的投资。据网络上传播得比较广泛的一则新闻披露，天融信要保持上市前3年盈利逐渐增加，且上市后2—3年内继续盈利方能满足日本软银的溢价退出，因而在外方投资机构的压力之下，天融信选择了所谓的“账务调整”，而本次对业绩的粉饰直接断送了天融信的美国上市之路，而后在管理层面同样出现问题的贺卫东与外方投资机构开始了刀光剑影的争斗。

据公开信息披露，2012年，时任天融信执行董事贺卫东向全体员工发表公开信，称过去一段时间公司内部的动荡是由于部分股东利用天融信在海外上市过程中所做结构及法律文件存在的漏洞，以非正常的方式介入，并改组了董事会，使得贺卫东本人不再担任曾经的拟上市主体的CEO。而贺卫东为了对外方股东进行反制并继续主导目前自己创立的公司，其成立了新公司，并希望全体员工能够自主选择“走或留”。同时，贺卫东明确地提及了公司股东层面的矛盾已经无法调和，而这正是公司发展的大忌。这封公开信发布之后不久，想来是贺卫东与各利益相关方达成了一致，最终故事的结局是贺卫东出局，彻底离开天融信，而在赴美上市过程中所搭建的VIE架构逐步拆除，所有外方股东也从天融信撤资，以章征宇为代表的天融信创始团队成员拿过接力棒继续前行。

2012年起始的这场争斗，直到2014年全部外资股东清退方告一段落，而天融信已经错过了最好的发展时机，曾经的全行业龙头已经逐步地沦为某细分赛道龙头或前三名的尴尬境地，曾经跟随天融信的绿盟科技和启明星辰都已纷纷上市，天融信的市场占有率逐步被挤压，2016年是天融信登陆资本市场的最后时间窗口，所幸天融信与南洋股份的“联姻”在政策变换期涉险过关。

而2016年的并购案之所以成功，作为财务投资人角色接入的明泰资本起到了举足轻重的作用，感兴趣的朋友可以参看笔者的文章《上市公司跨行业并购中的风险评估——以南洋股份并购天融信股份为例》。

总结以上两个案例,我们可以看出,财务投资者以获得投资收益为主要目的，但如果其发现公司的走向偏离既定轨迹时，依然有可能给融资企业带来不可忽视的负面影响,这也提示到我们,在投融资过程中也要养成居安思危的思维模式，不能等到针尖对麦芒的时候再想起来如何解决。同时，尊重资本，善用资本。

（二）战略投资者

1.战略投资者的特点

随着企业家对于资本市场的了解逐步加强，现在经常能够听到有企业家朋友讲,“投资人需要能够与我的企业产生协同效应,光有钱对我来说没有吸引力”。于是乎，寻找战略投资者和产业投资者的行动开始了。在定义上，战略投资者和产业投资者相通的地方比较多，本部分我们以讲述战略投资者为主。

战略投资者一般是指与被投资企业在业务上有一定关联的投资机构，如具备从事相关行业的上下游或者类似行业经验。战略投资者除投入资金之外，还能介绍客户、供应商，引入技术、人才等资源，有助于被投资企业自身能力的迅速提高，并有可能实现跨越式发展。

从战略投资者的角度来看，其目的是使产业上下游建立联系，补齐短板，降低各环节之间的交易成本，因此会更多考虑产业协同的因素。同时，为达到强的协同效应，战略投资者会要求强话语权，最终将通过业务协同在市场上获得更高的溢价来获得收益。

战略投资者的特点可以总结为以下四点：

（1）业务拓展；

（2）资源支持；

（3）产业协同；

（4）要求控制权。

战略投资者有一个很显著的特点，即其是要求控制权或相对控制权的，即便不达到绝对控股，也会要求对被投资企业产生重大影响。对于战略投资者的介绍我们同样采取案例的方式。

2. 典型案例介绍

（1）案例一：哈勃创投入股昂瑞微

2019 年 4 月，哈勃科技创业投资有限公司（简称哈勃创投）注册成立，其单一股东是华为投资控股有限公司，哈勃创投成立之初，就被视作华为公司进军投资领域的桥头堡。根据基金业协会网站信息显示，哈勃创投于 2022 年 1 月 14 日完成了私募基金管理人备案登记，机构类型是私募股权、创业投资基金管理人，这家位于深圳的投资新贵的实缴资本高达 30 亿元人民币。

机构信息	
基金管理人全称(中文)	哈勃科技创业投资有限公司　投诉
基金管理人全称(英文)	
登记编号	P1073005
组织机构代码	MA5FKNMP-6
登记时间	2022-01-14
成立时间	2019-04-23
注册地址	广东省深圳市福田区福田街道福安社区福华一路123号中国人寿大厦23楼
办公地址	广东省深圳市福田区福田街道福安社区福华一路123号中国人寿大厦23楼
注册资本(万元)(人民币)	300,000
实缴资本(万元)(人民币)	300,000
注册资本实缴比例	100%
企业性质	内资企业
机构类型	私募股权、创业投资基金管理人
业务类型	私募股权投资基金 私募股权投资类FOF基金 创业投资基金 创业投资类FOF基金
全职员工人数	4
取得基金从业人数	4
机构网址	
管理规模区间	0-5亿元
机构信息最后更新时间	2022-01-17

信息来源：基金业协会官方网站

图 2–1　哈勃科技创业投资有限公司机构信息

在完成私募基金管理人备案前，哈勃创投都是通过自有资金直接投资的方式入股标的公司，投资范围包括半导体、计算机及人工智能等高科技领域。而此次备案则意味着哈勃创投正式进军私募基金行业，资金来源也将脱离自有资金的束缚，可以通过向机构和个人合格投资者募集资金的方式进行融资，而后投资到华为公司整体战略方向上的标的公司。

以上为本案例中投资方哈勃创投的背景信息，本案例中的被投资方北京昂瑞微电子技术股份有限公司（简称昂瑞微）成立于2012年7月，根据工商信息，哈勃创投的认缴出资时点为2020年10月31日，本次投资被业内看作是华为公司在美国打压之下积极布局自身产业链的手段之一。

根据昂瑞微官网信息，该公司自创办以来，专注于射频/模拟集成电路和SoC系统集成电路的开发，以及应用解决方案的研发和推广。昂瑞微是国内领先的射频前端芯片和射频SoC芯片的供应商，每年芯片的出货量达12.9亿颗。研发、运营、财务总部位于北京，在中国香港、深圳、广州、西安设有研发分部，在韩国和中国台湾设有办事处，在上海和深圳设有销售和技术支持中心。

从昂瑞微的业务范围可以看出，其作为本土领先的射频芯片的供应商，属于手机产业链的上游环节。对于华为公司而言，其时值受到美国贸易战的打压，其在产业链上游进行布局的战略意图明显，显然是希望通过在该领域的投资，确保自身在面临“断供”风险时能够有一定的自保能力，投资昂瑞微符合自身战略。而对于昂瑞微而言，虽然已经成为国内头部的射频芯片的研发和生产厂商，但其能够迅速扩大市场占有率的方式无外乎与下游的大客户产生战略合作的关系，而股权方面的绑定显然是更为有利的，因而哈勃创投的本轮投资既是资金支持，同时也是市场资源的导入。

我们对昂瑞微进行进一步的了解就会发现，其在历次融资过程中，最终选取的投资机构都是与自身的行业高度相关，昂瑞微的首轮天使轮融资获得的是国科投资的300万元，而后于2015年获得江苏瑞峰的A轮1000万元投资，于2017年获得瞪羚投资基金的B轮2000万元投资，于2018年获得中海创投、瑞衡建晟的5000万元战略融资，于2019年获得同芯企业、南京科芯和浑璞投资的3000万元C轮投资。2020年2月20日，昂瑞微宣布完成了一轮战略融资，湖北小米长江产业基金合伙企业（有限合伙）（简称小米长江基金）成为新增股东，而小米公司也正是昂瑞微的下游客户之一。据公开信息显示，小米长江基金本轮投入的资金将用于5G手机终端的射频前端整体解决方案，以及新一代物联网SoC芯片的研发，进一步巩固昂瑞微领先的市场地位，保持其在射频领域的技术优势。

我们可以看到，昂瑞微在融资过程中也是有其自身的战略意图的，这就是在本部分提到的战略投资者和被投资企业之间是双选的关系，在这个流程里，经常能听到的问题是“我能帮到你什么”，战略投资者在问这个问题的时候，也是在观察其自身与被投资企业的相关性，以及未来有可能产生的化学反应是什么，而对于融资企业而言，同样的问题也需要再三思考，且首先要确定投融双方在各自战略层面的契合度，而非仅仅是考虑业务上的关联。

（2）案例二：金刚玻璃上市前引进客户兼供应商南玻集团

这个发生在2010年前后的案例在投行圈属于老生常谈的内容，但从战略投资的角度替金刚玻璃说句公道话的分析文章却不多。我们这里简要分析为什么金刚玻璃要冒监管之大不韪，上市前引进既是客户又是供应商的南玻集团。

①投融资双方情况介绍

我们首先对投融资双方的基本情况进行介绍，投资方为中国南玻集团股份有限公司（股票代码：000012，简称南玻集团），融资方为甘肃金刚玻璃科技股份有限公司（股票代码：300093，简称金刚玻璃）。

A. 南玻集团

根据南玻集团官方网站信息，其成立于1984年，总部位于深圳蛇口国家自贸区，南玻集团于1992年在深圳证券交易所A、B股同时挂牌上市，是中国最早的上市公司之一，秉持改革先锋、首任董事长袁庚先生倡导的“求真务实，实干兴邦”之理念，公司持续快速发展。目前，公司总资产近200亿元，年营业收入逾100亿元，员工超过一万人。

南玻集团在浮法玻璃领域、光伏玻璃领域、工程玻璃产业、超薄电子玻璃及显示器件领域、太阳能光伏领域等五大领域都具有极高的市场地位。南玻集团曾参与多项国家标准及行业标准的制定和编写，目前公司拥有近两千项专利，多个国家级或省级技术中心、专家工作站等优势资源，为推动公司产业创新提供了源源不绝的动力。

B. 金刚玻璃

金刚玻璃属于玻璃深加工行业，是主要从事研发、生产和销售高强度单片铯钾防火玻璃、防爆玻璃、双玻璃光伏建筑组件等各类高科技特种玻璃产品的国家火炬计划重点高新技术企业。金刚玻璃的主营产品高强度单片铯钾防火玻璃、防爆玻璃产品按照用途划分属于安防类特种玻璃范畴，而双玻璃光伏建筑组件产品的开发和研究，源于本公司在安防玻璃产品方面拥有的核心技术，为其应用领域上的延伸和功能上的拓展。

金刚玻璃的前身是成立于1994年6月的汕头金刚，主营业务为生产、销售玻璃深加工产品及设计、安装玻璃幕墙。玻璃幕墙系建筑物外围由玻璃构件和金属支承构件构筑而成的墙体，其玻璃构件是在普通浮法玻璃的基础上经过深加工而成的钢化玻璃、夹胶玻璃和中空玻璃，属于玻璃深加工产品，玻璃幕墙施工时需要具有资质的专业公司进行设计、安装。

以时间为轴，金刚玻璃的产品演化路线为：1994年成立至2001年，以钢化玻璃以及玻璃幕墙为主要产品；2002年至2007年，由于技术方面产生了重大突破，主营产品变为玻璃幕墙以及防火玻璃；2008年至2010年，主营产品的应用领域延伸到防爆玻璃以及光伏建筑组件。

②具体案例解读

从南玻集团以及金刚玻璃的基本情况已经可以看出二者在业务领域方面的重叠，作为细分赛道参与者的金刚玻璃在业务拓展过程中与行业龙头南玻集团也存在着客观的竞合关系。在产业链的上游，金刚玻璃向南玻集团子公司（广州南玻、深圳南玻等）采购浮法玻璃原片，而在产业链的下游，金刚玻璃向南玻集团子公司（东莞南玻工程、天津南玻工程、吴江南玻工程等）销售特种玻璃产品。

为进一步加强与南玻集团之间的战略绑定，金刚玻璃于2008年2月引入南玻集团和南玻香港，其中南玻集团持股8.52%，南玻香港持股2.59%，二者合计持股11.11%。双方之间的合作关系很深。

双方股权合作关系确定之后，南玻集团与金刚玻璃之间的关联交易均迅速上升，在金刚玻璃上市过程中，证券公司和律师事务所耗费了大量笔墨对金刚玻璃与南玻集团之间的关系进行澄清，但我们从旁观者的常识角度可以看出，正是金刚玻璃“站队”南玻集团之后，才换回来了原材料的稳定供应以及市场的迅速开拓，从纯商业的角度来看，这绝对是一笔划算的买卖。当然，从IPO的角度来说，为了保证投资者的利益，监管层对于金刚玻璃与南玻集团之间是否存在利益输送做了多轮问询，金刚玻璃的历次回复中也抓住了交易公允和业务、品牌独立等几个关键点，最终顺利通过审核。这个案例发生在十余年前，对投行界的读者朋友的时效性有限，但商业逻辑没有变化，仍有较大的参考价值。

3. 进阶知识库

根据公开可查询资料，战略投资者的概念于1999年7月首次在国内提出，其一般是指符合国家法律、法规和规定要求、与被投资单位具有合作关系或合作意向和潜力并愿意与被投资单位签署战略投资协议的法人，但这个概念长期以来并不属于国内的官方定义。

直到2020年，中国证监会修正了《上市公司非公开发行股票实施细则》，其中修正的条款对于战略投资者参与上市公司非公开发行股票具有极大的吸引力，因而大江南北的投资机构纷纷开始想方设法自证战略投资者的身份。

一批批富有想象力的战略投资方案被监管机构驳回，而后证监会迅速披露了《发行监管问答——关于上市公司非公开发行股票引入战略投资者有关事项的监管要求》，该次文件中对于战略投资者首次作出了官方定义。

战略投资者是指具有同行业或相关行业较强的重要战略性资源，与上市公司谋求双方协调互补的长期共同战略利益，愿意长期持有上市公司较大比例股份，愿意并且有能力认真履行相应职责，委派董事实际参与公司治理，提升上市公司治理水平，帮助上市公司显著提高公司质量和内在价值，具有良好诚信记录，最近三年未受到证监会行政处罚或被追究刑事责任的投资者。

战略投资者还应当符合下列情形之一：

（1）能够给上市公司带来国际国内领先的核心技术资源，显著增强上市公司的核心竞争力和创新能力，带动上市公司的产业技术升级，显著提升上市公司的盈利能力。

（2）能够给上市公司带来国际国内领先的市场、渠道、品牌等战略性资源，大幅促进上市公司市场拓展，推动实现上市公司销售业绩大幅提升。

需要指出的是，以上关于战略投资者的定义都是针对上市公司再融资阶段而言，而在非上市阶段，投资者根据自身的战略意图进行的投资也被市场称之为战略投资。两者因为阶段不同而导致内涵也有较大差距，希望大家在日常的投融资活动中不要混淆。

4. 一些提示

在这里给到读者朋友的提示是一个开放性的问题：“谁是谁的战略？”

我们从阿里巴巴近年来的若干次并购案说起。

阿里巴巴于2011年年中发布阿里云手机，为加强渠道资源建设，拟与天宇朗通合作，并最终于2012年收购天宇朗通，而后天宇朗通的市场部被大换血，现如今，曾经风靡过内地市场的k-touch/天语手机已经消失。

丁丁网创立于2005年5月，业务定位为本地生活搜索，根据网络介绍，丁丁网是一家结合位置技术和搜索技术为城市人群提供精准生活信息服务的高科技互联网公司。在公开渠道看到的最后一件发展大事为“2012年11月，丁丁网获得阿里巴巴集团与花旗银行的投资”，而今丁丁网的名字已几乎消失。

阿里巴巴于2013年1月收购了虾米音乐，而后启动寻光计划，专门扶持原创音乐人，两年后的2015年，虾米音乐与阿里巴巴再度收购的天天动听合并组建成为阿里音乐，时间转到2021年，虾米音乐发布官方声明，虾米音乐播放器业务于2021年2月5日正式停止服务；3月5日0点后除网页端音乐人授权服务维持运营，其他运营均停止并关闭服务器，以后无法登录。

2013年，阿里巴巴以创纪录的60亿元估值启动了对手机浏览器霸主UC优视公司的收购，本次收购从2014年3月开始，阿里巴巴首先以5.06亿美元（约31.30亿元人民币）以战略投资的身份入股UC优视公司，而后又于2013年底进一步支付1.80亿美元（约10.97亿元人民币）增持UC优视公司，最终持股比例达到了66%，本次收购完成后，阿里巴巴围绕UC优视公司组建移动事业群，整合了阿里巴巴集团内相关优势资源，UC优视公司的创始人何小鹏也担任阿里移动事业群总裁，两年后何小鹏从阿里巴巴离职，全职加入自己投资的小鹏汽车。

阿里巴巴于2015年投资魅族科技5.9亿美元，此次投资也是阿里巴巴生态系统的一次重要扩张，旨在以此为契机给用户带来更丰富的移动产品和体验，而魅族科技的手机产品就是阿里巴巴智能生态链的硬件入口。而据市场信息，阿里巴巴此次投资魅族科技还附有对赌协议，如魅族科技在2015年度的出货量未能达到两千万台，则阿里巴巴将获得进一步收购魅族科技股权的权益，而魅族科技的大股东黄章也有可能丧失控制权。此外，销量达到两千万台后，魅族手机将全线安装阿里巴巴YunOS操作系统，即放弃开源的Android，本次收购的结果不需多讲，目前市场上已经难觅魅族手机的踪影。

阿里巴巴于2016年以约2亿美元的金额收购第三方应用商店豌豆荚，并将豌豆荚的应用分发业务并入阿里巴巴移动事业群，这家创立于2009年12月，以“豌豆荚手机精灵”让广大用户所知晓的企业，当年的创业起点甚至比字节跳动高出不少，本次收购完成后，豌豆荚却迅速淡出公众视野。

同样是在2016年，阿里巴巴投资了OFO“小黄车”8.66亿美元，2016年后累计投资OFO“小黄车”10亿美元，如今小黄车的境况已不必多说。

2018年4月2日，阿里巴巴集团、蚂蚁金服集团与饿了么联合宣布，阿里巴巴已经签订收购协议，将联合蚂蚁金服以95亿美元对饿了么完成全资收购。此举被市场解读为阿里巴巴阻击美团的持续做大所作出的努力，而后美团外卖与饿了么之间的大战随即开启，两年后，根据网络上可查询到的2020年行业数据统计外卖平台交易量占比，美团以67.3%的份额，稳居国内第一名，而饿了么的交易量占比，仅为26.9%。阿里巴巴与美团之间的恩怨情仇，读者朋友们可以在公开网站上搜索。

除了前述案例外，阿里巴巴也曾参与过滴滴打车与快的打车之间的血拼，也主导过对优酷土豆的收购，由于在阿里巴巴收购后变成明日黄花的知名案例过多，坊间经常以其收购策略作为反向指标，而本部分我们希望读者朋友再回头看看我们的提示内容：“谁是谁的战略？”互联网的江湖里派系众多，而阿里系是任谁都无法忽视的一股力量，在阿里巴巴进行并购的时候，我们很容易理解这一切都是按照阿里巴巴自身的既定战略进行的。换句话说，被阿里巴巴并购是阿里巴巴的战略，而非标的公司的战略，投融资双方千万不要将身份混淆。

我们看到阿里巴巴投资的前述案例都有一个共同的特点，即刚刚“联姻”时被投资单位都会获得比较大的发展，这便是由于当阿里巴巴战略中心在被投资单位时，要资源有资源，要人有人，要钱有钱，但当战略方向发生变化，哪怕只是微调的时候，便可能什么都不剩下。在人员方面也是一样的道理，能契合阿里巴巴文化的人留下，无法契合的人离开，例如作为被收购公司“友盟”的CEO蒋凡便留在了阿里巴巴体系之内并大受重用。

对于战略投资者来说，其自身战略的制定是耗时日久的，一旦制定后，短时间内是不会发生很大变化的，这个特性就决定了战略投资者不太可能为了某一个单一的被投资主体而作出偏离主航道的动作。

对于拟融资的企业而言，当寻找到了心仪的对象时，一般都还请先做一番自省，当您对对方表示满意的时候，很有可能已经高攀了，在心理学上有一种“视觉下沉”的现象，就是面对面站在同样高度的两个人，总觉得自己站的比对方要高，而这种“高人一等”的错觉是需要警惕的，会误判本轮投资的谈判主角是自己，进而大谈拟融资企业的发展战略，谈判过程中投融资双方可能相谈甚欢，庆功宴的时候也是推杯换盏，但是，这些都不会影响战略投资者的既定战略。假设一个企业是做天然苏打水的，而它最终选定的投资人旗下有另外一家从事类似业务的公司，那么战略投资者的既定战略有可能是要把自己体内的天然苏打水公司做大做强，本次投资也是既定战略的一部分，即通过投资，将竞争品牌逐步消失掉，把竞争团队逐步同化掉，而后不分彼此。当然，过程中的裁汰冗员是必须的，而一般来说，企业创始人很可能是冗员的一部分。

（三）财务投资者与战略投资者的对比分析

1. 行业背景

专注于财务投资的机构本身一般不具备产业背景，但会聘请专业的行业人士或第三方机构提供行业研究方面的建议。我们一直不断重复财务投资者以获得超额收益为目标的概念，因而财务投资者并不需要成为某个实体产业的专家，他只需要成为投资的专家，某个财务投资者如果可以在被投资企业未成功 IPO 时依然获利退出，那他毫无疑问就是投资行业的专家。对于企业而言，可以在路演或访谈的过程中，通过了解对方的职业经历来识别和确定对方财务投资者的身份。

在这里做一个简单的引申，企业在上市过程中，期望选择的各合作伙伴往往都对企业所处的行业具有深入的了解，但最终会发现，整个过程里的大部分时间都在应对企业自身不熟悉的合规问题。资本市场的业务需要各相关方在自己的专业领域足够专业，而非成为跨行业的全才。

此外，财务投资者的资金来源往往也能够反映其基因属性，如资金来源于高净值客户、保险公司或资产管理公司，那么其财务投资人的属性就比较明确了，一般不以与被投企业的业务关联性作为投资前提。

而战略投资者与财务投资者正好相反，战略投资者往往同被投资企业存在潜在合作关系或业务具备互补性。在团队成员方面，战略投资者的投资团队中会有一定数量的投资经理具有多年的相关行业从业经验，而在前面提到的资金来源方面，战略投资者的资金往往来源于自身或产业内其他知名的大型企业。

2. 投资者画像

（1）投资的轮次

在介绍财务投资者时已经提及了部分投资者画像，由于我国资本市场发展速度远远慢于欧美，因而时至今日，许多概念也仍然是舶来品。比如，当某企业需要进行融资时，对外发送的商业计划书（BP）中往往会有历史融资的情况介绍，并重磅推出“本轮是C轮、D轮或pre-IPO轮次，估值若干，稀缺标的”等引人注意的推广词，而企业与投资人进行交流的时候，也往往会被问及准备融资多少轮等等类似的问题，因此在本部分讲述投资者画像的同时，也向大家介绍“投资轮次”的概念。

我们常听到天使轮、A轮、B轮，乃至B+轮或B++轮，轮次多种多样，名称也各不相同，实际上，ABCD这些字母仅代表次数，换成第一轮、第二轮、第三轮和第四轮也是完全没有问题的。不过因为国内企业做融资的经验不足，投资机构也良莠不齐，大家常会遇到某些企业工商变更不及时、投资人临时缴款出现问题或者有新的“好朋友”想临时上车的情况，为了不大幅调整估值，同时又担心对其他利益相关方产生影响,因而在修正错误时创造性地提出了“+”和“++”的轮次。

原叫法保持比较好的就是“天使”和“pre-IPO”了，但实际的概念上，又依然有我们独创的地方。在西方的文化里，天使就是一个跟人长得一样的生物，且具备一定的神性光环，在人类需要的时候会提供帮助，所以我们常常看到国外的大学生在车库里创业的时候，往往都是有些个人投资者提供了一定的资金支持，这些个人在国外被称为天使投资人。而到了投资“者”的程度，一般就是属于机构资金，这时投资者的画像就是各类的VC和PE了。而“pre-IPO”其实就是字面意思,是IPO之前最后一轮的融资,目前的情况大家也比较了解了，一般“pre-IPO”轮的时候，企业才刚刚开始启动IPO的筹划，距离申报往往还有两到三年的时间，因而在“pre-IPO”轮之后未免也有偶尔的资金需求，导致新增了“pre-A”和“pre-B”之类的新名词。当然，国内投融资市场因为发展时间尚短，且没有形成统一的行业规则，因而我们了解国外和国内的区别即可，不必过度深究。

（2）财务投资者的画像

本部分的主题是财务投资者的画像，日常的投融资过程中，我们可以使用简化版的区分方式，除了红杉资本、高瓴资本、鼎晖投资及IDG资本等头部的财务投资者外，普通的财务投资者的资金规模往往不会很大，而且专注的行业赛道往往较窄。此外，财务投资者的创始团队成员中有强产业背景的人较少，且其资金来源复杂多样，往往包含高净值的个人投资者。

国内财务投资者复杂的构成也是造成了前文所描述的各类“++”轮次出现的因素之一，一般而言，专业的财务投资者都会在某一只基金设立之初即对其专注投资的轮次进行定义，比如中金公司旗下的若干投资基金都是专注于 pre-IPO 轮次的。

（3）战略投资者的画像

战略投资者与财务投资者刚好相反，即便规模较小的战略投资者，其资金体量都不会很小，并且一般不会仅关注后一个单一赛道，而会同时关注产业生态里的上下游企业。战略投资者的资金来源相对单一，一般都是“大钱”，且其股东之中一般都会至少有一方具备很强的产业背景，比如投资芯片的头部机构中芯聚源的第二大股东即是上市公司中芯国际的孙公司。典型的战略投资者所聘请的高级管理人员也往往具有多年的实体产业从业经历，上升到投资管理委员会的时候更会发现成员都是行业内的资深专家。

对于战略投资者而言，投资轮次并不是特别重要的一件事，因其投资的站位更高，是以产业链的未来发展情况作为投资逻辑的起点，且其投资的期限较长，对被投资企业估值的敏感性也远低于财务投资者。

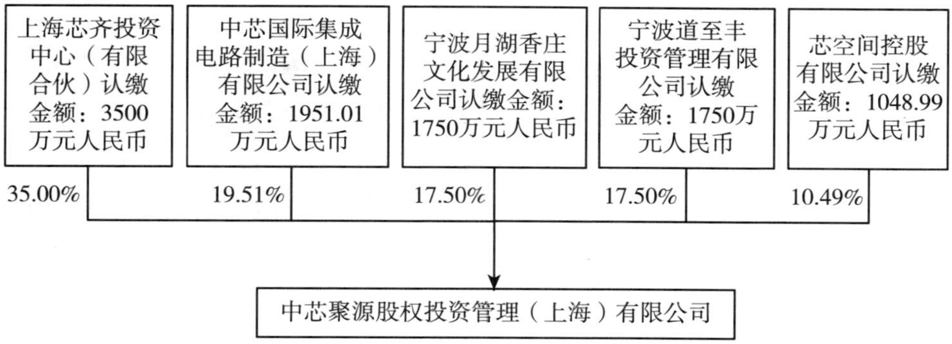

图 2-2　中芯聚源股权投资管理（上海）有限公司股权结构

中芯聚源的官网介绍如下：

中芯聚源股权投资管理（上海）有限公司（简称“中芯聚源”，China Fortune-Tech Capital Co., Ltd）在上海市注册成立，公司由国内集成电路产业龙头企业和一支资深投资团队发起，联合其他股东共同设立。

中芯聚源专注于集成电路行业的相关领域，对产业链中的材料、设计、装备、IP和服务等环节的优质企业进行投资，并为被投资企业提供全面的增值服务。同时，中芯聚源也将目光投向广大的国际市场，利用自身的渠道优势，为国内有实力的平台企业挑选优质团队和技术，提供跨境并购和整合服务。中芯聚源将配合国家集成电路产业基金和各地方政府的专项基金，联合业内的龙头企业和投资伙伴，在未来共同扶持数家有核心竞争力的集成电路企业，加速国内产业的整合和企业质量提升，持续改善国内的集成电路产业生态系统。

公司核心团队来自国内集成电路、通信行业和投资领域的著名企业，团队成员拥有多年集成电路相关企业管理和专业投资经验。同时，公司的顾问专家团队来自集成电路龙头企业、集成电路行业协会和研究机构，以及活跃于资本市场的多家知名专业机构。

中芯聚源将在为投资人、企业和社会创造卓越价值的同时，为推动中国集成电路产业的健康发展作出不懈的努力。

除了中科聚源这类专注于引导芯片产业发展，改善国内集成电路产业生态的战略投资者之外，上市公司以并购为目的的投资基金也曾经是资本市场里的一个重要组成部分，我们将在后文的“四、管理型基金与项目型基金”之“（一）管理型基金”中进行详细介绍。

3. 投资目标

投资这一行为在本质上是追求高风险高收益的，因而根据《关于加强私募投资基金监管的若干规定》之规定，基金管理人在基金募集时不能够向投资者允诺收益。我们日常生活中，买银行理财时也能够感受得到，合同上写的都是预期收益率，而不会承诺有收益，因此，财务投资者和战略投资者的共性目标是资本增值，尤其对于财务投资者而言，其设立基金之初的募资环节，就会对实际出资人展示对未来的憧憬和想象，投出下一个阿里巴巴就是使命。

在赚钱任务的驱动下，财务投资者可能不是企业最忠诚的陪伴者，当有老股转让的机会时，只要价格合适，财务投资者全部或部分退出的可能性永远都在。笔者曾作为潜在投资人，参与国内某头部私募的募资活动，基金管理人在介绍自己过往业绩时提到，本基金的首要任务就是保障投资者的本金安全，即在任何可能的退出机会中，均会优先考虑本金实现退出，剩余的股权部分则为纯收益部分，该种做法可能会降低总体回报，但对投资人来讲，牺牲了部分风险收益，获得了相对更高的安全系数。

战略投资者在赚钱目标外，还肩负着按照其既定路线去延伸产业链的任务，无论是横向扩张还是纵向扩张，抑或为了上市公司实现并购，战略投资者一般会在投资前首先判定该笔投资是否符合自身战略规划，如符合，那么这笔投资资金可能就会陪伴被投资企业很长时间，是典型的价值投资者，时间的朋友。

4. 持股比例

财务投资者与战略投资者对于持股比例的要求差别较大，本部分采取分别介绍的方式。

（1）财务投资者

在讲述财务投资者的特点时曾提到，财务投资人一般不会持有被投资企业过多的股权，这里面实际上是有另一层逻辑的。

① IPO 审核逻辑

如被投资企业未来拟走 IPO 上市的路线，如以监管机构的视角来看，股权比例在 5% 以下的股东属于参股股东，对拟上市公司的影响较小，股权比例在 5% 至 20% 之间的股东则已经属于拟上市公司的重要股东了，在上市审查期间需要签署各类文件，而股权比例在 20% 至 30% 之间则属于对拟上市公司有重大影响的股东，核查标准自然会更上一层楼，如股权比例到了 30% 以上，则有机会论证是否能够控制拟上市公司。

②减持逻辑

如被投资企业顺利上市，那么在减持阶段，不同的持股比例面临的减持局面差别巨大。这里我们不去详细讲解上市公司股票的减持规则，仅从实际操作的角度进行介绍。持有上市公司股权 5% 以上的股东已经属于重要股东了，在减持的过程中难免会涉及权益变动的公告，而在重要股东离场时，我们 A 股市场的逻辑里是不被广大股民所喜欢的，常常可以看到一些文章对某股东套现走人的操作加以抨击，此其一，从程序上减持更加烦琐一些；对于某些财务投资者，可能特别看好某个被投资企业，因而投资股权比例占到了 10% 以上或者更多，如果这个被投资企业股权比例相对集中还好，如果是做了多轮融资而导致股权比例很分散的话，为保证上市之后三年内股权结构的稳定性，核心股东是有可能出具三年内不转让股权的承诺的，而这种锁定，一般都是从持股比例最高的股东，锁到最后一名股东使得股权锁定比例累计加总超过 50%，也就是说，持股比例越高，锁定期延长的可能性就越大，这对于许多财务投资者而言，是不可承受之重。

③券商系基金的业务逻辑

对于券商系的财务投资者来说，持股比例超过7%以上，还有可能造成丢掉投行业务的结果。根据监管政策，券商系的基金业务和投行业务是要有隔离墙制度约束的，如果直投比例超过7%，则只能通过联合保荐的方式进行，且作出投资的券商是不能够作第一保荐的，对于券商而言，基金部分赚的是管理费和超额收益，投行赚的是保荐费和承销费，丢失掉哪一边都是不小的一笔金额，因而从这个角度来看，投资比例过高也不一定是最佳的选择。

（2）战略投资者

战略投资者以持股期限长和持股比例大为主要特征，通过占有一定比例的股权，才能够顺理成章地获得控制权或相对控制权，较高的持股比例是战略投资者达成其战略意图的必要条件。

5. 管理渗透

许多企业家朋友都非常担心在对外融资之后会逐渐丧失以前一言堂的地位，且逐步规范化的过程里，许多习惯性的不合规操作都不能再做了，因而对投资机构的进入有较强的抵触情绪，这类企业的负责人有必要关注两类投资人在管理渗透方面的诉求。

财务投资者对被投资企业的管理渗透程度较低，有时可能会委派财务人员，这与国内以财务投资为主业的投资机构的特性是有关联的。国内财务投资者聘请的投资团队往往是短小精干型的，人员数量不足是这类投资人经常遇到的问题。其实我们可以算一笔账，假设这个财务投资人总的管理规模是10亿元人民币，管理费我们按照市场平均的2%收取，即一年总的收入为2000万元，这些资金需要负担整个公司的运营成本以及潜在项目的差旅和尽调费用，剩余的金额才能够发工资养团队。假设我们按照收入的50%作为构建团队的支出，能够支撑的也仅仅是不到10个人的团队。这些人员还包括前台、中台和后台。经过以上的计算，我们基本可以得出一个推论：如果规模不大的财务投资者要参与到其每个已投资企业的管理环节，那么它自身的运营就有可能出现问题，因而从算细账的角度，我们可以得出财务投资人的管理渗透不会特别强的推断。当然，不排除某些小型的财务投资者因特别看好某被投资企业而出现了“all in”的情形，被投资企业的一切风吹草动它都有可能希望参与。

而对战略投资者而言，在其成立之初的资金规模就有比较强的保障，在相对雄厚的财力支撑之下，机构自身的运营成本就不会成为战略投资者决策的阻碍了。根据其自身战略，如果投资的诉求之一就是谋取被投资企业的绝对控制权或相对控制权，那么它一定会作出派驻董事、监事或者监管财务等动作。在某些关键的投资案中，战略投资者还会通过签署对赌协议的方式约束被投资企业的未来规划，或者通过获得董事会层面一票否决权的形式参与到公司的日常经营活动中来。

战略投资者对于被投资企业的管理渗透将是全面而深入的，因为战略投资者自身的生态位较高，能够匹配的业务资源和人才资源都更为丰富，所以具备深度参与公司日常经营管理的能力。我们经常会在企业里看到投资机构派驻的实职董事，有的时候在战略投资者退出之后，这个董事有一定概率会继续留任，成为被投资企业的中坚力量。因此说，战略投资者并不会仅仅满足于形式上的董事会席位，被投资企业在研发、生产、供应链和销售等各个环节都有可能受到战略投资者的持续监督。

6. 退出安排

在退出安排上，财务投资者和战略投资者的差异就更大了。

（1）财务投资者

对于财务投资者而言，只要赚钱，能走即走。如果该财务投资者是私募股权投资基金，那么其管理人最重要的职责就是替 LP 赚钱，基金业协会为了保证基金管理人的独立性以及基金运作的合法合规性，不允许基金管理人向 LP 承诺收益。但实际案例中，基金管理人募资时往往是要通过过往的成功经验进行自我推介的，如果以往的效益不高，那么这个基金管理人就会逐步被市场淘汰。因此，骨感的现实世界要求基金管理人要在最大的程度内保障 LP 的资金安全，并能够尽最大可能地达成预期收益率。

因此，如前面所提到的，财务投资者在退出时往往非常的果断，如被投资企业在申报上市前有机会以一定的溢价退出，那么财务投资者是很有可能提前兑现部分收益的，并且即便被投资企业如期上市了，有些财务投资者在限售期结束的那一刻即开始抛售退出。对于专业的投资基金来说，一级市场的投资回报和二级市场的投资回报不是同一回事，两者的风险溢价也不尽相同，而且都是各自仅有少量相关性的不同的专业领域，因而一级的股权投资基金在限售结束之后采取获利退出也是专业化分工的结果，也是使管理团队和 LP 获利退出的必然安排。

由此可见，财务投资者在退出安排上也具备了更多的灵活性，而为了保障这种灵活性，财务投资者的内部决策流程往往也较快，且尽可能地形成格式化条款，以保证基金管理人有较高的自主权完成投资和获利退出。

（2）战略投资者

对于战略投资者而言，将被投资企业扶持做大，可以正向促进和保障其建设的产业生态的健康发展，因此往往不急于在第一时间实现退出。实际上，我国资本市场的监管机构一直没有给予战略投资者这一名词以官方的明确定义，但在企业上市或上市公司再融资的实际操作中，我们可以看到一种监管导向，即战略投资者意味着投资期限长，比如 36 个月以上，也意味着数量少，比如 10 名以下。从这些角度我们可以看出，战略投资者虽然也要赚钱，但赚钱已经不是唯一的目的了，战略投资者很多时候都起到了定海神针的作用。对于投资经验尚浅的投资者而言，如果看到一个企业被战略投资者入股了，那么至少它们没有那么急着退出，股权的价值还是会有一定的支撑的。

也正是因为战略投资者的这种特性，在作投资决策的时候要考虑的因素也就更多，像在介绍战略投资者的时候有提到，它的投资决策首先要符合其自身的发展战略，因而某个潜在的被投资企业是否能够按照该战略投资者的预期去发展，是需要前期进行诸多论证的，并且也是需要有足够的人力资源去持续跟进这个被投资企业的发展情况，因此其作出最终投资决策的时间会相对较长，而到了退出阶段，其决策的流程也会更加烦琐。

7. 进阶知识库——同业竞争和关联交易

（1）同业竞争

依据我国《公司法》的相关规定，公司的控股股东或实际控制人，所控制的其他企业所从事的业务相近或者相似，两者之间即可认定构成同业竞争关系。董事、高级管理人员不得自营或者为他人经营与所任职公司同类的业务。

而在我国的证券市场，沪主板、深主板、创业板、科创板以及北交所对于同业竞争的定义和容忍尺度各不相同，因此就要求企业在融资的一开始就要明确自身的定位。正所谓细节决定成败，当投资机构与被投资企业达成投资意向的时候，互相是否已经对彼此做了充分的调查就显得尤为重要，仍然要提及前文提到的一句话“谁是谁的战略”，如果因为接受了一笔投资，而在“不知情”的情况下得到了同业竞争的结果，将是被投资企业上市过程中的不可承受之重。

如按照证监会从严审核的角度，同业竞争的范围将不仅仅局限在公司的控股股东、实际控制人及其控制的其他企业，如持股比例达到一定水平的股东或其下属单位有从事和被投资企业相同或相似的业务的话，也是有可能被质疑是否有可能造成同业竞争的。而以IPO角度来说,同业竞争最稳妥的解决方式是“二选一”，即要么自己退出，要么别人退出，但在实际操作中，想达到这种效果的难度非常大。

在这部分的进阶知识库环节，我们通过案例的方式介绍已经通过审核的企业是如何应对同业竞争问题的。目前，我国实行注册制的板块的透明度增强，社会公众是可以通过登录上交所、深交所和北交所的官方网站的方式，查看企业的上市进展，也能够及时地看到这些企业的招股说明书和历次的反馈意见及答复。我们这里就以北京中科江南信息技术股份有限公司（简称中科江南）申报创业板为例，先讲一下同业竞争的传统解决方式。

①案例一：中科江南

中科江南在2018年被深交所上市公司广州广电运通金融电子股份有限公司（股票代码：002152，简称广电运通）入股并实际控制之后，仍能在三年后的2021年启动创业板IPO的申报，说明广电运通收购中科江南时的战略即是以中科江南作为未来上市的主体。但是，广电运通的上级单位是广州无线电集团，广州无线电集团直接控制的下属企业还包括广州广电计量检测股份有限公司（证券代码：002967）、广州海格通信集团股份有限公司（证券代码：002465）等上市公司，形成了体量庞大的有可能与中科江南产生同业竞争的企业主体。而对于中科江南来说，对是否涉及同业竞争作出详细的披露是上市前的必要步骤。

中科江南在解释同业竞争问题时，在招股说明书中使用了23页的篇幅进行说明，占到招股说明书总篇幅的近10%，可见同业竞争问题在整个IPO过程中的重要程度。综观中科江南案例，大体上分为五个步骤：第一，把监管机构对于同业竞争的定义表述出来，为后面逐条进行辩解作准备。第二，解释产生同业竞争并非中科江南的主观意愿，上市主体不是故意的，2018年因为原实际控制人产生了些债务纠纷，为了保证公司能够继续健康发展，只能投奔了之后的控股股东广电运通。第三，把广电系体系里跟中科江南从事相同或类似业务的公司一个一个全部列示出来。第四，分别从财务角度、业务角度及法律角度等多个维度详细分析中科江南的独立性。第五，大股东出具承诺函。感兴趣的读者朋友可以阅读中科江南的招股说明书最终稿。

中科江南是幸运的，当战略投资者控股后，仍能作为战略投资者未来计划中的主角之一，而许多类似的企业就没有那么幸运了。当战略投资者本身还有另外一个板块从事相同或类似业务的时候，主角是谁还未可知。

②案例二：速达股份

这里再举一个例子，公司名字叫郑州速达工业机械服务股份有限公司（简称速达股份），所谓欲速则不达，该案例被监管机构否决的原因之一即为同业竞争，具体情况如下。

速达股份是一家煤矿机械设备后市场服务商，业务主要围绕煤炭综采设备液压支架开展，为煤炭生产企业提供备品配件供应管理、维修与再制造、全寿命周期专业化总包服务、二手设备租售等综合后市场服务，并为机械设备生产商提供流体连接件产品。

速达股份的二股东郑州煤矿机械集团股份有限公司（股票代码：601717，股票简称：郑煤机）旗下也有其他的企业从事相同或类似的业务。前面我们有提到，在监管层审核的时候，并不是死板地按照《公司法》等法律法规的字面定义来判定，而是会结合业务的实际情况进行综合的判断。从历史渊源上来看，速达股份与郑煤机有着剪不断理还乱的关联，其发展对郑煤机本身也存在高度依赖，那么郑煤机没有被认定为共同控制方，就存在可能规避监管的倾向，因而在审核期间，监管层针对郑煤机旗下综机公司与速达股份的同业竞争进行了考问。

招股说明书显示，速达股份的实际控制人为李锡元。李锡元直接持有速达股份 30.9% 的股份，其通过员工持股平台长兴臻信和新余鸿鹄间接持有速达股份 5.98% 的股份，合计持股比例为 36.07%。郑煤机是速达股份的第二大股东，直接持股比例为 29.82%，与第一大股东李锡元的持股比例相差 6.25%，如考虑到员工持股平台的间接持股部分，二者持股比例仅相差 0.27%。

从历史沿革上来看，李锡元和郑煤机的关系更是复杂。2009 年 7 月 7 日，李锡元、郑煤机、贾建国和李优生共同出资 1000 万元成立郑州煤机速达配件服务有限公司（速达股份的前身，简称速达有限）。其中，李锡元和郑煤机的出资比例同为40%，而贾建国和李优生均为郑煤机的时任中高层管理人员，可见速达有限在成立之初，郑煤机拥有相对较大的实际控制权。但在速达股份的申报文件中并没有将郑煤机认定为共同控制人，原因是2014年9月，贾建国、李优生和无关联关系的李锡元形成了一致行动关系，通过一纸一致行动协议确定控制或共同控制关系是企业IPO过程中的常见操作，而速达股份的此次操作并未得到监管机构的认可。

对于速达股份而言，其坚决认定李锡元是实际控制人的原因或许还有另一层原因，这也是监管层无法释怀的因素之一。速达股份的二股东郑煤机是沪主板上市公司，若郑煤机被认定为实际控制人，则速达股份此次上市就应当按照分拆上市的标准进行，而分拆上市的监管规则并不十分完善，审核通过的难度无疑大大增加。简要来说，速达股份如被认定为分拆上市，则其自身不但要满足IPO所涉及的系列规则，也需要符合其他相关法律法规，监管机构对郑煤机和速达股份会同时进行审核，相关标准也非常高。而从这个角度来看，不将郑煤机认定为速达股份的实际控制人或许也是无奈之举，而在监管层眼中，这个行为或许存在规避监管的嫌疑。

除政策层面的问题之外，速达股份与郑煤机之间存在同业竞争和利益输送嫌疑也被监管机构多次关注，这或许也是速达股份成为2021年度第一家被否IPO企业的主要原因之一。

根据公开资料显示，郑煤机的全资子公司郑州煤机综机设备有限公司（简称综机公司）的主营业务中包含了液压支架维修业务，而该业务也是速达股份维修与再制造业务的最主要部分。2020年1—6月，维修与再制造业务占速达股份主营业务收入的比重超过35%。我们前面曾提到，监管机构对于同业竞争的审查更注重实质而非形式，两家公司主营业务之间的高度重合，或许也构成了实质的同业竞争。同时，综机公司与速达股份有较多重叠客户和供应商，天然利益输送通道的存在，速达股份在问询过程中并未能够打消监管层的疑虑。

监管层关注到，2017—2020年上半年，综机公司的维修业务收入大幅增长且超过速达股份同类业务收入，而综机公司维修业务主要来自郑煤机。速达股份对于监管层提出的此项质疑并未能提供足够的支撑性回复。因而速达股份与综机公司之间是否存在非公平竞争、利益输送、相互或单方让渡商业机会的情形在上会前仍然存疑。

（2）关联交易

在《企业会计准则》的领域内，第36号准则即为《关联方披露》，该准则从会计角度对关联方及关联交易进行了规定。而在企业上市过程中，监管机构所把握的关联交易的定义是基于《上市规则》（包括《深圳证券交易所股票上市规则》及《上海证券交易所股票上市规则》）的。根据《上市规则》，关联方的定义是基于关联法人和关联自然人的，关联交易即关联方之间的交易，关于关联方的具体要求如下。

上市公司的关联人包括关联法人（或者其他组织）和关联自然人。

具有下列情形之一的法人或其他组织，为上市公司的关联法人（或者其他组织）：

（一）直接或者间接地控制上市公司的法人（或其他组织）；

（二）由前项所述法人（或者其他组织）直接或者间接控制的除上市公司及其控股子公司以外的法人（或者其他组织）；

（三）持有上市公司5%以上股份的法人（或者其他组织）及其一致行动人；

（四）由上市公司关联自然人直接或者间接控制的，或者担任董事（不含同为双方的独立董事）、高级管理人员的，除上市公司及其控股子公司以外的法人（或其他组织）。

具有下列情形之一的自然人，为上市公司的关联自然人：

（一）直接或者间接持有上市公司5%以上股份的自然人；

（二）上市公司董事、监事及高级管理人员；

（三）直接或者间接地控制上市公司的法人（或者其他组织）的董事、监事及高级管理人员；

（四）本款第（一）项、第（二）项所述人士的关系密切的家庭成员，包括配偶、父母、年满十八周岁的子女及其配偶、兄弟姐妹及其配偶、配偶的父母、配偶的兄弟姐妹和子女配偶的父母。

在过去十二个月内或者根据相关协议安排在未来十二个月内，存在本条第二款、第三款所述情形之一的法人（或者其他组织）、自然人，为上市公司的关联人。

中国证监会、本所或者上市公司根据实质重于形式的原则，认定其他与上市公司有特殊关系、可能或者已经造成上市公司对其利益倾斜的自然人、法人（或者其他组织），为上市公司的关联人。

上述原文引用部分的复杂程度很高，专业的从业人员想要很好地掌握也是一件不容易的事，因此，如果企业不准备上市，则按照会计准则的相关规定即可，如要在未来启动IPO，就要对证监会和交易所对关联方、关联交易的定义有更准确的掌握。在本部分的进阶知识里，我们也是通过案例的方式，给大家建立一个对于关联交易的基本理念。

在对于企业关联方的定义里，有一条叫作关联自然人，而关联自然人担任董监高的企业，全部都是该企业的关联方。如企业A在某轮融资活动中最终与投资机构达成了合作，且该投资机构派出了一位员工B担任A公司的董事或监事，那么这个员工B即成为企业A的关联自然人，如员工B在该投资机构里工作的时间足够长，那么他往往会同时担任多家被投资企业的董事或监事，则这些被投资企业与企业A都将成为关联方。

北京中科江南信息技术股份有限公司　　招股说明书（上会稿）

姓名	职务	兼职单位	兼职职务	是否其他关联关系
		广州总部经济协会	副会长兼秘书长	公司控股股东下属机构
黄敬超	董事	广州广电运通金融电子股份有限公司	投资总监	公司控股股东
		广州支点创业投资有限公司	总经理	公司控股股东控股子公司
		运通数字空间（北京）技术有限公司	董事	公司控股股东控股子公司
衡凤英	副董事长	北京博雅力源教育咨询有限公司	执行董事	无
		北京中科智兴物联科技有限公司	执行董事、经理	无
		北京学园中润教育科技有限公司	董事	无
		河南北大学园学前教育管理咨询有限公司	董事	无
		天津智明天空科技合伙企业（有限合伙）	执行事务合伙人	无
		天津飞扬智晟科技合伙企业（有限合伙）	执行事务合伙人	无
		天津博力同晶科技合伙企业（有限合伙）	**执行事务合伙人**	**无**
曾纪才	董事、高级副总裁	北京青云一峰科技有限公司	监事	无

图 2-3　北京中科江南信息技术股份有限公司招股说明书（节选）

在这里我们同样首先以中科江南为例，衡凤英女士是中科江南在广电运通之前的实际控制人的妻子，在招股说明书上会稿中可以看到其兼职单位更新了一家“天津博力同晶科技合伙企业（有限合伙）”，该任职信息以楷体加粗标识，在审核要求里，楷体加粗部分是对以往信息披露文件披露错误或者漏掉部分的修订，在中科江南的案例里，衡凤英女士担任执行董事的这家有限合伙企业在一轮轮的反馈和答复过程中依然被漏掉了，这个案例给大家做的提示就是，由于某些自然人的任职情况比较复杂，导致 IPO 过程中增加了核查难度。

根据对中科江南招股书的通读，我们了解到这家天津博力与中科江南没有发生过关联交易，因而对于本单位的关联交易的疏漏并未造成不可挽回的后果。

同样地，对于中科江南的案例来看，除了衡凤英外，在聘请独立董事时也选择了声纹识别行业内知名教授郑方，而郑方教授本身就是得意音通董事长，从目前披露的兼职情况上来看，郑方教授属于职务比较少的，如果选定了职务多的，也会导致更多的潜在关联交易出来，而且还不容易查实清楚。

而下面一个案例，因漏掉了 10 余万元的关联交易而导致上市之路折戟，也是用沉重的代价诠释了因小失大的概念。

案例三：创鑫激光

深圳市创鑫激光股份有限公司（简称创鑫激光）专业从事工业激光器的研发、生产和销售，主要产品包括脉冲光纤激光器、连续光纤激光器和直接半导体激光器，同时配套生产泵浦源、合束器、光纤光栅、隔离器、激光输出头 QBH、剥模器、准直器等核心器件，公司产品广泛应用于打标 / 雕刻、切割 / 钻孔、熔覆 / 焊接、表面处理、快速成型及增材制造等加工工艺。

创鑫激光因 10 余万元关联交易导致上市之路中断的大概脉络如下。

2019 年 4 月 2 日，上交所受理了创鑫激光 IPO 申请。

2019 年 7 月 9 日，上交所收到关于创鑫激光涉嫌隐瞒董事长蒋峰通过第三人控制深圳爱可为激光技术有限公司（简称爱可为）等事项的举报信。

2019 年 7 月 11 日，上交所发出举报核查函，要求中介机构核查并发表明确意见。

2019 年 7 月 16 日，中介机构提交首次举报信核查回复，认为举报情况不属实，爱可为并非蒋峰通过第三人控制的公司。

2019 年 7 月 18 日，公司及中介机构代表与上交所当面沟通，董事长蒋峰否认实际控制爱可为。

这是一次非常关键的交流，也可以说是企业方最后一次的机会了。在此次沟通之后，上交所要求各方进一步核查情况。

2019 年 8 月 27 日，中介机构对蒋峰二次访谈时，蒋峰确认其报告期内通过第三人实际控制爱可为的事实。经进一步核查，中介机构查明爱可为自 2015 年 2 月 6 日起至 2019 年 8 月 22 日注销前系蒋峰通过第三人控制的公司，应将爱可为作为关联方进行披露，创鑫激光与爱可为之间的交易应作为关联交易进行披露。

2019 年 9 月 19 日，公司及中介机构代表到上交所当面说明了举报信第二次核查的有关情况。

2020 年 3 月 31 日，证监会公开发布《关于对深圳市创鑫激光股份有限公司及控股股东、实际控制人蒋峰采取责令公开说明措施的决定》对事件脉络进行了梳理，并对公司下发了监督管理措施。

2020 年 10 月 21 日，创鑫激光发行注册程序终止。

整个事件是因小失大的典型，爱可为在创鑫激光启动上市注册时已处于注销流程中，且创鑫激光与爱可为交易金额仅为十余万元，但创鑫激光在招股说明书中未能披露该关联交易且在核查中隐瞒事实，最终导致创鑫激光上市失败。

我们可以看到，在创鑫激光一案的全流程中，该公司犯下若干致命性错误，最终汇聚到一起，导致结果不再可逆。在这里，我们不去判定创鑫激光是否还存在其他“硬伤”，仅以该案例来分析如何应对关联交易事项给拟上市企业带来的影响，以下信息全部为猜测：

创鑫激光的第一个错误，没有对举报信有足够的重视，既然监管机构已经明确要求创鑫激光进行核查，说明举报信的内容本身已提供了部分佐证，而更大的可能性是，在该事项发酵前，举报人与拟上市公司存在一定的接触，而公司并未予以重视。

创鑫激光的第二个错误是，在首次核查中不予补充披露，可以说这是一次最佳的改正时机被错过了，以常理来看，中介机构如知悉该关联关系属实，会立即补充披露，因金额如此之小，补充披露能将伤害降到最低，因此较大的可能性是公司层面出于种种原因，认定该事项“不存在”或“不重要”，未向中介机构提供进一步的信息。如这些猜测与事实有一定的接近，那么中介机构最大的错误就是在如此久的辅导过程中，依然没有改变企业控制人的固化思维。

创鑫激光的第三个错误已经不可挽回了，从监管机构的视角来看，已经给了如此多的时间，还给了面对面申辩的机会，却仍然选择"Lie to my face"，无论如何也说不过去了。

最后一点猜测是，在举报人提供了无可辩驳的证据后，创鑫激光的实控人终于选择低头认错，但此时大势已去，IPO 梦碎不说，导致自己公司在市场中的诚信形象同样受损，才是真正的因小失大。

对于企业而言，有关联方和发生关联交易是很正常的事情，但在 IPO 过程中，如果出现疏漏，有可能导致上市受到严重影响。一般而言，对于关联方和关联交易问题也有常规的处理原则，即首先如实披露，其次是定价公允，不能够有利益输送，只要保证了这两点，就能够正常通过审核。企业在融资过程中，如遇到投资机构希望派驻董事或监事时，各位企业家朋友可以提前了解一下即将到来的这名董事或监事的兼职背景，以便提前有所应对。

8. 小结

本部分介绍的内容比较多，为方便大家比对来看，我们将两类投资者的对比情况列示在这里，具体见表 2–4。

表 2–4　两类投资者的对比情况

	财务投资者	战略投资者
行业背景	与被投企业可以无关联	了解被投企业行业，存在潜在合作关系，或业务具备互补性
典型投资者	VC、PE	大型企业、集团、上市公司并购基金
投资目标	高风险下的资本增值，要求一定的投资收益率	产业链上的横向、纵向扩张
持股比例	持有少数股份	以控股或重大影响为最终目的
退出安排	以股权转让、并购、上市等方式择机退出	长期稳定持有，关注公司业绩
管理渗透	一般不参与企业日常管理经营，在财务、资本运作方面提供建议，可能会委派财务管理人员	参与日常经营管理，纳入整体战略规划

续表

	财务投资者	战略投资者
完成时间	格式化运作，决策速度相对较快	内部考虑因素较多，决策程序复杂
同业竞争	同业竞争风险小	可能存在同业竞争，核心技术可能被投资人占有（business knowhow）

财务投资者和战略投资者是企业家朋友平时能够接触到最多的两类投资机构，两者各有利弊，具体见表 2–5。

表 2–5 两类投资机构的利弊

	财务投资者	战略投资者
优势	市场化，不过多地影响企业决策	资金体量大，产业扶持效应强
劣势	对赌条件严苛（证监会要求对赌协议在上市前解除）； 派出董事兼职多； 价格合适，资金随时可能离开	对赌条件严苛；管理渗透强

（四）其他类型的投资机构

除财务投资者与战略投资者之外的投资者包含了政府投资基金、国家部委下属基金以及其他类型的产业投资基金等。这些投资者兼具产业投资者与财务投资者的特性，但又各有特色。

1. 政府投资基金

2015 年 11 月，财政部印发《政府投资基金暂行管理办法》，该办法对政府投资基金的设立、运作和风险控制、终止和退出、预算管理、资产管理及监督管理进行了规范。该办法提出，政府投资基金重点支持创新创业、中小企业、产业转型升级、基础设施和公共服务等四大领域的投资。

政府投资基金的特点为地方政府财政支持，旨在引导社会资金共同投向符合国家或地方产业政策的私募股权投资基金，兼具政策性和市场化特点，目标是引导地方产业向符合政策规划方向的目标发展，投资期较长，风控较为严格，投资方向及地区有严格限制，但一般不追求高额投资回报。

为了鼓励创新创业企业，目前全国范围内成立了数量庞大的省级、市级政府投资基金，一般来说地方政府都会结合当地的产业特色，成立专项的引导基金，比如专注于科技类项目的天津海河基金、旨在最终带动约1万亿元社会投资的湖北省长江经济带产业基金以及起到引导示范作用、撬动金融和社会资本进入江苏省PPP领域的PPP融资支持基金等。

政府投资基金除了地方政府出资以外，通过引入外部合作机构的方式，以撬动社会资本更是设立目的之一。有的地方政府为了降低社会资金参与的难度，其利用自有出资甚至可达到七成左右，其他资金由外部的投资机构引入，由代表地方政府的政府投资平台与社会化的基金管理人以双GP模式成立产业引导基金，主要用于投资当地的某类型企业。

政府投资基金里，目前能听到的标杆项目包括深创投，更多能听到的就是"合肥模式"，合肥投资了京东方、蔚来汽车等标杆企业，也有研发出阿凡达轮毂的金固股份在合肥落地新项目。

"合肥模式"特指合肥市政府在战略性新兴产业投资上的投资模式。我们在这里将介绍"合肥模式"的运营主体和投资发展过程的公开信息进行了归纳整理。合肥市政府投资基金主要由合肥兴泰金融控股有限公司（简称合肥兴泰）、合肥市产业投资控股（集团）有限公司（简称合肥产投）和合肥市建设投资控股（集团）有限公司（简称合肥建投）运营管理。使得"合肥模式"闻名全国的，是从合肥的政府投资基金进军战略性新兴产业投资开始的。

合肥建投充分发挥国有资本投资运营公司的平台功能，注重发挥产业基金和国有资本的引领作用，先后引入京东方、台湾力晶、维信诺、蔚来汽车、欧菲光、长鑫存储等一批重大战略新兴产业项目落户投产，并带动上下游产业链快速集聚。通过龙头项目牵引，完善产业链条，壮大产业规模，构建产业集群，成功打造了国内配套最完善、产线最齐全的千亿级新型显示产业链，实现了合肥大规模集成电路制造项目零的突破，助力合肥打造"全国新能源汽车之都"。

"合肥模式"最经典的三个案例，第一战便是合肥和京东方合作，做显示屏技术，首先解决国内"缺芯少屏"里的"屏"产业；而后合肥押下重注与蔚来汽车合作，以引导国内新能源汽车产业的发展；合肥和长鑫存储合作，建中国最大的储存芯片生产基地，再次专注于国内"缺芯少屏"里的"芯"产业。

（1）合肥对京东方的强力支持

合肥建投投资的第一个战略性新兴企业就是京东方。2008 年全球经济危机爆发，国内家电全行业都面临“缺芯少屏”的困境，“芯”是芯片，“屏”就是显示屏，为此，各地纷纷将引入“屏”项目作为家电产业链发展的重点。同年，因液晶面板价格上涨面临巨大压力的京东方，在几个城市受挫后辗转来到合肥，提出了政府出资 70 亿元参与企业投资的落户条件，而当时合肥一年的税收不过 300 多亿元。一名合肥政府官员曾透露：“为了项目能上马，当时合肥市承诺拿出一年财政收入的 80% 来投资。”有媒体报道称，为了京东方，合肥甚至把地铁项目都暂停了。

①合肥京东方 6 代线项目：国内第一条第 6 代液晶显示器件（TFT-LCD）生产线，项目总投资 175 亿元，项目资本金 90 亿元，其中 60 亿元合肥建投负责。为促成项目成功运作，在合肥市委市政府领导下，合肥建投推动合肥市新型显示产业实现了“从无到有”的突破，成就了建设的“合肥速度”、融资的“合肥模式”。该项目于 2009 年 4 月 13 日破土动工，2010 年 9 月 3 日点亮首屏，2010 年 11 月 17 日实现量产，年产液晶面板已超过 1500 万片。

②合肥京东方 8.5 代线项目及触摸屏项目：薄膜晶体管液晶显示器件（TFT-LCD）8.5 代全工序生产线。8.5 代线项目总投资 285 亿元，资本金 170 亿元，其中 100 亿元由合肥建投负责。触摸屏项目总投资 50 亿元，资本金 30 亿元，其中 25 亿元由合肥建投负责。在合肥市委市政府领导下，合肥建投在 6 代线成功基础上，再次演绎产业投资的“合肥模式”，奠定了合肥市在新型显示产业上的领先地位。该项目于 2013 年 12 月 28 日正式投产，2014 年 2 月底量产，同年 11 月实现满产，产能突破 10 万片 / 月，大幅超出设计产能。

③京东方 10.5 代线项目：总投资 458 亿元，资本金 240 亿元，其中 220 亿元由合肥市投入，20 亿元由京东方自筹解决。项目于 2017 年 12 月 20 日点亮投产，2019 年 3 月实现满产，现产品良率达 92% 以上，总产量达 25.4 万块。

（2）蔚来汽车落地合肥

在蔚来汽车落地合肥之前，蔚来汽车刚刚经历了新能源补贴退坡带来的部门缩减和裁员问题，而 ES8 自燃召回以及特斯拉落地上海的逼近都是雪上加霜，致使蔚来汽车的股价暴跌，当时的蔚来汽车可以说是内忧外困，一度因融资困难而站在了濒临破产的边缘。据蔚来汽车董事长李斌的复盘，他曾在 18 个城市进行合作洽谈，合肥是第 19 个城市。

2020 年，合肥与蔚来汽车洽谈合作时恰逢疫情袭来，双方的沟通基本是在电话会议、视频会议中进行的。2020 年 2 月 25 日，安徽省委、省政府领导一起参与见证了蔚来汽车与合肥的合作框架协议签约仪式。

蔚来新能源汽车项目位于合肥市经开区，已有的先进制造基地涉及整车研发、供应链与制造、销售与服务以及能源服务等。2020 年 10 月 9 日，合肥蔚来中国总部正式启用，未来将建立总部管理、研发、销售服务、供应链制造一体化基地等，总投资超过 100 亿元。该项目将显著提升合肥在全国乃至全球汽车领域的创新和引领地位，加快打造世界级的新能源汽车产业集群。合肥建投代表合肥市出资 30 亿元参与项目投资，对于合肥而言，不论对蔚来汽车的这笔投资能否成功退出并取得理想收益，其能成功吸引到大众汽车对合肥新能源产业的投资，就足以证明合肥政府在风投领域的号召力。

（3）芯片企业北京兆易创新科技股份有限公司（股票代码：603986，股票简称：兆易创新）与合肥结缘

2013 年前后，合肥的家电、平板显示、汽车等支柱产业转型升级时都遇到了“缺芯”问题，为此，合肥开始谋划“补芯”。2013 年合肥于全国率先出台了《合肥市集成电路产业发展规划（2013—2020 年）》。2016 年，合肥正式布局存储芯片产业，在这一经典案例中，合肥选择与上市公司兆易创新合作。

根据协议，合肥和兆易创新共同出资建设专攻 DRAM 代工的合肥长鑫项目，合肥率先出资 75%，兆易创新随后出资剩余 25%，而长鑫存储的运营由兆易创新负责。

2016 年 5 月，合肥长鑫存储正式诞生，专业从事动态随机存取存储芯片（DRAM）的研发、生产和销售。合肥模式对资本的引领作用在长鑫存储的案例中完美体现。截至 2021 年 12 月，合肥作为“IC 之都”的战略规划稳步推进，合肥市集成电路产业拥有企业超 300 家，聚集从业人员超过 2.5 万人。2020 年全产业链产值同比增长 17.6%，2021 年 1—9 月，同比增长 39.3%。2020 年全年集成电路企业新增授权专利 1665 件，总数达 5277 件，同比增长 46%。拥有国家“芯火双创”基地等省级以上创新平台 8 个，博士后、院士工作站 10 个。基本完成了合肥市引入产业和引入人才，进而促进当地的经济发展的战略意图。

由以上案例可以看出，政府投资基金除了能够提供资金以外，还能够有更

多其他方面的资源对被投资企业有吸引力，比如说税收政策、人才引进政策等，有时当地政府的区位也将起到关键作用，比如说做无人船的企业就特别希望当地政府能够提供一片可供使用的水面。从这些政策可以看出，当地政府设立投资基金的目标是引入产业和引入人才，进而促进当地的经济发展。

对于拟融资企业而言，政府投资基金的好处显而易见，但出现磨合问题，或其他地区政府给予了更好的优惠政策，投融资双方在涉及分手的时候，将会面临更多的麻烦，比如企业进驻某园区期间获得的各类优惠和补助一般都是以人员入驻率及时间具有相关性的。因此说，企业方在合作前应当充分的权衡利弊，谨慎作出决策。

2. 国家部委下属基金

国家部委下属基金较为罕见，特点为国家部委参股控股的股权投资基金，资金来源较为丰富，包括国家级母基金和社会资金等，目标是贯彻落实国家发展规划，扶持重点行业企业。这种基金具备战略投资人重视投后的特征，但一般不谋求控股，不存在同业竞争问题。

国家部委参股或控股的股权基金除了财政资金外，也会配置一部分的社会资本，一般的投资方向是国家拟重点发展的重要行业方向。表 2–6 列示了部分国家部委下属的基金情况。

表 2–6　部分国家部委下属的基金情况

主管机构	基金名称	规模
发改委	国家新兴产业创业投资引导基金	400 亿元
	国家战略性新兴产业发展基金	3000 亿元
财政部	国家集成电路产业投资基金	一期 1300 亿元，二期 2000 亿元
	中国农垦产业发展基金	首期 100 亿元
	国家军民融合产业基金	财政部与国防科工局发起，总规模 1500 亿元，首期 560 亿元
	国家制造业转型升级基金	1472 亿元，与国开金融等多家央企发起设立

续表

主管机构	基金名称	规模
工信部	国家中小企业发展基金	600 亿元
	安全产业发展投资基金	500 亿元，拟设立
科技部	国家科技成果转化引导基金	247 亿元
商务部	国家级服务贸易创新发展引导基金	300 亿元
网信办	中国互联网投资基金	1000 亿元
中国环境与发展国际合作委员会	长江经济带生态基金	3000 亿元
中国信息通信研究院	泰尔信通（北京）投资管理有限公司	/
国家信息中心	北京国信中数投资管理有限公司	/

以大数据领域为例，我们对三只国家部委下属基金予以介绍。

（1）网信办下属中国互联网投资基金

中国互联网投资基金（简称中网投）经国务院批准设立，由中央网信办和财政部共同发起。设立中国互联网投资基金是贯彻落实党中央、国务院决策部署，深入推进供给侧结构性改革，创新投融资机制，推进实施网络强国战略的重大举措。

中国互联网投资基金规划总规模 1000 亿元人民币，首期规模 300 亿元人民币。中国互联网投资基金管理有限公司负责基金的市场化运营、专业化管理。

中网投坚持国家战略导向，秉承“专注专业、引导引领、扶优扶强、共享共赢”的投资理念，主要采取股权直接投资方式，专注于互联网领域进行投资。中网投重点关注互联网基础关键技术与设施、网络安全、人工智能、互联网 +、大数据、云计算、网络信息服务等重点领域的创新技术、创新模式，筛选符合国家战略、前景良好的成长型企业和优质互联网项目，助力数字经济发展。

中网投聚焦投资互联网领域具有核心技术优势、商业化能力突出的优秀企业。重点关注互联网基础关键技术与设施、网络安全、人工智能、互联网 +、大数据、云计算、网络信息服务等重点领域的创新技术、创新模式，筛选符合国家战略、前景良好的成长型企业和优质互联网项目，为优秀互联网企业助力。

（2）信通院下属泰尔信通

中国信息通信研究院（简称中国信通院）始建于1957年，是工业和信息化部直属科研事业单位。

近年来，适应经济社会发展的新形势新要求，围绕国家“网络强国”和“制造强国”新战略，中国信通院着力加强研究创新，在强化电信业和互联网研究优势的同时，不断扩展研究领域、提升研究深度，在4G/5G、工业互联网、智能制造、移动互联网、物联网、车联网、未来网络、云计算、大数据、人工智能、虚拟现实/增强现实（VR/AR）、智能硬件、网络与信息安全等方面进行了深入研究与前瞻布局，在国家信息通信及信息化与工业化融合领域的战略和政策研究、技术创新、产业发展、安全保障等方面发挥了重要作用，有力支撑了互联网+、制造强国、宽带中国等重大战略与政策出台和各领域重要任务的实施。

“泰尔实验室”品牌是属于中国信通院所有的检验检测品牌，其传承自信息通信检验检测领域知名机构“中国泰尔实验室”。该品牌经过数十年的发展和传承，在国内外树立了公正、专业、权威的品牌形象，在信息通信的检验检测领域享有较高的声誉。

泰尔信通（北京）投资管理有限公司（简称泰尔信通）是中国信通院100%持股的投资平台，主要对信通院设在各地方的科技创新中心、信息通信研究院和实验室进行控股，少数几个参股企业也大多为中国信通院主持组建的高新技术企业，主要负责将科研院所的研究成果进行产业化落地。泰尔信通未注册成为持牌的私募投资基金，也不属于国家级母基金，主要是响应中国信通院的出资需求进行投资，所投资或者说所组建的企业普遍技术水平较高，在信息通信领域具有较高的声誉地位，但泰尔信通作为基金而言市场化水平较低，更多的是作为部委出资平台组建研究中心和相关企业，真正意义上的投资活动不太活跃。

（3）国家信息中心下属国信中数

国家信息中心是国家发改委直属事业单位，是国家大数据战略实施和数字中国建设的核心枢纽单位，承担着国家促进大数据发展部际联席会议办公室秘书处、国家公共数据统一开放平台、中国“一带一路”官网运行中心、国家信用信息共享平台、国家发展和改革委员会大数据中心等多个国家级平台建设运营工作。为全面贯彻落实党的十九大报告和习近平总书记在 2017 年 12 月 8 日中共中央政治局第二次集体学习上关于实施国家大数据战略加快建设数字中国的重要讲话精神。2018 年，国家信息中心正式组建了数字中国研究院。

国信中数由国家信息中心联合中国华融发起设立，成立于 2019 年 3 月 15 日，私募基金管理人备案登记编码为：P1070085。公司秉承“国信中数 助企强国”的理念，依托国家信息中心的大数据资源优势和股东单位的资本优势，围绕数字中国建设的核心需求，致力于构建新经济下的“1+3+9+10+N”的数字资本生态，结合北京、上海、深圳、重庆、杭州五大数字园区，形成物理空间的落地。着力发挥数字产业和数字资本的产融协同作用，为优秀企业赋能，为国家大数据战略的实施添砖加瓦，为数字中国的建设贡献力量。

其中“1+3+9+10+N”的数字资本生态指以“数字中国”为一个战略核心，以“资源、资产、资本”为三大业务体系，以“大数据、云计算、量子通信、VR/AR、人工智能、区块链、工业互联网、芯片及物联网”为九大投资方向，以“智慧家居、智慧社区、智慧文旅、智慧农业及水利、智慧教育、智慧交通、智慧能源、智慧制造、智慧政务及智慧医疗”为十大应用场景而构建的数字资本生态。

国信中数在数字经济领域的投资中较为活跃且不以控股企业为目的，呈现出高度市场化运作的特点。

3. 其他类型的产业投资基金

其他产业投资基金还包括大型集团公司的私募基金，如美团龙珠基金、小米长江基金等，前文提到的华为哈勃创投的案例也可归为该类基金。与战略投资不同，这种基金的资金来源不完全来自集团内部，将资金投向自身所在赛道的优质公司，基金的最终诉求是谋求投资收益。

2022 年的一季度，资本市场上曾经流传了监管机构对小米产业链的企业进行从严审查，而后有了官方的辟谣。这条新闻之所以造成比较大的影响，是由于其对于小米产业链作了一定的分析，认为产业链之间的关联交易可能引来了监管机构的不喜。我们在这里提到这个新闻，是向企业家朋友们作出提示，企业在运营过程中，一定要秉持独立自主的运营模式，才能够走得更远。当然，这个案例本身，也是提到了这类型产业投资基金在提供订单和引流方面具有突出优势。

（五）如何寻找合适的投资机构

1. 选择投资机构的一些建议

选择投资机构没有一定之规，选择适合自己的最为重要。创业公司需要根据自己商业模式和发展阶段选择适合的投资机构，没有一定之规。对于一些市场容量较小、资本认可度较低的公司，战略投资者可能更好，但有可能面临站队的选择。对于很多 A 轮、B 轮的创业公司，战略投资者能够带来的管理能力、技术、资源甚至直接的订单可能是更为重要的，在早期投资中，由战略投资者领投，财务投资者跟投，或许较为理想。到达 C 轮或 Pre-IPO 轮时，企业需要考虑的因素会更加复杂，包括前期投资者的构成、未来二级市场的认可度、上市节奏等。对于某些商业模式的公司，要着重考虑"国家队"基金，例如 To G 公司，或者涉及大数据、信息安全或能源网络等敏感业务的企业。

2. 新三板羊毛党的故事

我国的资本市场发展速度很快，但在制度建设过程中不免出现更新不够及时的情况，而有些市场参与主体则喜欢利用监管政策的漏洞从事损害企业利益的行为，这与一些恶意抢注商标的行为有着类似的逐利动机。

国内资本市场曾有一度不允许存在"三类股东"情况的企业 IPO 上市，其初衷在于保证企业上市之前的股权稳定性。"三类股东"指契约型私募基金、资产管理计划和信托计划，而由于此三个类型的股东均属于代替实际出资人管理资产的角色，其背后的真实股东身份核查难度很高。第一，由于"三类股东"都不存在专门的法律实体，而是属于基于委托－受托的信托关系，如果用 IPO 的语言来说，这属于典型的代持行为，在上市前是需要清理的；第二，由于"三类股东"都不需要去工商注册，而仅仅是依靠协议约定，委托人也可以很顺畅地随时转让自己持有的份额，而对于 IPO 过程中对于最终持股人的"固化"需求显然无法满足；第三，由于"三类股东"的税收约定各异，最终的份额持有人会否因为税收问题被处罚无从核查，也会导致拟上市公司股权的稳定性存疑。而正是由于这些不确定性，监管层为了保障企业上市之后不至于伤害到广大的中小股东，因而"一刀切"的要求包含"三类股东"的拟上市公司在申报前必须清理完成。

对于从来没有进行过资本运作的公司而言，这个要求很容易达到，因为"三类股东”都属于投资产品，其投资标的中极少包含非上市公司的股权，但是自2014年以来，我国大力推广新三板，而在新三板的交易环节吸引了为数众多的“三类股东”参与其中，而当不允许包含“三类股东”的企业申请上市的规定一出来，套利者出现了。

该类型的套利者首先判断哪些新三板公司是具备IPO预期的，而后从二级市场买入新三板公司的股票，持有一段时间后，就会通过各种渠道联系到新三板公司的实际控制人，要求他们以比较高的价格对套利者手中的股票进行回购，如实际控制人拒绝，则该部分股票将被转让给“三类股东”。当新三板公司的确准备进行IPO时，这种类型的“谈判”会让企业措手不及，而更为让新三板公司抓狂的是，所有的监管政策都是站在套利者一侧的，即便起诉也无从举证。

值得庆幸的是，这种套利空间很快就被监管机构发现并进行更正，目前的监管政策里，对于不属于控股股东和实际控制人的“三类股东”的容忍度较高，只要按照相关核查指引核查即可。

希望看到这里的读者朋友能够在做融资前多做功课，有些市场中常见的风险是可以通过线上阅读或线下交流的方式提前规避的，节省的不只是金钱，还有更宝贵的时间。

（六）选择投资机构时的常见误区

1. 战略入资 =“卖身”

如果战略投资者股本占比较小，且不限制公司发展，对创业者来说，可以优先考虑战略资本。

在本部分中，我们反复提到“谁是谁的战略”，对于尚不具备体量的创业期公司而言，能够有战略投资者入股，达到“背靠大树好乘凉”的状态也不失为一种选择，“卖身”与否仍要看被投资企业自身是否具备真正的核心价值。

2. 背靠战略（产业）资本一定能得到资源

战略（产业）投资者，尤其是本行业的头部企业，可能会在行业内多点布局，优质的资源只会给到“头部”公司，对一般的被投公司不会给予太多关注。

例如前文提到的盲盒公司，如果该投资机构是“赛道型”的，那么它选择全面撒网的方式投资了整个赛道的前二十名企业，那么除非企业自身突然出现了业绩呈指数上涨的情况，否则很难得到认可。同时，这类投资机构本身也未见得有更多的产业资源能够给到被投资企业。

3. 资本寒冬，赚钱第一

资本寒冬确实让创业者感到压力，但在融资时需慎重考虑，不合适的投资人甚至会断送企业。

我们日常工作中，对于企业分为“To B”（做商业客户的生意）、“To C”（做个人客户的生意）或“To G”（做政府部门的生意），甚至有“To VC”（套取投资人资金）的企业，无论哪种模式，自己能够赚钱始终是首要任务，希望读者朋友不要因为市场上的资本造富神话而忘记了创业的初衷。

笔者在十年前，曾经参与了一家名为“惠爱车”的融资项目，最终该公司选择了一位在当地经商的个人投资者。从业务模式上，基本上可以类比当下比较知名的途虎养车，全产业链的打通也已经早早完成，但正当该公司的业务拓展顺利的时候，个人投资者因资金链出现问题要求撤资，双方经历了旷日持久的斗争之后，公司最终以关张了结，创始人就此消沉未再创业，颇为可惜。

4. 过于看重估值

企业的估值越高，短期对公司越有利。但在以上市为前提时，估值循序渐进的提高对企业更为有利，一旦企业在某轮估值过高，由于后期估值难以降低，容易造成无钱可融的困境。

另一种更为常见的情况是，在激进的市场大环境下，加之 FA 和媒体的推波助澜，投资机构的每一轮出资价格都在呈指数型增长。以滴滴出行为例，其在 2012 成立之后，历经了 17 轮融资，在 F 轮之后的 9 次融资都被称之为战略投资，到滴滴出行上市之前的融资发生在 2017 年 12 月，融资规模超过 40 亿美元，估值也达到了超过 500 亿美元，而在其上市之后，股价就进入了下降通道，截至 2022 年 3 月 14 日，滴滴出行的总市值已经降至 84.89 亿，这个市值水平甚至低于 E 轮的估值水平。

我们知道，在股权的一级市场和二级市场大家追逐的都是未来的预期，而当泡沫没有破裂的时候，所有人都在赚钱，所有人都认为当下的估值水平是理所应当的，但当我们走到了一个周期的尾部时，过于看重估值可能带来的就是“腰斩”或者“膝盖斩”级别的亏损。

四、管理型基金与项目型基金

（一）管理型基金

管理型基金又被称为盲池基金，即这个基金在设立之后可以投资若干个企业，如果资金充裕，投资几十家乃至上百家企业也是可以的。这种类型的基金不需要为了某个具体的项目单独募资，投资协议一般是制式条款比较多，与被投资企业谈判时的弹性也就相对较低。本部分我们通过对爱尔眼科和海翔药业设立的盲池基金进行分析，向大家介绍该类型基金的发展变化。

1. 并购基金模式成就爱尔眼科神话

爱尔眼科医院集团股份有限公司（股票代码：300015，股票简称：爱尔眼科）于 2003 年 1 月在湖南成立，自公司成立以来就积极参与公立医院的眼科医疗，在获取业务的同时也积累了管理经验与外部资源。随着 2001 年以来国内医疗市场的开放，爱尔眼科的业务逐年增长，并于 2009 年成功登陆创业板。爱尔眼科是国内首家通过 IPO 上市的医疗机构，其旗下拥有 100 家连锁眼科医院，为目前国内规模最大的眼科医疗机构，也是中国目前矫治近视人群最多的眼科医院。

2014 年 3 月，爱尔眼科发布了《关于与深圳前海东方创业金融有限公司共同设立并购基金进行产业整合的公告》，公司拟出资 2000 万元与外部投资机构设立产业并购基金，用来对目标产业进行投资。该并购基金的成立正式开启了“爱尔眼科模式”，同年的 12 月，爱尔眼科发布了《关于与达孜县中钰健康创业投资基金共同设立并购投资基金进行产业整合的公告》，公司将从企业内部出资 9800 万与中钰创投设立湖南中钰爱尔眼科医疗产业并购投资基金，并以此为平台对标的企业进行投资。当爱尔眼科在历次参与设立产业基金获得预期回报后，又分别于 2015 年和 2016 年又相继设立了“华泰瑞联二期产业并购基金”、“南京爱尔安心眼科医疗产业中心”及“湖南亮视银眼科医疗合伙企业”等多家并购基金，在各只基金中，爱尔眼科以 LP 的身份出现，其参与设立产业并购基金的总出资额度超过 14 亿元，但撬动的产业基金总规模达到了 90 亿元，且其与之合作的投资机构都具备丰富的投资经验以及雄厚的资金实力。

在爱尔眼科进入投资领域的两年后，爱尔眼科开始对其参与基金所投资的企业展开并购操作。2016 年 12，爱尔眼科发布公告，公司将出资 5.8 亿元对其参与投资的9家标的公司进行收购。这9家标的公司的共同特点是，在爱尔眼科参与的并购基金投资后，主营业务均取得了一定程度的增长，而被爱尔眼科并购入上市公司的时刻，这些标的公司的收入和利润情况仍只是处于趋势增长阶段，还没有到达质变的业绩爆发期。因此，爱尔眼科在使用上市公司平台收购标的公司的过程中，因收购溢价的存在，其在资本层面获得了投资收益，而又由于其对于标的公司的理解程度较深，因而未来这些公司也能够增厚上市公司的业绩，因而对于爱尔眼科而言，这种操作模式带来的收益达到了最大化。

总体来说，产业并购基金模式完善了爱尔眼科的产业链结构，给上市公司层面不断注入新的活力，同时这种模式可以在上市公司不需要考虑并表压力的前提下，大量并购和扶持潜在的优质标的，使得爱尔眼科得以设定更加宏远的战略目标。同时，由于爱尔眼科选择与外部的大型投资机构合作，培育优质标的公司后使用上市公司平台收购的模式使得上市公司与投资机构达到了双赢的效果，此种“正反馈”也使得爱尔眼科的模式得以不断的自我复制。

最近3年，爱尔眼科的模式仍在继续，其并购的医疗机构数量超过百家，但也正是因为其所使用模式带来的快速增长，给上市公司的管理方面也增加了比较大的压力，上市公司的市值也会受到一些负面信息的影响，毕竟如今的爱尔眼科的总市值已经在2000亿左右。

爱尔眼科模式在欧美国家属于成熟模式，其在国内的大获成功，也大大增强了其他上市公司的信心，包括乐普医疗在内的一些上市公司也通过设立产业投资基金的方式获得了收益，但由于国内资本市场的发展速度过快，有些上市公司通过该模式盲目扩张规模，尤其在资金层面大量引入了银行的理财资金，而当该模式之下的后期管理无法跟上的时候，就会造成投资机构的亏损，而这种不良影响一旦爆发，对整个市场的影响是相当大的。因此，在2017年底至2018年初，“一行三会”密集发文，监管层开始从多个维度对于金融机构的资产管理业务进行限制，其中尤以央行等发布的《关于规范金融机构资产管理业务的指导意见》影响最大。该文件发布之后，作为产业基金重要资金来源的银行理财资金逐步退出，也导致了爱尔眼科模式迅速降温，截至目前，这种并购基金模式在市场上已经难觅踪影。

2. 国信海翔

正是由于资管新规出台之后，上市公司参与的并购基金无法使用理财资金，也无法通过设立夹层的方式获得某些债权类资金，因而目前国内上市公司参与的管理型基金往往是以上市公司作为最大的 LP，这一点就与爱尔眼科的模式有了比较大的差别。我们这里讲到的国信海翔基金即为以上市公司海翔药业为单一 LP 的基金产品。

该只基金的全名为“北京国信海翔股权投资合伙企业（有限合伙）”，基金管理人是北京国信中数投资管理有限公司，基金的出资人是上市公司海翔药业。海翔药业是一家业务涵盖医药、染料全产业链的综合性医化企业。医药板块业务涉及特色原料药及医药中间体、仿制药的研发和商业化生产销售，并为全球知名制药企业提供定制研发及生产服务（CMO/CDMO）。染料板块业务涉及染颜料中间体及环保型活性染料的研发、生产及销售。基金设立于 2020 年 7 月，基金围绕医药大健康产业，以产品创新、技术创新、模式创新等方式推动医药产业和数字经济产业融合，促进大数据、人工智能等技术在医药行业的应用，构建数据化、智能化的医药产业新生态。未来重点投资在创新诊疗技术、精准医疗、数字医疗及服务、创新药、生物制药、高端制剂和医疗器械等方面具备产业领先技术和独特市场优势的创新创业型企业。基金设立以来，投资了中科启源、诺未科技、渔歌医疗、格瑞特森等企业。

中科启源全称“中科启源（深圳）生物科技有限公司”，致力于中国人群相关免疫细胞治疗技术的研发，利用专有的 TCR 筛选平台，以期建立全新的肝细胞癌和乙肝临床治疗方案，并着手研发布局其他实体瘤突破性靶点。

诺未科技全称“诺未科技（北京）有限公司”，致力于生物技术的研发及产业转化，专业涵盖干细胞与再生医学、免疫学、生物信息学、细胞生物学等领域，核心产品依托中国医学科学院专利技术和清华大学科研成果转化，聚焦抗肿瘤 DNA 疫苗新药研发。

渔歌医疗全称“大连医谷科技有限公司”，致力于医疗卫生领域的互联网实践，通过云计算、大数据、物联网、移动互联网等技术，致力于打造核心产品渔歌医疗 PC 端及移动端，探索分级诊疗、医联体、医共体、远程医疗、云医院、互联网医院、互联网诊疗、医院信息系统、家庭医生签约、智慧公共卫生、医学培训、临床试验患者招募等智慧医疗健康服务新模式，提供“互联网 + 医疗健康”技术支持与解决方案，服务众多患者。

格瑞特森全称“北京格瑞特森生物医药科技有限公司”，致力于发挥靶向制剂和生物技术优势，研究与开发新型高端药物制剂和基因重组生物技术药物等创新产品。

该只基金是单独的LP，被投资企业与上市公司的行业有一定的相关性，涵盖在上市公司上下游产业链之内，未来如能独立上市或退出，将给上市公司带来可观回报。

（二）项目型基金

项目型基金也被称为专项基金，与盲池基金相对应，该类型的基金是为了某个被投资企业专门设立的基金。由于被投资企业只有一家，因而投融资双方可以就投资条款进行多轮的谈判，最后生成一份定制化的投资协议，双方谈判过程中的弹性较大。而正是因为专项基金仅有一个投资标的，因而基金管理人对于被投资企业的支持可能会更高。

2020年12月国家信息中心下属投资机构国信中数组建济南中数数科股权投资合伙企业（有限合伙），投资于杭州全拓科技有限公司（以下简称“全拓科技”）。全拓科技的主营业务为大数据精准营销，公司基于SAAS平台进行数据可视化建模，为客户提供基于大数据的精准营销服务。

五、投资机构的决策流程

本部分对投资机构普遍适用的内部决策机制和决策流程作简要介绍，以期能够帮助到企业家朋友建立与投资机构类似的语言体系。具体来说，可以让企业负责人在未来的融资活动中，可以更加准确地判断出本公司的融资项目在投资机构内部大概处于什么样的阶段，做到心中有数。

（一）一般决策流程

1. 潜在项目挖掘与研判

该阶段主要是查看企业的商业计划书及初步访谈，判断企业是否符合投资机构的投资方向。

商业计划书就是我们平时经常讲到的BP（Business Plan），一份好的商业计划书是企业融资过程中的必备品，而相匹配的，还需要一位能够将公司的商业计划书讲得引人入胜的人才。

前文有提到如何寻找投资机构，也有提到投资机构也在寻找潜在的项目，商业计划书就是二者之间的桥梁，几乎所有的成交案都是从一份 BP 开始的。这里引入一个常识性的概念，企业和投资机构在任何时候都是多对多的关系，无论大背景是“资产荒”还是“资金荒”，每天企业会听说无数的投资成功案例，投资机构会收到数量庞大的 BP，与哪个企业进行下一步的交流，除了取决于介绍人的口才，还取决于 BP 是不是能够让人眼前一亮。对于制作 BP 的具体建议，我们将在最后一小节专题向大家予以介绍，请参见“九、如何与投资机构沟通”之“（二）怎么做 BP”。

阅读 BP 的工作与人力资源部看简历、大学老师阅卷是一个道理，投资经理会在几秒钟之内就作出是否要继续阅读这个 BP 的决定，因此说，如果 BP 发过去之后，投资机构并没有很快地与企业建立联系，约时间做一次网上的初步路演，那么最有可能的情况是，这份 BP 没有过关。

如果 BP 本身质量不错或者推荐人的力度足够，那么投融资双方将很快地会通过视频会议的方式进行一次初步的路演。这一次路演的重要性不必多说，将直接决定投资机构是否会约现场尽调等后期工作。

在初次路演时，最适合的演讲人只有一位，即公司的 CEO。即便公司的某位分管融资的副总能力非常强，也不如 CEO 在开场时讲几句话来的效果更好。这一点首先是心理层面使投资机构得到尊重，即便投资机构参与者的级别不高，但在投资这一个单项业务里，资方就是甲方，一笔千万级或亿级的业务一定是值得 CEO 抽时间参加的。

公司 CEO 在向投资机构路演时，按照商业计划书的逻辑逐次介绍即可，中间带有个人风格的表达方式可以随意发挥，但务必请注意控制时间，不要让听众产生不耐烦的情绪。投资经理在初步路演时除了听 CEO 讲公司的创业故事外，同时也在观察 CEO 的个人风格，是否值得去认识。

2. 收集并整理项目资料

该阶段主要是收集企业的一般性资料（包括工商文件、审计报告、合同清单、财务预测等）以及对企业所处行业市场规模的分析。

经过了第一个阶段的路演，投融资双方度过了最难的“破冰”阶段，而后投资机构会开始正式对融资企业进行研究，主要包括两个方面的工作：其一是通过案头研究，对融资企业所在行业的基本情况进行研判，并初步判断融资企业在该赛道中的位置；其二是请融资企业提供部分基础材料和数据。

前文曾经提及，投资机构一般人力资源有限，因而初步收集资料的时间主要取决于负责该项目的投资经理的工作饱和程度。如果融资企业在募资前已经有提供辅导服务的证券公司、会计师事务所和律师事务所的话，那么请在这个阶段向投资机构提供简版的尽职调查报告，以节省您对接的投资经理的时间，进而可以有效促进融资企业项目在投资机构内部的进展。当然，严格的保密协议是必定要在该阶段之前签署的。

3. 投资研判与立项

在 1、2 的基础上，投资机构通常会进行内部的立项会议，由立项审核委员会通过后予以立项，而一般投资意向书（即 Term Sheet，简称 TS）在立项后方可出具。

在投资机构内部，立项是一个里程碑事件。立项成功意味着投资机构已经愿意为这个潜在的融资项目投入部分资源，同时，立项成功往往也意味着投资机构可以给融资企业出具一般投资意向书。当然，某些已具规模的投资机构会将出具一般投资意向书的环节后置。本小节的第二部分，我们会对一般投资意向书的条款进行简要介绍。

Term Sheet 的概念同样是舶来品，部分国内的融资企业认识到 Term Sheet 的重要程度后，往往会作出反向营销的动作，即通过某些小投资机构的 Term Sheet 逐步撬动大型投资机构，等到撬动了头部的投资机构后，再继续反向向小投资机构营销，以获取更高的估值，以这种方式进行融资的企业并不罕见，属于走上“To VC”的业务模式了。

立项委员会投票通过后，投资机构将会与融资企业进行下一步的交流，并约定具体的现场尽职调查的工作安排。

4. 尽职调查及业务谈判

尽职调查包括财务尽调、法律尽调及商业尽调，前两者由会计师事务所和律师事务所完成，商业尽调由投资机构完成，包括颗粒度更细的资料提供，管理层访谈、员工访谈、供应商访谈及客户访谈等。

现场的尽职调查阶段是投资机构深入了解融资企业的必要手段，同时，融资企业有必要了解尽职调查本身代表的一个重要信号。一般来说，投资机构开展尽职调查是需要提前自付成本的，无论这部分成本将来由谁买单。对于某些复杂的融资项目，投资机构前期投入的尽调成本可能比较高，笔者曾参与过超过百万元人民币的尽调活动。我们从最客观的角度来分析，如果投资机构前期愿意投入如此巨大的资金成本，那么至少说明该投资机构对于融资项目的投资意愿是非常强烈的，毕竟，投资机构存在的意义就是赚钱。

注册制推行之后，国内 IPO 的标准其实是越来越高的，融资企业上市的难度变大，而随着冲击 IPO 的企业数量变多，目前 IPO 排队的时间与核准制时代差距并不是特别大，因而对于投资机构而言，在尽职调查阶段除了要围绕着融资企业业务的真实性、成长性进行研判外，还需要对其上市的预期作出相对准确的判断。因此，在尽职调查阶段，融资企业需要认真对待，积极地与自己的供应商、客户进行提前交流，保证投资机构的尽职调查不受阻碍，同时也要保证自己的业务合法合规，避免给投资机构留下负面印象。当投资机构完成尽职调查工作后，会形成正式的尽职调查报告，该报告是后续投资决策环节的重要文件。

投资经理在尽职调查过程中除了判断融资企业的成长性以及合规性外，也会与融资企业的负责人进行多轮投资条款的谈判，包括投资金额、估值条款、对赌条款等内容。当然，在这个阶段投融资双方达成的仍属于初步方案，该方案只有经过投资机构的投资决策委员会之后方能落地执行。

5. 投资决策

如前所述，基于 1—4 的工作成果，项目组将出具尽调报告及投资方案，包括投资金额，估值、回购条款及对赌条款等，报请投资决策委员会审议。

不同的投资机构的投资决策委员会构成会有所不同，基本上都是以绝对多数通过为准。在这个阶段，投资经理将投资方案向投委会汇报，并逐条回复投委会委员的问询。如果最终获得的是有条件通过，那么投资经理将会返回到上一阶段，对融资企业进行补充尽职调查或对与融资企业负责人针对投资条款进行重新协商。

在这里需要指出的是，项目型基金在投资机构的投资决策之外，还需有限合伙人的内部流程通过；管理型基金通常只需进行基金层面的投资决策，但基金的投资决策委员会成员中可能包含基金主要出资人的代表，而主要出资人的代表投票前也可能需要出资人内部的流程前置。

6. 协议签署及投资交割

投资决策通过后，投融资双方将择时进行协议签署和投资交割。对于企业家朋友来说，该环节最重要的是融资企业自己需要有专业的律师团队帮助把关。

（二）Term Sheet 的条款解读

Term Sheet 是境外投资机构在长期的投资实践中整理总结出来的关键文件，目前国内使用的版本都主要源自各类的翻译版本，即便对于专业的投资机构人士，也会对其中的部分条款存在理解不一致的情况，伴随着国内投资机构的自我完善，Term Sheet 也逐渐产生了一些本土化的改造。本小结中，我们对 Term Sheet 中普遍涉及的一些条款进行解读，帮助融资企业理解某些专有名词背后的意思表示。（表 2–7）

表 2–7 Term Sheet 中普遍涉及条款的解读

序号	条款	释义	解读
1	投资方式	认购目标公司新增的注册资本，其他股东放弃同等条件下的优先购买权	
2	投资金额和股本结构	确认估值口径是投前估值或投后估值，确定投资后的持股比例	①
3	业务合作约定	投资机构和融资企业对具体业务合作的约定	
4	资金用途	一般会规定仅能用于主营业务，不能用于解决债务等	
5	董事会	投资机构对于董事会席位的诉求	②
6	陈述和保证	融资企业与创始人应作出承诺：保证股本清晰，股权无质押；公司具备从事相关业务的资质、无其他不利诉讼、财务真实、无重大关联交易、重大合规问题等	
7	交割条件	一般约定在满足既定条件后才能交割，如尽调结果符合要求、企业董事会或股东会批准等	
8	创始人股权转让限制	除非投资者同意，否则创始人不能在融资企业上市前转让股权	③

续表

序号	条款	释义	解读
9	创始人 / 关键员工不竞争承诺	创始人和关键员工离职 2 年内不能去竞争对手公司任职	
10	优先分红权	接受投资后，融资企业不能分红，且投资者拥有优先分红权	④
11	清算优先权	如果出现破产，当轮的投资者优先清偿，例如按照投资额 ×（1+X%）计算方式有限分配给本轮投资者	
12	赎回权	如果上市不成功或者创始人出现严重违约，则企业需要按约定收益率赎回投资人股份	
13	防止稀释权	如果后轮估值小于本轮，会对股权产生稀释，投资者将按照加权平均法 / 棘轮法获得被稀释的补偿	⑤
14	信息权	投资者要求融资企业定期及不定期向投资者披露财务报表等信息	
15	优先认购权	企业未来融资时，投资者享有同等条件下优先认购的权利	
16	优先受让权	企业创始人转让股份时，投资者有优先受让权	
17	共售权	创始人出售股份时，投资者有权利按比例共同出售股份	
18	领售权	如果有第三方愿意以本轮投后估值一定倍数以上的价格收购企业，如果本投资者同意，则全股东其他股东必须同意	
19	合格 IPO	规定一定估值以上的 IPO 才算合格 IPO	⑥
20	保护性条款	规定未经投资者许可的情况下，企业股东会权责的受限情况	⑦
21	新闻发布限制、保密及排他性	TS 签订后的一定时间内，不能与其他投资者、FA 洽谈对接融资	⑧
22	投资人优惠条款	如果后轮融资的投资者有优惠条款，那本轮的投资者也享有相同的待遇	

续表

序号	条款	释义	解读
23	境外权益	搭建红筹架构时，投资者有权获得企业在境外的融资主体的优先股股份，占股比例不低于投资者的持股比例，搭建红筹架构所产生的税费，由企业承担	
24	费用	如果尽调结果与创始人提供的信息有重大不利差异，或者创始人主观随意性导致不能交割的，费用由企业承担	

（1）投前估值和投后估值是投融资活动中的常见概念，在境外实务中一般使用投后估值，除了使用简单外，也综合考虑了本次投资会给企业带来的潜在增值。但部分国内的融资企业往往习惯使用投前估值，可能是由于对融资企业而言，投资能否带来增量价值存在较大不确定性。

投前估值 = 投资人进入前，企业自身或者投资机构给予企业的投资价值评估

投后估值 = 投前估值 + 投资额（不含老股转让）

（2）在比对介绍财务投资者与战略投资者时，曾提及不同投资机构对于董事会席位的诉求也不尽相同，而对于一个投资机构而言，如董事会席位不可得时，退而求其次的监事会席位一般也是可以接受的。而从融资企业的角度，希望企业家朋友能够继续注意的是，记得请投资机构派驻的董事或监事不要有过多的兼职。

（3）投资者对于创始人或创始团队在股权转让上的限制也比较常见，在本部分的介绍中，我们接触到了“To VC”的业务模式，这种限制是投资者为了保证自身投资的安全性而作出的要求。从企业家自身的角度来说，能够把企业从小成走向大成的路一定是艰苦卓绝的，笔者见到的成功企业家的生活水平大多数跟他的财富不成正比，而从投融资业务本身来讲，笔者也是赞同这类约束条件的。当然，如创始人或创始团队在创业初期负债投入的话，也是可以通过与投资机构坦诚沟通的方式予以解决。

（4）投资机构的资金应当用于融资企业的主营业务方向，在对资金使用的情况监督方面，投资机构没有办法像证监会或交易所等监管机构一样做到全面审查，但在大方向上还是会对融资企业作出要求的，例如融资企业不能使用所募集的资金用于分红。如因各种复杂因素叠加，导致融资企业在下一轮融资或

IPO 前决定需要分红，则需要经过股东会审议后进行，且投资机构拥有按照某固定比例优先取得分红的权利。

（5）反稀释条款属于常设条款，由于投资机构极少会通过持股 1/3 以上而获得法定的一票否决权，因而在应对被动稀释方面只能通过约定反稀释条款的方式达成。“反稀释”，并不是说投资人持有的股权比例不能因为后轮投资出现而被等比例稀释，其核心诉求在于前轮投资人要防止被投企业以低于本轮投资的价格开展后续融资，进而导致后轮投资人用更便宜的价格获得了被投资企业的股权。“反稀释条款”，是本轮投资人为了防止“投贵了”，而在融资协议中预先设定的锁价和追溯调整的权利。

①棘轮法

如果公司对外融资的发行价格低于本轮投资人（反稀释权人）获得本轮股权对应的单位股权价格，则反稀释权人有权将本轮增资的认购价格变更为上述较低价格，并按此较低价格重新计算反稀释权人在本次增资中应当获得的股权，调整反稀释权人所持公司的股权数量。

调整后，反稀释权人在公司的持股数量 = 反稀释调整前的持股数量 × 本次增资价格 / 较低增资价格。

在普通反稀释的条件下，反稀释权人按照本轮投资支付的全部对价除以后轮融资较低价格，计算可得股权数量，进行全部追溯调整。

例如，公司 E 投后估值 10 亿（A 轮），共 1 亿股，每股 10 元，投资机构于 A 轮投资 5000 万元，投资成本 10 元 / 股，占公司 5% 股份；公司 E 随后进行 B 轮融资，B 轮投后估值不升反降，为 5 亿元，合每股 5 元，则投资机构所持股份投资价格同样调整为 5 元 / 股，调整后占公司 10% 股份。

②加权平均法

如果公司对外融资的发行价格（即“后轮融资”）低于本轮投资人（反稀释人）获得本轮股权对应的单位股权价格，则反稀释权人有权将本轮增资的认购价格加权平均变更为上述较低价格，并按此较低价格重新计算反稀释权人在本次增资中应当获得的股权，调整反稀释权人所持公司股权数量。

反稀释权人的调整后投资价格 P=（本轮融资支付的投资对价 + 截至后轮融资获得的新增投资的累计对价）/ 截至后轮融资完成后完全摊薄的注册资本。

在同样的案例中，如公司 E 在 B 轮融资中融资 3000 万元，在每股 5 元时需增发 600 万股，加权平均法下 P=（5000 万元 +3000 万元）/（500 万股 +600 万股）=7.27 元 / 股，调整后占公司 6.49% 股份。

（6）投资机构的主要退出渠道仍然是以 IPO 为主，但由于不同的板块流动性差异较大，因而提出了“合格 IPO”的概念。举例来说，投融资双方可以约定估值 20 亿元以上的估值才能称为合格 IPO，也可以约定在具体的几个板块上市才能称为合格 IPO。从约定的逻辑上来说，这一点更多是对融资企业的约束。另外，企业挂牌新三板，是不会被称为合格 IPO 的，而登陆北交所，则可以作为合格 IPO 的一项指标，究其根本，还是与企业成为公众公司后其股票的流动性相关。

（7）企业接受投资后，会受到对赌条款的约束，同时也会额外签署一些文件对企业原本合法拥有的权利进行限制，例如可通过设定保护性条款，约束企业作出诸如修改章程、更改经营范围、进行后续的债权及股权融资的行为等。保护性条款也可以规定未经投资机构的董事批准，融资企业董事会不能对某些事项进行批复，如总经理任命、预算外的 100 万以上采购、预算外的 100 万以上借款等，相当于给了投资者在董事会层面的一票否决权。

（8）当投资者的投资意愿比较强且投资者在谈判中更具优势时，或者该投资者作为领投机构时，一般会约定排他性条款，旨在排除干扰项目投资的不确定因素。在这里需要提示企业家朋友的是，如果有 FA 机构提出与融资企业签署独家协议，请务必提前确认该 FA 机构的实力是否对等，能够确保融资的顺利到位。

六、投资机构的关注点

所谓知彼知己，百战不殆。如果用 KPI 考核的思路来看待融资，只有资金落袋了，才能说本轮的融资活动顺利完成，在此之前的任一环节都可能会出现差错，因而，企业在融资过程中，必须要对投资机构的关注点有一定的了解，这样在沟通阶段才能够更加顺畅和高效。

（一）行业情况

在当今的投资领域，首先要关注的就是行业、赛道，对公司层面的分析做得再好，如果宏观层面发生变化，那对于行业里的所有企业都将是灭顶之灾，尤其在现在，灰犀牛遍地走，黑天鹅几乎成了家禽，曾经可以作为一辈子事业的教育培训板块在2021年迅速落幕，地产板块的风光也随着恒大集团等头部企业的衰落而黯淡下来。对于投资机构而言，选择有前景的行业已成为重中之重。

在投资领域里曾经对如何选取投资标的有过争论，“投资时，应当选取大市场里的小企业，还是小市场里的大企业？”在今天，这个问题的答案已经十分清晰了，无论是一级市场的投资机构还是二级市场的参与者都更加愿意在成长性好、行业天花板更高的行业企业身上“下注”。

从宏观上讲，国家制定宏观政策时会更注重对大市场的影响；从中观角度看，大市场意味着能够容纳更多的企业；从微观角度来说，大市场也意味着行业里的企业可以有更长远的规划以及更多的可能性。

进行融资的企业家朋友由于对自己的企业定位十分清晰，不参与超出企业能力范围的业务，这样做的好处十分显著，可以使企业迅速集聚优势资源，在某一细分赛道站稳脚跟。而这种方式也常会带来一种误区，即已经看不到竞争对手了，与投资机构交流时，会过多地把精力放在说服投资机构自己有多特殊，自己跟别人如何不一样。在这里，希望读者朋友能够仔细揣摩一句话，即“共性是源于个性的”，在这个世界上，没有两片相同的叶子，讲特殊性是非常容易的，而抽象出来共性，而后再在这个共性的基础上讲出自己如何不同，所谓通过螺旋式上升的认知方式把自己的企业介绍清楚。

以笔者实际参与过融资的某医疗器材企业为例，初次见面时，该企业的CEO向笔者如是介绍：“公司的主要产品是医院手术室常用的高值耗材，技术国际先进+国内领先，市场占有率目前在全国排名前三，但预计三年后市占率将达到30%，也将成为细分赛道的真正龙头。”笔者当时问的第一个问题是这个行业规模有多大，得到的答复是100亿元人民币，也就是说，这家企业将在三年后就达到了行业的天花板，且收入规模仅为30亿元人民币。经过几轮的交流，投融资双方才逐步聊到了这个产品在欧美属于成熟产品，在中东和非洲等新兴市场也有巨大的需求量，公司虽然产品性价比很高，但目前的攻略中心仍在国内，并没有组建对接海外资源的销售团队。写到这里，我们就能理解到这家企业陷入了“国内最大”的幻觉之中，企业CEO向投资机构介绍自己在国内地位的本意是，这个赛道各个投资机构已经找不到更好的投资标的了，但他的表述给投资机构的感受却是不积极的。

在网络上曾经有人问行业专家“中小市值的民营上市公司的出路在哪里”，得到的专家答复是“我认为没有出路”。专家虽然也只是一家之言，但可以反向思考，如果企业不能持续增长，则无法获得投资者的持续关注，进而市值无法维持。归根结底，市值小往往还是因为增长性不够，因此没有出路。

（二）公司管理层的构成

企业家朋友在做融资时，遇到的投资机构应该都是“价值投资者”、“时间的朋友”以及“投不投资主要看团队”等理念的追随者。本小结与企业家朋友分享投资机构是如何判断团队的。

笔者曾经遇到一位很幽默的创业者，他自称连续创业者，还给自己的身份做了英文翻译“constant loser”，这与“屡败屡战”的故事有异曲同工之妙：一介书生李元度不懂得领兵作战，在曾国藩手下时总是吃败仗，曾国藩很生气，准备写奏折弹劾他，曾国藩在奏折上便用了“屡战屡败”一词。后来曾国藩的幕僚为李元度求情，把“屡战屡败”改为“屡败屡战”，李元度由此免罪。

这位创业者称自己是屡败屡战的时候，一定程度上也是在做自我的营销，是希望告诉潜在的投资机构，本创业者是有知难而上的勇气的。知难而上当然是一种珍贵的品质，但除了创业者自己以外，投资机构还需要从多个维度考察融资企业的管理团队的构成情况。

1.公司一把手的领导力

刘邦曾说：“夫运筹帷幄之中，决胜千里之外，吾不如子房；镇国家，抚百姓，给饷馈，不绝粮道，吾不如萧何；连百万之众，战必胜，攻必取，吾不如韩信。三者皆人杰，吾能用之，此吾所以取天下者也。”

美国学者库泽斯和波斯纳在《领导力》一书中提出卓越领导者吸引下属的五种行为：身体力行、共启愿景、挑战现状、使众人行、激励人心。

古今中外的经验和理论研究得到了极其类似的答案，因此说投资机构对于企业一把手的关注程度高也是有理论依据的。

企业的一把手需要向投资机构讲清楚自己的创业初心，而后用合适的方式表达出自己是如何打造出的团队，以及团队的稳定性和进步性。一般来说，一个成熟的团队往往经历了长时间的磨合才能具备强悍的战斗力，而时间是团队打磨的必备原材料之一。投资机构比较喜欢问的一个问题是，某位高管负责哪个业务板块，以及他是何时加入团队的。这里提及一个网络上可以常看到的词汇“五老”，指的是老同学、老同事、老朋友、老同行和老夫妻，能够团结“五老”，和“五老”一起经历创业路上大风大浪的企业家，领导力一般都是过得了关的。

如果正在阅读本书的企业家朋友环顾自己左右，发现还没有能够拿得出手的追随者，那么请先不要考虑资本运作层面的事情，先去寻找和培养您的团队。

2. 核心价值观深入人心的程度

在企业一把手带领下，业务持续呈上升态势，管理团队成员的凝聚力也快速提升，这些都是企业一把手领导力的体现，而公司核心价值观的打造，既是企业一把手认知的延伸，往往也是管理团队的成员们在日积月累的业务推进过程中潜移默化形成的一种共识。

能够让管理团队成员具备独当一面的能力已经十分难得，而再让这些成员能够由衷地认同公司的核心价值观，则是我们看到的已经成为了伟大的企业的共性特征。

笔者曾深度调研过一家企业，遇到的所有管理层和基层员工都对认为自己做的事情很有价值，这其实是很难得的，所谓人心齐才能泰山移，如果读者朋友向家人朋友询问是否热爱自己的工作，如果得到一个中性或负面的答案是比较正常的。而在这家公司，给人留下最深刻的印象是采购经理的一句话，“如果客户要买最好的，那他只能选择我们”。从投资的角度来看，企业的核心价值观做到如此深入人心的程度，那么有理由相信这家企业能够在其他方面也做得同样优秀，这些都是企业的潜力所在。

（三）关注公司财务

投资机构询问企业收入和利润时，指的是财务指标，而在询问企业上市可能性时，更多关注的是企业财务的规范性。财务问题是企业 IPO 和被并购都必须予以极大重视的事项，在本章节中，“极大”一词应当是首次出现，希望读者朋友中的企业一把手务必重视。一般来说，企业的一把手是业务出身和科研出身的都不少见，而财务出身的就凤毛麟角了，这也导致很多企业的负责人都认为财务部门是做辅助工作的，无非就是“记账”和“报税”而已，正是这种观念使得许多国内企业在做 IPO 的时候，需要重新规范三年的财务数据的原因，本小结中，对于公司财务的关注主要从 CFO 的能力和公司财务规范性两个方面做介绍。

1. CFO 的能力

CFO 的英文是 Chief Financial Officer，中文翻译为首席财务官或财务总监。在企业对外的窗口里，一把手叫 CEO，字母“E”后面紧跟着的就是“F”，从这个角度，我们可以看出 CFO 对于企业的重要程度。

CFO 不一定是财务出身的，但必须懂财务管理，而与此同时，CFO 也必须要懂业务。我们从另一个角度介绍 CFO 所需的能力，当企业到了 IPO 阶段，参与上市审核会议聆讯环节的往往是 CEO 和 CFO，会议上所提出的财务、业务和法律问题都需要两位公司高管进行现场答复，答题的重任往往就落在 CFO 身上了。读者朋友如果是企业的负责人的话，可以判断一下公司内是否有这样的合适人选。

对于投资机构而言，考察 CFO 的能力的方式多种多样，可以询问其过往的企业经历，也可以询问他对于融资企业自身存在的问题的看法，以及某些行业普遍存在的难题准备如何解决等，再提出“资金流水核查有没有做”“关联方都有哪些”等具体问题，从交流的细节中综合判断 CFO 的能力。

2. 财务规范性

企业的任何不规范的运作，最终都会体现在财务上，因而财务规范性往往是一个企业是否具备投资价值的关键。

作为投资机构，我们常常会遇到估值极高的“独角兽”企业，由于具备很强的科技属性，有些投资机构在没有进行细致核查的时候作出投资决策，唯恐错过投中下一个阿里巴巴的机会，但是更可能的场景是，在投资完成的五年后，投资机构的基金已经到期需要清算，而被投资的“独角兽”却仍没有达到 IPO 申报的条件，目前市场上已经出现越来越多的新机构入场接拟清算基金股权的案例了，而这些投资决策其实在故事的开始都可以进行修订。

从财务规范的角度而言，投资机构往往会借鉴会计师事务所的审计思路，从“销售与收款循环”、“采购与付款循环”以及“生产与存货循环”入手。通过翻看凭证以及业务合同的方式对企业进行调查，我们知道，把企业的财务做规范需要花费很大的力气，但从“挑毛病”的角度来看企业的财务信息，则很容易发现各式各样的问题。本书中我们有具体的财务板块向读者朋友介绍财务的规范性，本小节仅提示读者朋友要提前规划，未雨绸缪，不要在进入上市准备期时才认识到财务规范的重要性。

（四）公司业务开展情况

市场上认同率比较高的一种观点是，企业最大的社会责任就是赚钱，只有赚钱的企业才能够提供足够多的工作岗位，缴纳足够多的税费。那么，企业在融资过程中，是需要尽可能用简洁、有效的语言向投资机构迅速讲清楚自己是靠什么赚钱的。

赚钱的观点可能会受到一些自诩为硬科技企业的质疑，毕竟科创板不以利润指标作为上市的唯一标准，亏损企业也是能够上市的。在这里，我们引用一位企业家朋友的观点，“基础研究并不是企业应该去做的事情”。无论在数学、物理还是化学的大类上来看，能够直接实现商业变现的项目凤毛麟角，那么投入大量资源在一个商业企业中进行基础研究的话，大概率是会以失败告终的。华为公司每年投入巨额的资金作为研发费用，也是主要围绕其产业相关的领域进行研发的，并没有使用“故事先导，资金押注”的方式，综合来说，企业的研发应当以结果作为导向，真正的基础研发应当在科研院所中完成。

关注二级市场的读者朋友应能够理解上述观点的意义，现在国内科创板上市公司在 IPO 当日的破发风险已经越来越大，其原因之一就在于投资机构已经被蒙住双眼，投票不一定能表达其真实意思。

无论一个企业的技术多么领先、多么优秀，落地到商业价值层面，其实都是相通的，无非是回答“卖给谁，谁买单”“价格多少”“我是怎么把产品或服务卖出去的”“同质化产品替代是否容易”等最浅显的问题。现下的企业常会有个思维误区，特别担心把自己的商业模式讲清楚之后会被投资机构轻视，因而会把自己的主营业务作出层层包装，每一句话都是云里雾里让人不知所云。在这里，笔者的一家之言是，如果读者朋友遇到的投资经理是喜好“大言”的，那么尽量远离，否则多半会在某一天把企业带到“皇帝的新衣”的境地。

2022 年是元宇宙元年，自从扎克伯格将 Facebook 的名字改为 Meta 起，全世界的金融界和产业界的目光都齐刷刷地盯到这个新赛道了，许多企业也摇身一变，欲以元宇宙这个概念加紧融资，心中默念，总算赶上这波了，脑子中又浮现了当年的话，“站在风口上的猪也能飞起来”。而在这些融资企业接待了几波投资机构后，不免发现投资者的兴奋程度远远低于预期，来参观的多，听路演的多，愿意投资的总也碰不上。

在业务方面，融资企业务必跟投资机构讲清楚自己的商业逻辑，即靠什么赚钱的。如果这一点讲透彻了，进而再向投资机构介绍自己的竞争力在哪里，市场策略是什么，与同行业企业相比较，自己又有哪些优势。企业家给自己的企业做包装无可厚非，但也需要有一个坚实的内核。投资经理的工作任务之一，就是要把公司的业务模式向投资决策委员会讲清楚。如果公司预计自己的收入能够增长，那么请务必介绍清楚有哪些资源和能力的投入，有哪些契机的到来，使得公司得到了这么大的成长性。

（五）公司的股权架构

投资机构对拟投资企业的调查是全方位的，当在双方接触的第一步路演时，投资经理就会首先去到工商信息查询的 APP 上了解拟投资企业的股权架构，这个信息至少可以提供几个方面的信息：公司的顶层架构设计是否有人指点；是否已经有其他投资机构进入；目前的股权结构是否符合上市的基本要求；等等。

一般来说，通过丛林法则野蛮生长而来的企业，很少会在企业设立之初就花费人力物力去搭设架构，这一类的企业一般遵循“如无必要，勿增实体”的核心原则，节约至上和经营效益至上，而这些理念都会在公司的股权结构中有所体现；而过往的融资情况能够反映出其他投资机构对企业的判断。不同风格的投资机构入场，本身也是对企业情况的一种背书；股权结构是否与上市计划相符也是重要一环，Pre-IPO 的企业股权结构是重要考量指标。

读者朋友们知道，随着我国工商信息数字化的推进，企业全生命周期的信息都要随时录入工商系统，并已经逐步都成为了公开信息，接受全社会的共同监督，这种信息的“既定性”和“不可更改性”，都要求我们的企业在启动融资或 IPO 之前都已经进入合法合规经营阶段了。

我们以 2021 年 7 月创业板审核通过的国科恒泰（北京）医疗科技股份有限公司（简称国科恒泰）为例，国科恒泰成立于 2013 年 2 月，而其首次冲击 IPO 是在 2016 年 6 月，当时对标的是上交所的主板，而国科恒泰在成立仅 3 年便能够首次启动 IPO，正是由于其在创立之初便已经在最大程度上完善自身的各项指标，股权结构正是其中的核心条件之一。（图 2-1）

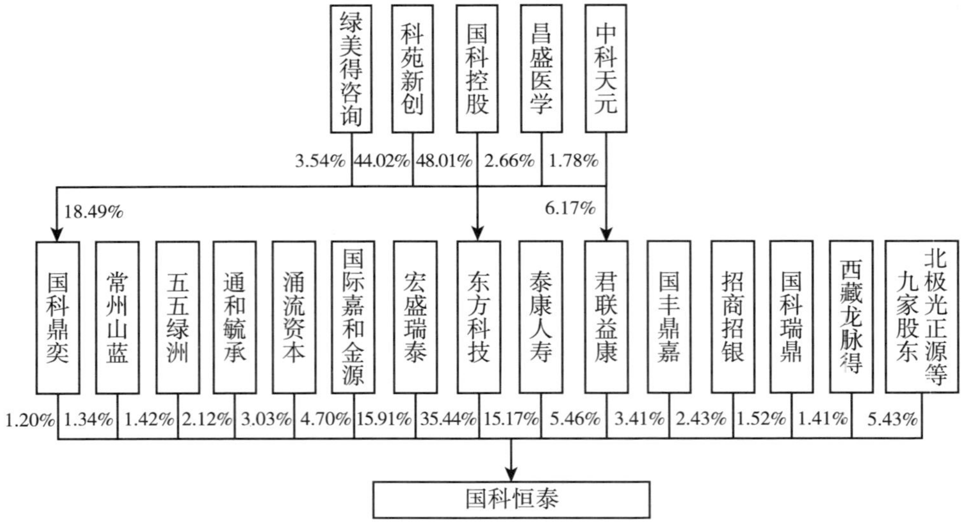

图 2-4　图科恒泰的股权结构

以上的股权架构根据国科恒泰公开披露的招股说明书整理，我们可以看到，国科恒泰的股东中全部为机构股东，员工持股平台更是搭建在了控股股东东方科技之上。

看到这里的读者朋友可以与自己公司的股权架构作一个对比，如果我们将国科恒泰的股权架构作为努力的方向，那么目前公司的股权架构就是起点，而这中间可能不是一次或两次的股权转让、增资就能够解决的，而且每次股权变动都会涉及交易成本和时间成本。对于投资机构而言，看到企业股权架构的时候，也会对股东在资本层面的能力有了基本的判断，这也是未来投融双方博弈的心理要素之一。

当然，国科恒泰的股权架构也依然有调整的空间，但是在这一点上投资机构不强求被投资单位的股权架构做到尽善尽美，只要能保证公司能够正常上市，投资机构能够顺畅退出就好。股权架构调整的最大受益者可能还是被投资单位的创始股东，由于公司设立之初，从节省成本和决策方面考虑，以自然人身份进行持股的情况十分常见，导致后期的减持成本较高，这也是我们在“北交所直通车”的线下培训中会提示各位企业家朋友们需调整事项之一。

（六）公司的上市规划

1.上市时间表很重要

上市规划也是投资机构的必问问题之一，一般情况下融资企业对上市规划都属于半知半解的阶段，因而应对方式也往往趋于糊弄。在注册制之前，因核准速度不透明，企业无法把握排队时间，因而上市计划还稍晚一些。比如2018年初启动，那么上市规划就是2019年下半年或2020年上半年，而现在注册制开始后，企业也逐步懂得了上市的节奏，于是出现了大批的Pre-IPO企业，即2022年初融资，下半年就用半年报作为最后一期数据申报了。这种情况下，比较符合投资机构心境的一句话是："既怕你不懂，又怕你全会。"

上市时间表的制定虽然一定程度上具备了公式化的可能，但其间的细节仍旧很多，我们在商业计划书中常见的是按照大的时间点列示的时间表，比如何时股改，何时进入辅导，何时申报，末了加上一句话，三大中介机构已经进场。笔者由于多年的投资银行从业经历养成了一些职业习惯，在投资尽调时比较喜欢问的问题是"为什么这个时间做股改？"以及"为什么这个时间进入辅导？"得到的答复多种多样，但都是站在为了本次融资能够顺利成行的基础上，而并非站在企业实际的上市规划角度。

笔者曾经代表某投资机构走访过一家已投企业，除了财务总监外，将保荐机构现场负责的保荐代表人也约到了一起，会议开始时，笔者先行自报家门，将曾经作为保荐代表人的职业经历向该位保荐代表人作了介绍，而后得到了一版与财务总监完全不同的上市时间规划。

话题讲到这里，希望各位融资企业的朋友们能够了解，投资机构对于企业的尽职调查过程是基于多种层面的，而双方在就投融资话题进行接触时，应当尽量地使用同样的话语体系，单以本小节的上市规划为例，企业家朋友可以更多地借助外部的专业力量来制作时间表，而非仅仅通过主观规划。

2.进阶知识库——时间点的重要性

资本市场里最重要的时间点是每年的3月31日、6月30日和12月31日，从会计师事务所出具审计报告的日期来看，每个季度末都是重要的"资产负债表日"，上市公司也是根据季报、半年报和年报的时间点进行定期报告信息披露，而除此之外，是否还有其他需考虑的要素呢？我们在本部分介绍的是企业资本运作的关键时间点，旨在向大家介绍投资机构关注的真正问题。

（1）突击入股的锁定期

2021 年，证监会发布了《监管规则适用指引——关于申请首发上市企业股东信息披露》，对 IPO 企业涉及的新进股东锁定期等问题作了规定。具体而言，将需要锁定 36 个月的“突击入股”时间段由申报前 6 个月增加到申报前 12 个月，锁定时间自股份取得之日起。

企业申报 IPO 需要确定一个报告期截止日，就是前文提到的“资产负债表日”，假设这个日期是 2020 年 12 月 31 日，而财务数据的有效时间是 6 个月，也就是说企业需要在 2021 年 6 月 30 日之前完成申报。具体的申报日期确定后，我们就可以反向计算突击入股的判定起始日了。如果投资机构最终的入股时间是在 2020 年 6 月 30 日之后，那么就 100% 的概率会被锁定 3 年。

对于投资机构而言，锁定期哪怕多一天都是要反复权衡的，更何况是延长两年。因此，在企业进行融资时务必要注意的是，即便在 Pre-IPO 轮次，也要提前一年启动，确保投资机构的流动性也是保障企业自身的融资成功率。

（2）对赌协议的解除时点

为保障自身的资金安全和权益，无论哪种身份的投资机构都会提出各种形式的对赌条款，对于拟 IPO 的企业而言，IPO 申报之前的对赌协议是被允许的，而申报之后就需要“终止”。

这里需要提示读者朋友一点，对赌协议在申报前是选择“终止”还是“中止”，需要根据监管机构最新的政策来判断，我们本部分内容成稿之时，只能选择“终止”。具体来说，针对 IPO 企业曾作为“对赌义务人”的对赌协议安排，均被要求必须不可撤销地终止，且相关股东应确认该安排自始无效。并且，IPO 企业最新一期审计报告必须覆盖自始无效确认文件的签署日，否则暂时不予继续推进下一阶段的 IPO 审理。

看到这里相信大家也能够感受到对赌协议的接触时点的重要性了，如果解除时点是 1 月 1 日，那么至少会延后 IPO 申报的时点 3 个月。

（3）股份制改造的时间点以及进入上市辅导的时点

有时企业为了博取投资机构的眼球，主动提出将于何月何日进行股份制改造，何月何日进入上市辅导，殊不知这些时点也会传递出非常多的信息。

对于有 IPO 规划的企业而言，每一个大的时间节点都是自我迭代的关键时机，经常关注IPO审核的朋友可以看到一些经典的问答。比如，某公司的控股股东占用了公司的资金，这是属于触碰了监管红线的违法行为，那么该公司的控股股东应当在哪一个时点之前把资金还上，又应当从哪一个时点开始做内控整改呢？或许股份制改造的时点和上市辅导的时点也都可以作为备选，例如："在有限责任公司，因为公司治理不规范，但是经过系统性学习《公司法》等相关法律法规之后，知道了依法治理公司的重要性。所以公司在某某时间点就进行了全面的整改，并于某年某月某日改制成了股份有限公司，成为股份有限公司之后从来没有犯过类似错误。"

此外，由于IPO排队企业过多，相关的审核压力也逐步传导到了地方证监局，因而各地证监局对于拟IPO企业的辅导要求不尽相同。一般来说，只要进入上市辅导环节，就意味着企业要到当地的证监局记录在案，并且定期发布辅导进展的报告。如果仅仅为了向投资机构表达拟IPO的态度而已，就仓促进入上市辅导，可能只是增加无谓的工作量。

3. 进阶知识库——板块的选择

在本书的其他模块中，对于上市板块的选择已经作出了专业的分享，在此从投资机构的角度同大家分享另一个思路。

表2-8 上市板块的定位

分类	定位
主板	规模大，盈利能力强的传统企业
创业版	三创四新： '创新、创造、创意" 或是传统产业与"新技术、新产业、新业态、新模式"深度融合 不允许亏损企业上市
科创版	服务于硬科技企业 允许亏损企业上市
北交所	创新型中小企业 更早更小更新

表2-8中对于每一个板块的定位已经列示清楚了，那么选择不同板块的时间节奏是怎样的，会否影响公司的上市规划呢？答案是肯定的。当下主板仍然

是核准制，在证监会排队的企业仍然很多，发行审核的模式仍然较慢，科创板、创业板和北交所是注册制，理论上相对较快，但由于企业数量变多了，现在也是又出现了排队的现象。

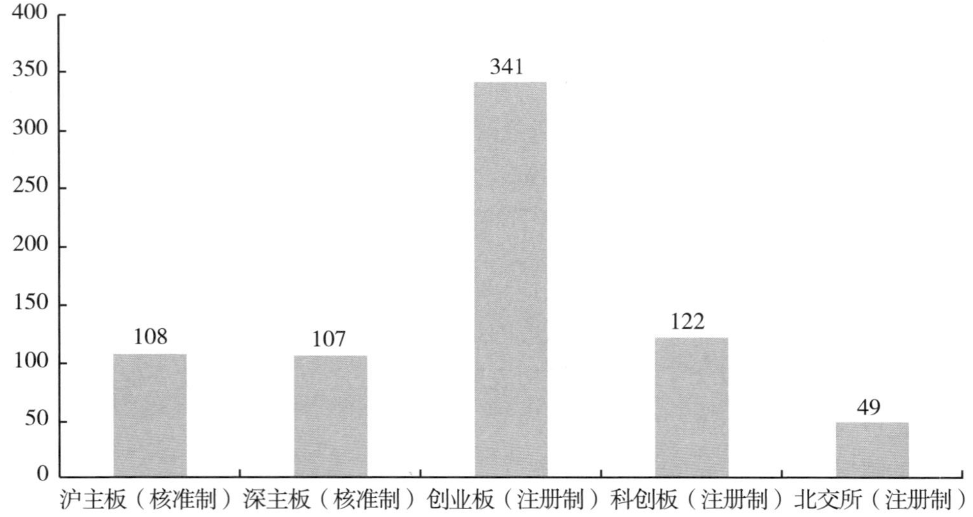

图 2–5 IPO 排队情况

图 2–2 是截至 2022 年 4 月 10 日的 IPO 排队情况，在当下的信息公开程度里，我们是能够很清晰地计算清楚每个板块上市的速度的，甚至能够计算得出公司以哪一期的报表作为最后一期是最经济的做法。既然如此，选择上市板块时，除了必须重视板块定位外，不同板块的时间节奏也是各位企业家朋友可以作为参考的要素。

七、估值体系

（一）以投资机构梦碎 2022 年讲起

时间进入 2022 年，登陆国内 A 股市场的企业已经超过百家，但另一个数据更加引人关注，2022 年已经有超过 30 只股票在上市收入出现了破发情况，4 月以来破发情况更是进一步加剧，有 11 只股票出现破发情况，直接导致致力于打新股的二级市场投资者中签即亏损。

从市场发展的角度来看，国内 A 股市场频繁破发正是注册制改革初见成效的标志之一，在核准制年代，公司 IPO 首日的市盈率一般不超过 23 倍，也就导致了大量的投资者产生了打新必然赚钱的错觉，在定价权交回给市场之后，越来越多的投资人学会了用脚投票。

但是，从投资机构的角度来看，这样的结局却是不可承受之重，由于一轮轮融资的推升，某些“稀缺标的”总是能有各种原因以接近同行业上市公司平均市盈率的价格进行 Pre-IPO 轮次的融资，而在新股涨停的魔咒去除之后，二级市场投资者对于以过高估值发行的，尤其是尚未盈利的企业持谨慎态度，这也就直接导致了投资机构盼望多年的公司一上市就带来大规模浮亏。

纵观我国资本市场的历次破发都是在政策变动期发生的，而最终也都是靠市场的自我调节机制回归正常的，打新股同样有风险的投资理念本身就是成熟的资本市场所必须具备的。新股破发是在国内新股询价制度改革之后，市场主体之间博弈的结果，但一二级市场之间的倒挂已经是既成事实，那么投资机构应当如何做，就成为了广大投资者必须钻研的新课题。

由于注册制以来，二级市场上新股的供给量明显增多，而投资者在面临更多选择时，其对于某些板块的心理价位就产生了非常大的向下波动，这就相当于给一级市场上的投资机构泼下了无数盆冷水，市场上甚至传出某些在 B 轮入股的投资机构都已经产生了亏损。在本部分的开头，我们有写到“履霜坚冰至”，现在二级市场倒逼一级市场下调估值的大趋势已经形成，一级市场的资本泡沫仍在坚持，但被挤破也只是时间问题。

关注一级市场投资的读者朋友们可以观察到，过往被追捧的生物医药、半导体芯片等赛道目前已经发生了非常大的变化，已经从一股难求到处抢额度的状态发展到今天的不到最后缴款就不敢说投资没有问题的状态了，而以 Pre-IPO 轮次作为主要投资方向的机构投资者，则在 2022 年普遍面临了亏损。4 月底，曾有行业研究人士针对多名在投资机构任职的人员进行问卷调查，过半数的人认为投资机构的投资频率下降，而该问卷也得到了多位投资界大佬的转发。

2022 年，我们再一次见证着历史的发生，而在这样的时间节点下，投融资双方都应当冷静思考，凭概念可以轻松以高估值进行融资的时代既然已经过去，那么我们应当如何找寻到合适自己的发展模式呢？

（二）估值的几种方法

在讲具体估值方法之前，需要向读者朋友们提示的是：本部分的估值方法是站在投资机构的一般角度叙述的，某些地方与会计师事务所或评估师事务所的口径略有差别。

1. 资产基础法

资产基础法是基于对目标企业的所有资产、负债的历史成本进行逐项估值的方法，包括重置成本法和清算价值法。

资产基础法不适用于高科技和服务型企业，更适合生产制造行业或者整体较“重”的公司，在债权融资、司法争议等情况下比较常用，在当前的市场情况下，投资机构应用较少。

一般而言，当不良资产出售或企业融资困难时才会比较广泛地使用资产基础法，该种方法基于历史成本，可想而知的是评估增值不会很大，当下企业融资普遍存在估值虚高的问题，选择该种方法的企业就更少了。

2. 收益折现法

收益折现法又称收益还原法，是指通过估算被评估资产的未来预期收益并折算成现值，借以确定被评估资产价值的估值方法，常用的包括是 Free Cash Flow for the Firm（FCFF）、Free Cash Flow to Equity（FCFE） 和 Economic Value Added（EVA）折现等。

FCFF 指公司自由现金流模型，指利用公司自由现金流对整个公司进行估价，而不是对股权。公司的估值 = 预期自由现金流量按公司资本成本进行折现。其中，自由现金流是指企业产生的、在满足了再投资需求之后剩余的、不影响公司持续发展前提下的、可供企业资本供应者 / 各种利益要求人（股东、债权人）分配的现金。

FCFE 指公司股权自由现金流模型，指公司股权拥有者（股东）可分配的预期最大自由现金流折现。

EVA 折现指经济附加值折现模型，公司每年创造的经济附加值等于税后净营业利润与全部资本成本之间的差额，公司的估值则为每年创造的经济附加值折现所得。其中资本成本包括债务资本的成本，也包括股本资本的成本。以可口可乐为代表的一些世界著名跨国公司偏好使用 EVA 指标评价企业业绩。

收益折现法由于要以投资机构的逻辑和层层假设设定折现系数等指标，主观性相对较强，通常作为相对价值法的辅助，同时也是对企业各指标敏感性分析的一部分。

一般而言，通过对未来收益折现进行估值的结果要远大于资产基础法。融资企业选择该种方式的诉求也很明确，通过提高估值的方式可以避免某一轮融资过度稀释自身的股权，同时可以把问题留给将来，畅想在资金到位后可以通过一番新的资本运作解决收益达标的问题，本章内容最开始的案例或许就是此类思路。需要指出的是，收益折现法在上市公司并购活动中使用得更多一些，因为该种方法的计算方式相对严谨且可追溯，一般被收购企业与上市公司签署对赌协议时，往往会基于收益法对于未来几年的收入和利润情况进行测算。

收益折现法比较适合资产体量不大，但收入、利润质量较高的企业。

3. 市场法

市场法在目前的投融资市场中应用最为广泛，主要采用乘数方法，较为简单，如 P/S、P/B、P/E 评估法。该方法通过与市场上同行业其他相似的公司的对比确定公司的估值，是最快速简便的方式来给公司进行一个“大概的”估值。

P/E 为市盈率 = 公司市值 / 利润，市盈率反映市场对企业盈利的看法。市盈率越高暗示市场越看好企业盈利的前景。

P/B 为市净率 = 公司市值 / 净资产，在评估高风险企业，企业资产大量为实物资产的企业时，市净率特别受到重视。

P/S 为市销率 = 公司市值 / 营业收入，市销率不会出现负值，不会出现没有意义的情况，在同行业净利润为负时，市销率估值法可以和市盈率估值法形成良好的补充。

市场法因具有一目了然且同行业可比性较强的特点，因而受到投融资双方的偏爱，但 P/S、P/B、P/E 有其各自的缺陷，例如 P/S 无法反映公司的成本控制能力，即使成本上升、利润下降，不影响销售收入，市销率依然不变；P/E 通常表达的是对盈利能力的预估，一旦不达预期，P/E 会报复性下降，因而净利润被操控的可能性就会增加。

相对而言，相对价值法依赖当下财务报表的数据，且有市场中同行业企业作为对标，比较容易操作。但由于大多创业企业的财务规范性较差，一定程度上也会影响投资机构的判断。

在使用市场法时,通常会将企业的P/S、P/B、P/E与同行业上市公司进行比较,例如通过参照取同行业上市公司分位数(1/4分位数或1/3分位数等),得出对企业估值的初步评价。在三个指标中,P/E倍数是最常用的估值表述。

估值方式是投资机构内部决策和风险控制的重要依据,创业企业很难干预,但创业企业需要明确地找准自己所处的行业,并清晰阐述与投资机构达成共识,这将对其估值倍数产生较大影响。

(三)估值凭什么

1.合适的估值区间

同行业上市公司的估值水平是投融资双方共同认可的基础信息,但双方对于流通本身的价值认知不同。由于国内一级市场退出渠道的稀缺性,当企业没有成为上市公司时,就无法直接与已上市公司的P/S、P/B、P/E作对比。在这一点上,由于过去十几年间投资市场的火热,投融资双方的差异被热情弥补了,而如今进入资本寒冬后,融资企业和投资机构的分歧将越来越大,尤其对于Per-IPO轮次的企业而言,"上船"已经可以预见了,估值反而上不去,着实苦恼。

在IPO核准制的年代,曾一度有发行价格不超过23倍市盈率的做法,至于为何是"23"这个数字已经不可考。但不得不说,也正是因为23倍首发市盈率的存在,投资机构和融资企业基本上可以同二级市场投资者一样,共同享受资本升值的狂欢。上市首日涨停是正常现象,上市首日破发的股票是一定会上新闻头条的,因而市场上就有热衷于打新的二级市场投资机构和散户,且常常将某上涨潜力巨大的股票称为"肉签",其中快意不言而喻。

在国内IPO逐步推行注册制之后,23倍的首发价格已经不复存在,因而就频繁出现了破发案例,无数家投资机构血本无归。从市场健康发展的角度来看,取消固定的发行价格是有利于资本市场的价值回归的,但市场中各类参与者的心理状态明显回归得还不够。

"我的公司今年申报,正在做Pre-IPO融资,我同行业的TOP 4已上市公司平均P/E是50倍,我公司40倍估值已经很低了。"这类言语表述在笔者的投资生涯中常常遇到,现下虽然融资企业明确做该类表达频次变低了,但在后续交流中仍然感觉得到融资企业对于我们不认可他的估值表示万分不解,在这里我们分为三个层次进行介绍。

（1）上市变难了，而不是简单了

国内A股市场已经发展了30多年，为了向国外看齐，“注册制”一词在2013年11月党的十八届三中全会审议通过的《中共中央关于全面深化改革若干重大问题的决定》中提出，至今已经过去10年，因此，注册制的全面铺开势在必行。而注册制的普及一定是伴随着监管制度的完善的，我们知道“水至清而无鱼”的道理，现行制度下，水已经越来越清了，想要浑水摸鱼的难度也就更大了。

除了制度以外，技术也实现了进步，AI和大数据分析都已经进入监管领域，从税收、资金流水、员工社保乃至信息披露等细分市场都已经培育出了规模化的企业。投资机构在看项目的过程中经常会遇到深交所和上交所的技术服务商，这其实也是给大家提个醒，监管机构的审核工具已经实现了智能化升级，某头部券商就曾经因为偷偷修改招股书的几个字未如实披露而被处罚。

所以说，审核的制度更加完善，颗粒度更细，叠加上审核的手段更加高级，速度更快，企业想要上市的难度实际上是加大了。那么，我们从金融的角度看待这个问题，难度加大，说明从非上市公司变为上市公司的流动性溢价就应该更高，反推回来，拟上市公司的估值应当下行。

（2）突击入股的锁定期延长为3年

目前的监管政策希望能够有更多的价值投资者参与到一级市场投资，即所谓的“长钱”，因而在2021年出台了最新的监管政策，要求申报日之前一年内入股的股东都要自入股之日起锁定3年。

这一点上依然要讲的就是流动性，有的企业会在与券商详细测算后，发现IPO的整个流程本身就很久，辅导加上审核和发行也要两年左右的时间，而且锁定期的起始日是从投资入股时刻算起，因而反过来和投资机构谈判，锁定3年其实与其他投资机构解锁的时间相比相差不多。在这个观点里，企业家朋友没有做到最基本的共情，从投资机构的角度看这个问题，心理活动应当是流动性更重要。

（3）行业头部公司的P/E是围绕真实价值波动的

有人认为自己公司是可以类比同行业上市公司的P/E水平的。在这里我们只要记得，上市公司是有一个“真实价值”的，上市公司股价的波动，也可以理解为价格围绕价值的波动，因而说行业头部公司的P/E是围绕真实价值波动的。如果行业前4位公司的平均P/E是50倍，那么我们可以近似认为相同地位的同行业企业可以有类似的估值，逻辑是没有问题的。

但是，同行业已经有诸多公司，您的公司的后发优势是否具备，上市之后是否能够从行业前4位中吸取足够多的筹码呢？建议企业家朋友在融资时，将同行业的样本量扩大，且剔除掉异常指标的企业后再行判断自身上市后的估值水平。

（4）投资是高风险高收益的活动

如果以同行业上市公司平均P/E是50倍，给出Pre-IPO轮40倍P/E的话，那么这个融资企业可预见的是没有办法完成本轮融资的，因为它已经踏入了一个误区。

这是一个算术题，假设该公司上市之后能够迅速达到行业的平均P/E50倍，Pre-IPO轮的投资人我们假设3年后如期套现，那么他的投入产出比为1.25倍，即投资3年后的投资收益是25%，平均算下来每年的收益是8.33%，我们用这个投资回报来看，这只能称为一笔失败的投资。如果企业家朋友仍不能理解的话，我们继续往下计算。

对于投资机构来说，这一笔年化8.33%的投资是3年期的不可提前赎回的投资，即完全没有流动性，而这个收益率与市场上以6个月的信托相比也毫无优势，此其一。

投资机构的资金会投若干个企业，如果成功率做到10%的话，在业内或许已经属于不错的水平，那么我们在计算一个投资机构的真实收益率的时候，年化8.33%或许还要再乘一个10%的系数来进行摊薄，算下来不如投资一个货币型基金划算，此其二。

投资是一个高风险高收益的行为，而3年25%的收益只能说是亏本的买卖，属于高风险、低收益的典型，因此说无法融到资几乎是必然的结果。企业家朋友在经营的过程中往往是能够做到利益共享的，但在融资时还需要花费一定的时间战胜惜售的心态。

前面一直有讲，基金管理人是要给LP赚钱的，许多企业家把企业做上市之后，也会投身于投资界，那么他一定不希望自己投到这个年化8.33%的项目。

2. 杀估值的时代来临了

网络上流行的一句话是“时代抛弃你的时候，甚至都不会跟你打招呼”，无论我们愿意与否，杀估值的时代已然来临，投融资双方都需要重新思考自己的行为逻辑了。

前文曾提到中小市值上市公司的前景问题，随着注册制的推行，上市公司的数量也会迅速增多，那么显而易见地将进入资金只能追捧有限数量标的的情况，这不仅仅是资金体量的问题，也是投资者精力的问题。就像互联网时代，所有的参与者都在争抢手机使用者那每一天有限的使用时间，即所谓“流量”。因此，总有企业始终无法受到资金的青睐，那么也就无法在二级市场上获得更好的表现，进而导致该企业的投资人无法顺利获得资本退出的回报。

因此说，当注册制全面来临的时候，我们的企业在上市之后的竞争对手几乎是其他所有的上市公司了，因获得关注的概率变小了，二级市场估值将承压，那么我们反推回来，一个正常的企业的一级市场估值也将面临下行压力。

在互联网时代，争抢流量的思维导致了行业参与者讲究赢者通吃的理念，通过平台化运营的方式获得相对或绝对的市场垄断地位。在这种思维模式下，互联网公司无一例外的打法都是通过高薪聘请最优秀的人才加盟，这其实是一种变相的价格战，与当年滴滴大战快的时发放大量红包没有什么不同。在这种思维模式之下，通过融资、投资、再融资、再投资的模式向前发展也就不奇怪了。

最后做个小结，本部分并不是想说服企业家朋友们主动降低自己的企业估值，而是希望企业家朋友们了解到当下资本市场的发展趋势，以及当下的投资机构在考虑什么问题，希望能够给企业家朋友们在融资过程中提供一定的参考。

八、投后管理

在投资领域常能听到的一个理念是“三分投，七分管”，创业企业的投后表现比投前更为重要，投资从出资入股的一刻才刚刚开始，只有最终实现退出，一笔投资的生命周期才算完成。

良性的投后管理能够帮助创业企业进行业务拓展，但国内投资机构普遍对投后管理的重视性不足。自 2019 年始，“重投后”逐渐成为投资机构的竞争力之一，可以预见在未来，投资机构的投后管理力度会逐渐加大。一方面，对被投企业的监管可能会愈加严格；另一方面，有助于优秀的创业企业走得更远。

从前文所提到的三类投资机构来看，财务投资者对于投后管理的介入度相对较弱，许多机构维持在保持与企业的沟通，保持季度报表更新的浅投后的层次，其余事项主要依靠前期签署的各项协议约定即对赌事项等进行被动管理，只有在企业发生重大事项时，财务投资者才会投入更加多的精力；战略投资者较为重视投后管理，甚至会参与到企业的日常经营中，如果战略投资者与被投资企业的业务相关性较强，则其投后管理往往会更为积极；第三类投资者较为特殊，需要具体情况具体分析，虽一般不参与日常经营，但对投后管理的重视程度也较高，对于某些特定行业的被投资企业的帮助不局限于产业上下游，因而可能产生更多的协同效应。

如果正在阅读本书的企业家朋友还没有进行过融资，那么一定会发现当下的融资市场与传闻中的情况不一样。谈了多家机构之后，可能会发现大家电话里分分钟都是十亿上下的生意，但到落地投资的时候又发现一两千万的金额都难以募集。这个反转着实让人不解，投融资双方在一个问题上都是共通的，就是“钱都去哪儿了”。

按照本章最初的表述，中国资本市场已经经历了几轮的洗礼，现在剩下的机构有的也游走在崩溃破产的边缘。在这种情况下，投资机构被动地开始关注起自己手里已经有的牌面上了，与其盲目地追逐新的热点，不如将手里已投企业尽快扶持做大。笔者见过最决绝的一家机构，将自己的基金全部清盘后，核心人员组团入职某被投资企业里，可谓强投后的典范了。

本章节将投后管理单独作为一部分的主要原因，是目前的投资机构加重投后的投入已经成为趋势，浪投的年代已经一去不复返了。由于过去的市场中成功推出的投资案例占比过低，专业机构的募资难度也更大，手握资金的潜在投资人更倾向于找有丰富成功经验的团队帮助自己投资。我们在本章节中反复提及，现下的信息透明程度极高，各家机构过往的投资业绩都是有迹可循的，而不爱惜自己羽毛的管理人的前路将更为艰难。我们换一个角度来想，私募投资基金的 LP 一般是资金雄厚的上市公司、大机构和高净值个人，他们共同的特点都是会赚钱，那么这些 LP 将资金交由 GP 打理的核心原因无非是 GP 的团队更加会赚钱，但实际情况却是不亏就是万幸了。因此，目前市场上甚至可以看到新闻上讲有 LP 与 GP 签对赌协议的情况，以及“LP 逐步 GP 化”的趋势，即“专业”机构的投资能力不见得比自己投的靠谱，于是资方就自己下场参战了。

我们相信事物都是向前发展的，投资的逻辑也是出于不断的螺旋式上升的过程中，其间可能存在表象上的往复，但核心都还是向本源的回归，投资机构开始重视投后就是最好的开始，良性的投后能实打实地帮助企业的发展，可以给企业提供资源、资金甚至管理经验，只有如此方能使被投资单位迅速提升自身的盈利水平。目前来看，重投后已经成为了投资机构的主要竞争手段之一，因此回到一个老话题，企业家朋友说光要钱没有用，这也是有一定道理的，各家投资机构都是有着丰富的潜在资源可以配给给被投资企业的，就看投融资双方能否在具体的交流过程中产生火花了。

九、如何与投资机构沟通

投资机构在与企业交流时，最初像一场面试，双方正襟危坐，表现出自己最好最专业的一面，而后又像恋爱，有点患得患失。投融资双方的沟通交流的诉求之一是建立互信，那么如何获取对方的信任，并真正实现有效沟通主要依靠的是表达方式。表达方式又分两种，一是言语，二是文字。

（一）怎么说话

1. 坦诚交流

坦诚的交流是与投资机构迅速建立互信的最有效的方式。国内外的心理学家、管理学家对于如何进行有效沟通做了许多研究，关于沟通层次的表述让笔者十分认同：通过简明扼要的言语将事情叙述清楚是沟通的第一个层次，也是入门要求；用同理心创造良好的沟通氛围，双方都能够站在对方的角度考虑同一问题，是沟通的第二个层次，是初级要求；从想他人之所想，到他人想我之所想，是沟通的第三个层次，是高级要求。对于准备进行融资的企业家朋友们来说，至少要做到第二个层次。

坦诚交流的内涵很多，包括朴素真诚的表达方式，以及前后一致、上下一致的言行等，可参考曾国藩推崇的选人理念，即“做人有操守，行为无官气，做事多条理，言语少大言”。

2. 适度包装

适度的包装是投融资活动中所必须用到的方式，这也是投资领域“内卷”的结果之一，大家都将自己包装成白天鹅，那么丑小鸭就没有办法获得过多的关注，最终会包装的企业有可能得到最多的资源。

适度不是过度，企业家朋友们一定要注意与投资机构沟通中比较忌讳的一些包装方式，诸如“我没有竞争对手”的表述、套用热词和概念、重愿景轻现实等等是企业浮躁感的表现。一般来说，融资企业只要秉承“扬长避短”四个字就可以了，把自己的长处通过市场定位、竞争对手比较等方式表现出来，而后再补以合适的业务逻辑，以及未来的想象空间。

（二）怎么做BP

关于BP，这里给各位企业家朋友的第一个建议是，将您的公司全名写到第一页。笔者从业以来特别疑惑不解的一点是，从头看到尾找不到企业全名的BP竟然是多数情况。或许制作BP的企业家朋友认为自己公司在业内已经足够出名了，写个商号足矣，殊不知笔者曾经任职过的安信，也有安信证券、安信信托和安信地板三家完全不相关的知名企业呢，放在开头讲公司全名的问题，务请重视。

1.简洁明了

BP的首要目标是向投资机构介绍企业基本情况，因此在全文的风格上要简洁明了，关键信息凸显。

第一，开宗明义，请使用一句话讲清您的公司，用一个陈述句来讲企业是谁，做什么，表述清楚。

第二，要写明自身的业务阶段，以及下一个阶段是什么样子。

第三，要介绍清楚公司的团队构成，这也往往意味着公司的技术来源、销售渠道等诸多方面信息。

第四，要有清晰的行业认知与企业定位，把行业的构成以及自身的位置讲清楚，无论是红海市场还是蓝海市场，真实的定位是未来与投资机构携手出发的起点。

2.战略清晰可信

我们国家有着五年规划，对于企业也是一样，企业负责人必须要有一个五年规划，即五年后的公司会发展成为什么样子，那么三年后需要具备哪些条件，再反推企业定下应该完成什么任务。只有做到这种程度的战略解析，才能够真正说清楚本轮融资的钱将去往何方，才能让投资机构心甘情愿的出资。这个是战略层面的意思。那么资金缺口具体有多少就能够非常恰当地与本轮的融资金额相匹配了。

前文所举的例子中有提及，企业 BP 中也不要在战略定位里写自己是元宇宙的核心企业这类字句。我们关注国家产业政策的话就会看到，政策中的表述是要培育一批元宇宙企业，国家目前尚且要通过制定政策的方式推动和培育一批企业，那么如果公司已经是历练多年的元宇宙企业的话，一定是明珠蒙尘了。

同时，企业制定规划时亦如言语表达一样，切忌少大言，将华为、阿里等企业作为自己的努力方向没错，但在战略上进行多维度对标是不可取的。

3. 有一说一的财务数据

在这不确定的投融资世界里，财务数据是锚定投融资双方最终投资意向的定海神针，因而理应属于唯一确定的内容，在这一点上的要求很简单，有一说一。

而在募集资金的规模和用途方面，许多融资企业往往选择倒算的方式，即认为自己公司投后估值 10 亿元人民币，准备融资 1 亿元，占比 10%，那么倒算这 10 亿的估值如何来，1 亿元应该怎么花，一切的数字都可以通过一个人 + 一个 Excel 文档完成，这就与有一说一的基本原则产生差距了。我们的建议是，请企业从真实的资金使用角度出发，正向计算资金需求，而后从商业谈判的逻辑出发，反推资本溢价部分，这样的模式更能够帮助企业家朋友与投资机构达成最终的投资合作。

十、投融资部分小结

感谢读者朋友们花费这么多的时间读到这里，在本部分涉及的典型案例较多，相关内容在实务中都有一些参考价值，希望能给读者朋友留下些许印象，将来需要的时候能起到“线索”的作用。

在本部分中，笔者时常提起时代已经变了，其实我们所处的投融资环境每天都在发生变化，但所发生的一切变化都是要符合事物发展的规律的，希望我们能够共同成长，进一步理解投融资市场内发生的新趋势，不踩坑，稳步前进。

第三篇

法律篇（上）：控制权

一、与控制权有关的股东责任及企业形式

控制权关乎着一个企业的稳定性，要控制公司，很多企业家最简单朴实的做法就是拥有更高的持股比例。为了减少资金成本，很多企业家利用认缴制，认缴高额的注册资本金，并且把认缴期限拉长，来解决当下不需要缴纳高额注册资本金的问题。还有很多企业家认为，认缴注册资本就相当于不需要缴纳注册资本，因为未来可以通过减资解决。真的是这样吗？通过认缴高额注册资本获得高持股比例，进而享有的控制权真的没有法律责任和风险吗？是否存在用小比例股权享有控制权的方法呢？我们先来了解一下主要的企业形式，以及股东不同的出资可能面临的不同法律责任。

（一）有限责任公司及股东责任

《公司法》给出的有限责任公司定义是，有独立的法人财产，享有法人财产权。公司以其全部财产对公司的债务承担责任。有限责任公司的股东以其认缴的出资额为限对公司承担责任。

1. 有限责任公司股东的有限责任

有限责任公司核心的法律特点有两个：第一，股东仅以认缴出资额为限对公司承担法律责任；第二，公司仅以公司全部的资产为限承担有限责任。

如果一个公司的注册资本金是 100 万元，但是公司在经营过程中产生了 1000 万元的债务，公司全部资产只有 200 万元，那么股东和公司对于外债分别承担什么责任呢？首先公司的股东不需要对于公司的债权人直接承担清偿责任，也就是说股东只向公司依法缴纳注册资本金 100 万元就可以了，对于超出注册资本金的公司外债，由公司清偿，对此股东没有责任。如果公司也没有清偿能力并且资不抵债时，可以通过破产程序解决。

2. 哪些情况下有限责任公司股东需要承担连带责任或者补充赔偿责任？

按照《公司法》第 20 条规定，公司股东滥用公司法人独立地位和股东有限责任，逃避债务，严重损害公司债权人利益的，应当对公司债务承担连带责任。《公司法》第 20 条的意思就是，有限责任的股东只有依法行使股东权利和承担股东义务，特别是与出资有关的股东权利和义务，才承担有限责任。如果滥用股东有限责任，出现法定情形时，需要对公司的债务承担连带责任。

3. 股东对公司外债承担连带责任的情形

出现什么情况会揭开公司的面纱，突破股东的有限责任，由股东对公司的外债承担连带责任呢？第一，按照《最高人民法院关于适用〈中华人民共和国公司法〉若干问题的规定（二）》第 22 条第 2 款规定，公司财产不足以清偿债务时，债权人主张未缴出资的股东，以及公司设立时的其他股东或者发起人在未缴出资范围内对公司债务承担连带清偿责任的，人民法院应依法予以支持。

最高人民法院《全国法院民商事审判工作会议纪要》（以下简称《九民纪要》）继续明确股东对公司外债承担连带责任的情形。《九民纪要》第 6 条规定，在注册资本认缴制下，股东依法享有期限利益。债权人以公司不能清偿到期债务为由，请求未届出资期限的股东在未出资范围内对公司不能清偿的债务承担补充赔偿责任的，人民法院不予支持。但是，下列情形除外：公司作为被执行人的案件，人民法院穷尽执行措施无财产可供执行，已具备破产原因，但不申请破产的；或者在公司债务产生后，公司股东（大）会决议或以其他方式延长股东出资期限的。

这里需要特别说明的是，不是公司作为被执行人，经强制执行无财产可供执行后，股东就需要在未缴出资范围内对公司债务承担连带清偿责任，必须要符合《企业破产法》规定的资不抵债情形，并且公司不申请破产。

为什么公司具备破产条件，但不申请破产的，债权人主张未缴出资的股东，在未缴出资范围内对公司债务承担连带清偿责任的，人民法院应依法予以支持？因为《企业破产法》第 35 条规定，人民法院受理破产申请后，债务人的出资人尚未完全履行出资义务的，管理人应当要求该出资人缴纳所认缴的出资，而不受出资期限的限制。《企业破产法》明确规定了，公司破产以后，股东不再享有认缴制下的期限利益，缴纳注册资本金的义务加速到期。

可见，通过认缴高额注册资本金，外加超长认缴期限获得公司控制权的方法存在很大的法律隐患，每个公司经营过程中都存在亏损甚至资不抵债的风险，在公司出现资不抵债的情况时，股东将丧失认缴的期限利益。

4. 股东对公司外债承担补充赔偿责任的情形

按照《公司法》第 177 条规定：“公司需要减少注册资本时，必须编制资产负债表及财产清单。公司应当自作出减少注册资本决议之日起十日内通知债权人，并于三十日内在报纸上公告。债权人自接到通知书之日起三十日内，未接到通知书的自公告之日起四十五日内，有权要求公司清偿债务或者提供相应的担保。”

尽管法律对于减资有明确的规定，但是不依法减资，随意减少注册资本的行为比比皆是，那么对于未依法减资的行为，股东需要对公司债务承担什么责任呢?

在审判实践中有很多诉讼案件，是在公司不能清偿债务时，起诉股东在公司未依法减资数额范围内对公司不能清偿部分承担补充赔偿责任。法院判令股东对公司不能清偿外债部分承担补充赔偿责任时会适用两个认定原则：

（1）认定类推适用瑕疵出资的原则

类推适用瑕疵出资规定的理由是：如果公司减资时仅在报纸上刊登公告，而未直接通知债权人，不能确保债权人一定会看报纸，并且有效知道，使债权人丧失要求提供担保的权利，债务人公司减资前后存在较大资金差异，影响了履约能力，侵犯了债权人信赖利益，其行为等同于股东未全面履行出资义务，类推适用瑕疵出资的规定，由股东在公司减资数额范围内对公司债务不能清偿部分承担补充赔偿责任。

（2）认定类推适用抽逃出资的原则

类推适用抽逃出资规定的理由是：公司就减资形成股东会决议时，股东是明知债权人的存在，但却不通知债权人。该情形与股东违法抽逃出资的实质以及对债权人利益受损的影响，在本质上并无不同，所以比照抽逃出资的规定加以认定。由于公司减资行为上存在瑕疵，致使减资前形成的公司债权在减资之后清偿不能的，股东应在公司减资数额范围内对公司债务不能清偿部分承担补充赔偿责任。

通过介绍股东对公司外债承担连带责任和补充赔偿责任的情形，我们可以清楚地看到，延长缴纳注册资本金的期限，以及未依法减资股东都面临着法律风险。

（二）股份有限公司及股东责任

按照《公司法》的规定，股份有限公司有独立的法人财产，享有法人财产权。公司以其全部财产对公司的债务承担责任。股东以其认购的股份为限对公司承担责任。

股份有限公司的股东和有限责任公司的股东一样，对公司承担有限责任。股东仅以其认购的股份为限对公司承担责任，股东不需要对公司的债权人直接承担清偿责任，也就是说股东只需向公司依法认购股份，对于超出注册资本金的公司外债，由公司清偿，对此股东没有责任。

在有限责任公司部分介绍的，有限责任股东对公司外债承担连带责任，以及对公司外债承担补充赔偿责任的情形同样适用于股份有限公司的股东。

公司在设立之初通常会选择有限责任公司的形式，一般在确定上市规划后会进行股改，就是把有限责任公司变成股份有限公司。以在北交所上市为例，按照《北京证券交易所股票上市规则（试行）》规定，发行人申请公开发行并上市，发行人应当为在全国股转系统连续挂牌满 12 个月的创新层挂牌公司。按照《全国中小企业股份转让系统业务规则（试行）》规定，依法设立且存续满两年的股份有限公司才有资格申请股票在全国股份转让系统挂牌。按照上市的相关规则和要求，申请上市的公司形式必须是股份有限公司。

（三）有限合伙企业及合伙人责任

按照《合伙企业法》的规定，有限合伙企业由普通合伙人和有限合伙人组成，普通合伙人对合伙企业债务承担无限连带责任，有限合伙人以其认缴的出资额为限对合伙企业债务承担责任。对合伙企业债务承担无限连带责任的普通合伙人简称“GP”，以其认缴的出资额为限对合伙企业债务承担有限责任有限合伙人简称“LP”。有限合伙企业由二个以上五十个以下合伙人设立，至少有一个普通合伙人。

1. 普通合伙人对合伙企业债务承担无限连带责任，有限合伙人以其认缴的出资额为限对合伙企业债务承担有限责任

举个例子，一个有限合伙企业，合伙人认缴的出资额总计 100 万元，其中，有限合伙人认缴的出资额为 99 万元，普通合伙人认缴的出资额为 1 万元，分红也按照出资比例，有限合伙人分红比例 99%，普通合同人分红比例 1%。如果公司在经营过程中产生了 1000 万元的债务，公司全部资产只有 200 万元，那么有限合伙人和普通合伙人分别承担什么责任呢？首先有限合伙人不需要对于合伙企业的外债承担清偿责任，也就是说有限合伙人只要向合伙人企业依法缴纳出资 99 万元就可以了，对于超过出资额的公司外债，由普通合伙人来承担连带

责任。再具体来说，这个合伙企业只有 200 万元的资产，实际产生了 1000 万元外债，对于有限合伙企业不能清偿的 800 万元外债，应当由只认缴 1 万元出资份额，只享有 1% 分红权的普通合伙人承担连带清偿责任。

2. 有限合伙企业由普通合伙人执行合伙事务，有限合伙人不执行合伙事务

有人认为，如果普通合伙人的出资份额只有 1%，分红权也只是 1%，却要对公司的外债用个人的全部财产承担连带清偿责任，这对普通合伙人不公平。有人不理解，为什么这样看似不公平的有限合伙制度，会有很多人愿意做普通合伙人？之所以很多人愿意成为有限合伙企业的普通合伙人，因为按照《合伙企业法》的规定，有限合伙企业由普通合伙人执行合伙事务，有限合伙人不执行合伙事务，不得对外代表有限合伙企业。

还是上面的例子，有限合伙人认缴的出资额为 99 万元，普通合伙人认缴的出资额为 1 万元，有限合伙人出资比例 99%，也就是我们所说的绝对大股东，普通合伙人出资比例 1%，也就是我们通常说的小股东，就是因为普通合伙人可以执行合伙事务，所以，即使执行事务的普通合伙人是小股东，在有限合伙企业也享有绝对的话语权和控制权。

二、影响控制权的重要持股比例

成立一家公司，大家首先要讨论的就是每个股东持有多少股份，这就涉及持股比例。有一些持股比例会对公司控制权产生重大影响，我们下面来介绍这些持股比例。

（一）相对控股权（过半数）

关于相对控制权的持股比例，我们看一下《公司法》关于有限责任公司和股份有限公司股东会表决权比例的规定。

1.《公司法》关于股份有限公司的表决权规定

按照《公司法》第 103 条第 2 款规定："股东大会作出决议，必须经出席会议的股东所持表决权过半数通过。但是，股东大会作出修改公司章程、增加或者减少注册资本的决议，以及公司合并、分立、解散或者变更公司形式的决议，必须经出席会议的股东所持表决权的三分之二以上通过。"因此，股份有限公司除了作出修改公司章程、增加或者减少注册资本的决议，以及公司合并、分立、

解散或者变更公司形式的决议，其他表决事项，经过出席会议的股东所持表决权过半数通过。

2.《公司法》关于有限责任公司的表决权规定

《公司法》第43条规定：“股东会的议事方式和表决程序，除本法有规定的外，由公司章程规定。股东会会议作出修改公司章程、增加或者减少注册资本的决议，以及公司合并、分立、解散或者变更公司形式的决议，必须经代表三分之二以上表决权的股东通过。”

《公司法》上述条文的意思就是，有限责任公司的股东会会议除了作出修改公司章程、增加或者减少注册资本的决议，以及公司合并、分立、解散或者变更公司形式的决议，必须经代表三分之二以上表决权的股东通过以外，其他表决事项都可以意思自治，这意味着有限责任公司可以通过制定《公司章程》实现意思自治。现在很多有限责任公司的公司章程用的都是排除法的表述，规定除必须经代表三分之二以上表决权决议的事项以外，其他决议事项经过半数表决权通过。

3. 股份有限公司和有限责任公司计算过半数表决权的基数不同

股份有限公司股东大会的表决权与有限责任公司股东会的表决权有一个重要的区别：股份有限公司股东大会作出决议，不论是过半数表决权还是三分之二以上表决权，都是以出席会议的股东所持表决权总和为基数，而不是以股份有限公司全部股东所持表决权的总和为基数。

举个例子，一个股份有限公司总股份的表决权总和为1000万，召开股东大会时，出席股东大会的股东所持表决权总和为600万，而另外持有400万表决权的股东没有出席股东大会，现在股东大会要作出过半数表决权决议的事项，只要有出席股东大会的股东所持表决权总额的过半数，即3000001个表决权通过就可以。同样的决议事项，如果是有限责任公司，就必须是全体股东所持1000万表决权的过半数，即5000001个表决权通过。二者最大的区别就是：同样是过半数，股份有限公司计算过半数表决权的基数是出席股东大会的股东所持表决权的总和，而不是全体股东所持表决权的总和。有限责任公司计算过半数的基数是全体股东所持表决权的总和。

4. 过半数的表决权

过半数的表决权对于公司的控制权而言很重要，那么过半数到底是多少？

是51%吗？这个表述不严谨。如果一个公司的注册资本金是1000万元，那么510万元是过半数，501万元是过半数，500万元加1元也是过半数，只要是超过一半的表决权就是过半数。

（二）绝对控股权（三分之二以上）

关于绝对控制权的持股比例，看一下《公司法》关于有限责任公司和股份有限公司股东会表决权比例的规定。

1.《公司法》关于股份有限公司重大事项表决的规定

按照《公司法》第103条规定，股东大会作出修改公司章程、增加或者减少注册资本的决议，以及公司合并、分立、解散或者变更公司形式的决议，必须经出席会议的股东所持表决权的三分之二以上通过。

2.《公司法》关于有限责任公司重大事项表决的规定

《公司法》第43条规定，股东会会议作出修改公司章程、增加或者减少注册资本的决议，以及公司合并、分立、解散或者变更公司形式的决议，必须经代表三分之二以上表决权的股东通过。

为什么说三分之二以上表决权是绝对控制权呢？因为按照《公司法》的规定，股东大会（股东会）表决时，通常有两个表决比例，一个是三分之二以上表决权，一个是过半数表决权。可以这样理解，除了有限责任公司依照《公司法》赋予其可以通过制定公司章程，确定本公司不同于《公司法》规定的表决权比例和表决方式以外，只要持有公司三分之二以上表决权的股东，就可以靠个人的意愿决定公司股东大会（股东会）决议是否通过。也就是说，除有限责任公司根据《公司法》的授权制定与《公司法》不同的表决比例和表决方式以外，持有三分之二以上表决权的股东，可以决定股东大会（股东会）所有决议是否能够通过。

控制股东会或者控制股东大会就完全享有一个公司的控制权了吗？还不够，还需要控制公司的董事会、管理层，以及制定相关配套法律文件等，后面再详细说明。

3.三分之二以上的表决权

三分之二以上的表决权对于公司的控制权而言很重要，那么三分之二以上的表决权到底是多少？是67%吗？这个表述不严谨。如果一个公司的注册资本金是1000万元，那么670万元是三分之二以上，667万元是三分之二以上，666.7万元也是三分之二以上。

根据《民法典》第1259条规定:“民法所称的“以上”、“以下”、“以内”、“届满”，包括本数；所称的“不满”、“超过”、“以外”，不包括本数。”尽管《公司法》中未明确“以上”是否包含本数，但从《立法法》的角度讲，上位法优于下位法、新的规定优于旧的规定、特别规定优于一般规定等法律适用规则，鉴于《公司法》对于“以上”是否包含本数未作出明确，故应当适用《民法典》“以上”包含本数的规定。

虽然从法律的角度讲，三分之二以上表决权应当包括本数，但是在审判实践中曾经出现过认定，刚好相当于三分之二本数的表决权通过的决议事项无效的判决，所以重要的股东大会（股东会）的决议事项，赞成票超过三分之二比较稳妥。

（三）反向控股权（超过三分之一）

前面已经介绍，按照《公司法》规定，股份有限公司的股东大会作出重大事项的决议，例如股东大会作出修改公司章程、增加或者减少注册资本的决议，以及公司合并、分立、解散或者变更公司形式的决议，必须经出席会议的股东所持表决权的三分之二以上通过。同样，有限责任公司的股东会作出重大事项的决议，例如股东大会作出修改公司章程、增加或者减少注册资本的决议，以及公司合并、分立、解散或者变更公司形式的决议，必须经代表三分之二以上表决权的股东通过。上面已经详细的说明，除有限责任公司根据《公司法》的授权制定与《公司法》不同的表决比例和表决方式以外，持有三分之二以上表决权的股东，可以决定股东大会（股东会）所有重大事项决议是否能够通过，因此如果掌握超过三分之一的表决权就相对于掌握了反向控制权。

1.如何使用反向控制权

既然重大事项必须经过三分之二表决权通过，那么制约绝对控制权的最小股权比例是多少？就是超过三分之一。

反相控制权也可以称为一票否决权。从正向控制的角度，不论是需要过半数表决权的决议事项，还是需要三分之二以上表决权的决议事项，仅有超过三分之一的表决权都是不够的。也就是如果仅持有超过三分之一的表决权无法决定任何股东会决议事项的通过，但从反向制约角度，持有超过三分之一的表决权能够让重大股东会决议事项不通过。如果持有超过三分之一的表决权的股东在必须经三分之二以上表决权通过的决议事项上投反对票，这个重要的决议就不能通过。

举个例子，蚂蚁科技集团股份有限公司的招股说明书披露，蚂蚁金服的控股股东为杭州君瀚股权投资合伙企业（有限合伙）和杭州君澳股权投资合伙企业（有限合伙），它们的普通合伙人及执行事务合伙人为杭州云铂投资咨询有限公司。蚂蚁金服的实际控制人是马云。马云在云铂有限公司的股权为34%，在这里有反向控制权的设计，关于蚂蚁金服的案例在后面有限合伙架构中再详细解析。

2. 超过三分之一的表决权

超过三分之一的表决权可以通过反向控制对公司重大事项的决议产生影响，那么超过三分之一的表决权到底是多少？是34%吗？这个表述不严谨。如果一个公司的注册资本金是1000万元，那么340万是超过三分之一，334万是超过三分之一，333.4万也是超过三分之一。

三、以小比例出资实现控制权的架构

前面已经介绍，用高持股比例享有控制权需要投入巨大的资金成本。用认缴制，认缴高额的注册资本金，并且把认缴期限拉长，可能面临股东对公司外债承担连带责任或赔偿责任的风险。那么如何用比较小的投入，采用合理合法的方法路径，实现控制权呢？下面介绍几种在实践中常用的方法。

（一）有限合伙架构

有限合伙架构就是，实际控制人不直接持有核心公司股权，而以有限合伙作为持股平台和控制链条，实现间接持股及对核心公司的控制权。

1. 何为“有限合伙”

有限合伙就是有限合伙企业，由普通合伙人和有限合伙人组成，普通合伙人对合伙企业债务承担无限连带责任，有限合伙人以其认缴的出资额为限对合伙企业债务承担责任。对合伙企业债务承担无限连带责任的普通合伙人简称“GP”，以其认缴的出资额为限对合伙企业债务承担有限责任有限合伙人简称“LP”。

2. 有限合伙企业的特点

有限合伙企业由普通合伙人执行合伙事务，有限合伙人不执行合伙事务。即使普通合伙人出资比例低至 1% 甚至更低，也就是我们通常说的小股东，有限合伙人出资比例高达 99% 甚至更高，也就是我们通常所说的绝对大股东，也不影响由担任执行事务合伙人的普通合伙人说了算。为什么不是大股东有控制权，而是小股东有控制权？因为按照《合伙企业法》的规定，不论普通合伙人在有限合伙企业的持股比例是多少，即使这个普通合伙人是小股东，只要是执行合伙事务的普通合伙人，在有限合伙企业中就享有绝对的话语权和控制权。也正是基于普通合伙人对有限合伙企业的天然控制权，使有限合伙企业在股权架构设计中能发挥更大的作用。

3. 对有限合伙企业普通合伙人的风险隔离法

有限合伙企业普通合伙人的风险隔离法就是用有限责任公司做普通合伙人（GP）。之前举过的例子，一个有限合伙企业，如果公司在经营过程中产生了 1000 万元的债务，公司全部资产只有 200 万元，对于超出出资额的公司外债，也就是有限合伙企业不能清偿的 800 万元外债，普通合伙人用个人资产承担无限连带责任。如果用有限责任公司做普通合伙人，就可以用有限责任公司的有限责任制隔离“无限连带责任”的风险。

4. 使用普通合伙人风险隔离法的注意要点

实务中有很多合伙企业虽然是用有限责任公司做了普通合伙人，但却用一人有限公司做普通合伙人。

为什么非一人股东的有限责任公司比一人有限责任公司更好？我们看一下一人有限责任公司的股东责任。

根据《公司法》第 3 条规定，公司是企业法人，有独立的法人财产，享有法人财产权。公司以其全部财产对公司的债务承担责任。有限责任公司的股东以其认缴的出资额为限对公司承担责任；股份有限公司的股东以其认购的股份为限对公司承担责任。《公司法》第 63 条规定，一人有限责任公司的股东不能证明公司财产独立于股东自己的财产的，应当对公司债务承担连带责任。结合上述法律规定可知，一人有限责任公司的股东如果不能证明公司财产独立于股东自己的财产的，应当对公司债务承担连带责任。但对于非一人有限责任公司股东，却无此要求。

《公司法》为什么会加重一人有限责任公司股东的责任？因为一人有限责任公司由于其股东的单一性，缺少其他非一人有限责任公司所具有的内部相互制约，因而非常容易产生公司财产与股东财产混同的现象，所以《公司法》第63条要求一人有限责任公司的股东有证明公司财产独立于自己财产的义务，如果股东不能有效证明这一点，则其应当对公司的全部债务承担连带的清偿责任，即以自己的全部财产承担对公司债务的清偿义务。

在审判实践中关于一人有限责任公司的财产与其股东财产是否混同问题的举证责任在一人有限责任公司的股东，也就是说一人有限责任公司的股东只有通过证明公司的财产独立于股东自己的财产的情况下，股东才不需要对一人有限责任公司的债务承担连带责任。

实践中，出现一人有限责任公司的财产不足以清偿其债务时，该一人有限责任公司的债权人通常将其股东列为共同被告，要求其股东承担连带清偿责任。

一人有限责任公司股东避免对公司的外债承担连带责任，至少要做到以下四点：（1）一人有限责任公司建立独立规范的财务制度；（2）拥有独立的银行账户、实施独立规范并且清晰的财务支付行为；（3）具有独立的经营场所；（4）一人有限责任公司的资金、财产没有进入股东的账户。如果一人有限责任公司的股东被起诉要求对公司外债承担连带责任，一人有限责任公司的股东能够提供证据证明上述几点，就达到证明一人有限责任公司股东的个人财产与公司法人财产未发生混同的证明责任和证明标准，从而避免一人有限公司股东对公司外债承担连带责任。

可以看到，一人有限公司的股东对公司外债承担责任的风险，比非一人有限公司的股东对公司外债承担的风险更大，所以，除非有限责任公司只是单纯的持股平台，没有任何业务和经营活动，否则最好用非一人有限公司做普通合伙人来隔离风险。

5. 蚂蚁金服案例分析

支付宝于2004年12月由阿里巴巴集团设立。公司的法律运营主体浙江阿里于2000年10月19日成立。此后浙江阿里于2014年6月份更名为“浙江蚂蚁小微金融服务集团股份有限公司”。2020年7月13日，又更名为蚂蚁科技集团股份有限公司（简称蚂蚁金服）。

蚂蚁金服招股书显示，蚂蚁金服的注册资本金为2377862.9496万元，2018

年国内融资完成后的投后估值9600亿，蚂蚁金服的控股股东为杭州君瀚股权投资合伙企业（有限合伙）和杭州君澳股权投资合伙企业（有限合伙），分别持有蚂蚁金服29.8621%和20.6556%股权。杭州君瀚股权投资合伙企业（有限合伙）和杭州君澳股权投资合伙企业（有限合伙）的普通合伙人及执行事务合伙人为杭州云铂投资咨询有限公司。马云持有杭州云铂投资咨询有限公司34%的股份，因为马云能够实际支配杭州云铂投资咨询有限公司股东会，并且通过杭州君瀚股权投资合伙企业（有限合伙）和杭州君澳股权投资合伙企业（有限合伙）间接控制蚂蚁金服50.5177%的股份，马云为蚂蚁金服的实际控制人。

6. 马云如何用小比例出资实现对蚂蚁金服的控制权

根据蚂蚁金服招股书披露信息并结合蚂蚁金服股权结构图（图3–1），来分析实际控制人马云如何以340万元的出资，用有限合伙架构，实现用小比例出资对万亿市值蚂蚁金服的控制。

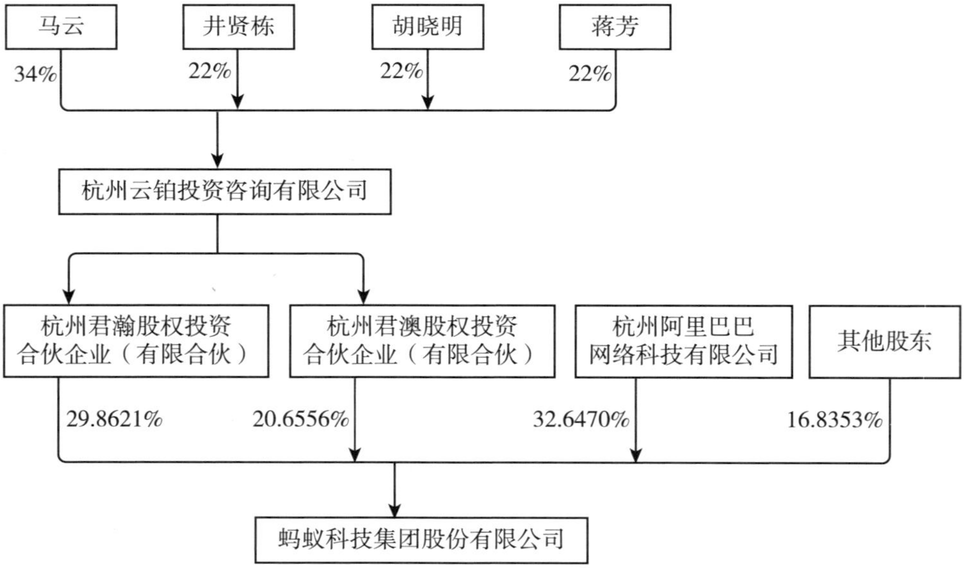

图3–1　蚂蚁金服股权结构

我们来看一下马云的控制链（图3–2），核心公司蚂蚁金服的股东包括杭州君瀚股权投资合伙企业（有限合伙）和杭州君澳股权投资合伙企业（有限合伙）、杭州阿里巴巴网络科技有限公司以及其他股东，他们的持股比例分别是

29.8621%、20.6556%、32.6470%、16.8353%。

从蚂蚁金服的股权结构可以看出，杭州君瀚股权投资合伙企业（有限合伙）和杭州君澳股权投资合伙企业（有限合伙）的股权合计为 50.5177%，此处的股权比例很重要。这个股权比例是蚂蚁金服在发行人报告期内最后一次（2020 年 6 月 28 日）股权变更后的股权比例。

在这次变更之前杭州君瀚股权投资合伙企业（有限合伙）和杭州君澳股权投资合伙企业（有限合伙）的股权比例分别是 29.1037%、20.8790%，两项合计 49.9827%。虽然 2020 年 6 月 28 日股权变更后杭州君瀚股权投资合伙企业（有限合伙）和杭州君澳股权投资合伙企业（有限合伙）的合计股权仅增加了 0.5350%，但增加后的股权比例已经超过总股份的 50%。按照《公司法》第 216 条控股股东是指股份占股份有限公司股本总额百分之五十以上股东的规定，杭州君瀚股权投资合伙企业（有限合伙）和杭州君澳股权投资合伙企业（有限合伙）成为蚂蚁金服的控股股东。

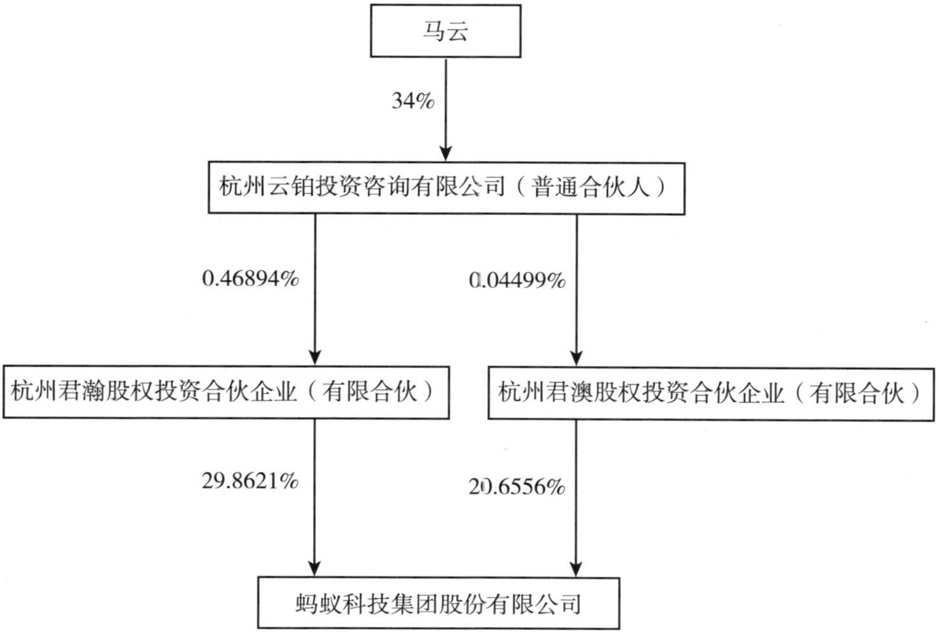

图 3–2 马云的控制链条

我们沿着马云的控制链往上一层股权看，杭州君瀚股权投资合伙企业（有限合伙）和杭州君澳股权投资合伙企业（有限合伙）有一个共同的执行事务合伙人（普通合伙人）杭州云铂投资咨询有限公司，杭州云铂投资咨询有限公司对杭州君瀚股权投资合伙企业（有限合伙）和杭州君澳股权投资合伙企业（有限合伙）的持股分别是 0.46894% 和 0.04499%。前面已经介绍了，杭州云铂投资咨询有限公司作为杭州君瀚股权投资合伙企业（有限合伙）和杭州君澳股权投资合伙企业（有限合伙）的执行事务合伙人（普通合伙人），尽管持股比例非常小，但这并不影响到杭州云铂投资咨询有限公司作为执行事务合伙人（普通合伙人）对杭州君瀚股权投资合伙企业（有限合伙）和杭州君澳股权投资合伙企业（有限合伙）的控制权。

我们沿着马云的控制链再往上一层股权看，杭州云铂投资咨询有限公司的股东包括马云、井贤栋、胡晓明、蒋芳，他们的持股比例分别是 34%、22%、22%、22%。马云对杭州云铂投资咨询有限公司使用了《一致行动人协议》和 34% 持股比例的反向控制权，关于反向控制权的作用在前面影响控制权的重要持股比例中已经作了说明，不再赘述。

我们再总结一下马云用小比例出资实现对万亿市值蚂蚁金服的控制权的路径，马云先通过《一致行动人协议》和 34% 持股比例的反向控制权实现了对杭州云铂投资咨询有限公司的控制权；杭州云铂投资咨询有限公司又通过作为执行事务合伙人（普通合伙人）实现了对杭州君瀚股权投资合伙企业（有限合伙）和杭州君澳股权投资合伙企业（有限合伙）的控制权；杭州君瀚股权投资合伙企业（有限合伙）和杭州君澳股权投资合伙企业（有限合伙）对蚂蚁金服持股超过 50% 成为蚂蚁金服的控股股东。

7.“有限合伙”的优点

（1）充分保障创始团队或创始人的控制权，避免融资时稀释股权，创始团队或创始人股权比例不断降低，而丧失控制权。

（2）分钱不分权，可以通过设计有限合伙持股平台，把公司的技术骨干、核心管理团队以及产业链上下游的重要合作伙伴凝聚在一起，公司壮大，利润增长时，大家共享分红，但是控制权依然由创始团队或创始人掌握。

（3）公司确定了上市规划后，通过设立持股平台可以让更多的利益共同体享受资本市场的红利。

8.“有限合伙”的缺点

“有限合伙”作为公司股东获得分红时，如果“有限合伙”的合伙人都是自然人需要纳税。

举个例子，假设一个公司有两类股东，一类是有限责任公司，一类是有限合伙企业。如果公司向自己的有限责任公司股东分红，该有限责任公司的股东对于获得的分红免缴纳企业所得税。因为按照《企业所得税法》第 26 条规定，符合条件的居民企业之间的股息、红利等权益性投资收益免征企业所得税。

如果公司向自己有限合伙企业股东分红，该有限合伙企业的自然人股东，对于获得的分红不能适用免征企业所得税的规定。

（二）多层有限公司架构

多层有限公司架构就是，实际控制人不直接持有核心公司股权，而是通过间接持股，形成多个层次的有限公司控制链条，实现对核心公司的控制权。

1. 多层有限公司架构的特点

所谓杠杆的作用就是，利用一个支点（一种方法），通过多层次的控制链条，实现用比较小的成本对更大规模资产的控制权。杠杆作用的大小，与控制链条的层次数量直接相关。

天士力（600535）案例分析

天士力医药集团股份有限公司（简称天士力），注册资本金 15.08 亿元，总市值 158.93 亿元。上市发行时，天津天士力集团有限公司（后更名为天士力控股集团有限公司）持有天士力 70% 的股份，为天士力的控股股东。天津金士力药物研究开发有限公司持有天津天士力集团有限公司 50.11% 的股权，闫希军持有天津金士力药物研究开发有限公司 51% 的股权，闫希军担任天士力董事长，为天士力的实际控制人。

下面逐一分析，看闫希军和闫凯境父子如何实现对天士力的控制权。（图 3–3）

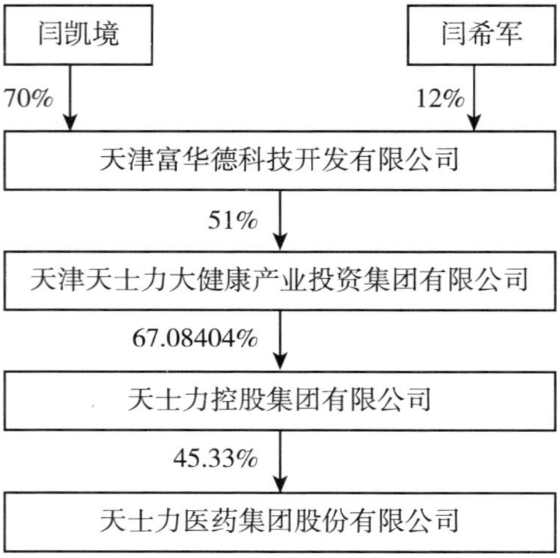

图 3–3　闫希军和闫凯境父子控制链条

天士力的控股股东是天士力控股集团有限公司，天士力控股集团有限公司持有天士力 45.33% 的股份。天士力控股集团有限公司的控股股东是天津天士力大健康产业投资集团有限公司，该控股股东持有天士力控股集团有限公司 67.08404% 的股份。往上一层股权看，天津天士力大健康产业投资集团有限公司的控股股东是天津富华德科技开发有限公司，该控股股东持有天津天士力大健康产业投资集团有限公司 51% 的股份。再往上一层股权看，天津富华德科技开发有限公司的控股股东是闫希军和闫凯境父子，该控股股东共同持有天津富华德科技开发有限公司 82% 的股份。这是闫希军和闫凯境最重要的一条控制链条。

看闫希军和闫凯境父子共通过几层持股实现对天士力的控制权，以及每一层的持股比例。闫希军和闫凯境父子直接持股的公司是天津富华德科技开发有限公司，闫希军和闫凯境父子共同持股 82%，享有该公司控制权，这是第一层。天津富华德科技开发有限公司直接持有的是天津天士力大健康产业投资集团有限公司的股份，持股 51%，享有该公司控制权，这是第二层。天津天士力大健康产业投资集团有限公司直接持有的是天士力控股集团有限公司的股份，持股 67.08404%，享有该公司控制权，这是第三层。天士力控股集团有限公司直接持有的是天士力的股份，持股 45.33%，这是第四层。闫希军和闫凯境父子通过四层持股，以 2952 万元的注册资本，实现对注册资本金 15.08 亿元、总市值

158.93亿元的天士力的控制权。

2. 多层有限公司架构的优点

利用《企业所得税法》关于符合条件的居民企业之间的股息、红利等权益性投资收益免征企业所得税的规定，使用有限责任公司作为每一层控制链条上的主体，实现分红及再投资的节税作用。

以天士力为例，闫希军和闫凯境父子控制链条的第三层天士力控股集团有限公司，该公司共对外投资了除天士力以外的53家有限公司，天士力控股集团有限公司对外投资的一部分资金来源于天士力的分红。天士力控股集团有限公司从天士力获得的分红，免征企业所得税。天士力控股集团有限公司投资这53家有限公司，再从53家有限公司获得分红均免征企业所得税。

我们看到很多非上市公司的大股东采用自然人直接持股，对于这种持股方式，如果自然人股东获得高额分红后，再拿分红去投资，自然人股东需要缴纳个人所得税。如果自然人股东再投资公司，依然采用自然人直接持股的架构，那么之后的所有分红需要依据《个人所得税法》关于股息、红利按照20%的税率缴纳个人所得税，除非属于免税的特殊情况。

财政部、国家税务总局、证监会《关于继续实施全国中小企业股份转让系统挂牌公司股息红利差别化个人所得税政策的公告》规定，个人持有挂牌公司的股票，持股期限超过1年的，对股息红利所得暂免征收个人所得税。个人持有挂牌公司的股票，持股期限在1个月以内（含1个月）的，其股息红利所得全额计入应纳税所得额；持股期限在1个月以上至1年（含1年）的，其股息红利所得暂减按50%计入应纳税所得额；上述所得统一适用20%的税率计征个人所得税。本公告所称挂牌公司是指股票在全国中小企业股份转让系统公开转让的非上市公众公司，持股期限是指个人取得挂牌公司股票之日至转让交割该股票之日前一日的持有时间。

财政部、国家税务总局、证监会《关于上市公司股息红利差别化个人所得税政策有关问题的通知》规定，个人从公开发行和转让市场取得的上市公司股票，持股期限超过1年的，股息红利所得暂免征收个人所得税。个人从公开发行和转让市场取得的上市公司股票，持股期限在1个月以内（含1个月）的，其股息红利所得全额计入应纳税所得额；持股期限在1个月以上至1年（含1年）的，暂减按50%计入应纳税所得额；上述所得统一适用20%的税率计征个人所得税。

（三）多层混合架构

多层混合架构是，实际控制人通过直接持股和间接持股，形成多个层次有限公司控制链条，并结合有限合伙或者有限公司实现对核心公司的控制权。

1．公牛集团（603195）案例分析

公牛集团股份有限公司（简称公牛集团），注册资本金6.01亿元，总市值861.97亿元。根据招股说明书披露信息显示，公牛集团共有十名股东，其中宁波良机实业有限公司（简称良机实业）、阮立平、阮学平持有公牛集团5%以上股份。良机实业持有公牛集团60%股份，为公司控股股东。阮立平、阮学平为公牛集团共同实际控制人。阮立平、阮学平兄弟二人合计控制公牛集团96.961%的表决权。其中，阮立平、阮学平通过直接持股的方式合计控制公牛集团35.876%表决权（其中阮立平、阮学平各自直接持有公牛集团17.938%的股份），通过良机实业合计控制公牛集团60%表决权，通过宁波凝晖投资管理合伙企业（有限合伙）合计控制公牛集团0.754%的表决权，通过宁波穗元投资管理合伙企业（有限合伙）合计控制公牛集团0.331%的表决权。阮立平、阮学平两人持股数量与持股比例相同。

根据招股说明书披露的信息，阮立平、阮学平兄弟二人合计控制公牛集团96.961%的表决权，除阮立平、阮学平通过直接持股的方式合计控制公牛集团35.876%表决权以外，最主要的控制链条是通过对良机实业的控制，实现对公牛集团60%表决权的控制。下面分析阮立平、阮学平兄弟如何实现对良机实业的控制权。

良机实业的股东是宁波梅山保税港区铄今投资管理有限公司、阮立平、阮学平，他们的持股比例分别是80%、10%、10%。再往上一层，宁波梅山保税港区铄今投资管理有限公司的股东是阮立平、阮学平，他们的持股比例分别是50%、50%。

阮立平、阮学平共通过几层持股实现对公牛集团的控制权，以及每一层的持股比例是多少？阮立平、阮学平直接持股的是宁波梅山保税港区铄今投资管理有限公司，阮立平、阮学平分别持股50%，合计持股100%，享有该公司控制权，这是第一层。宁波梅山保税港区铄今投资管理有限公司、阮立平、阮学平共同直接持有良机实业 100% 的股份，他们的持股比例分别是 80%、10%、10%，享有该公司控制权，这是第二层。良机实业直接持有公牛集团 60%，享有该公司控制权，这是第三层。（图 3–4）

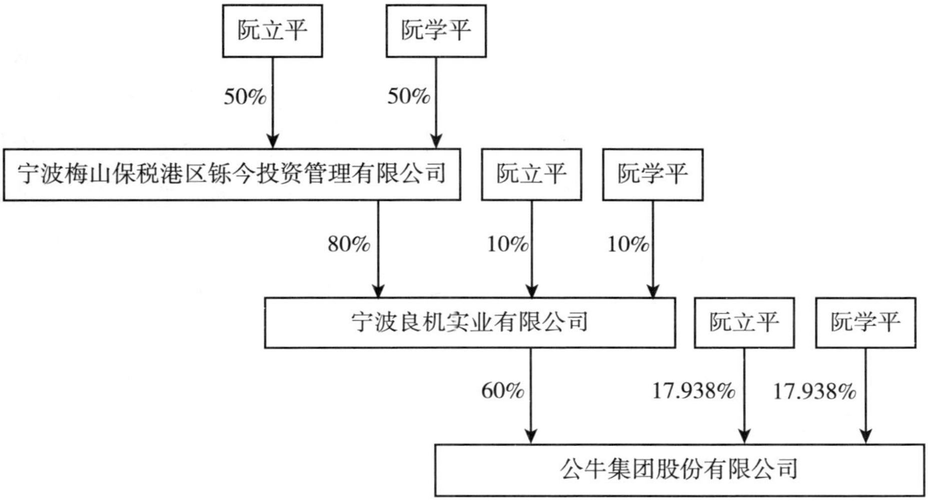

图 3–4 阮立平、阮学平控制链条

图 3–4 是公牛集团上市发行时股权结构和控制链条，下面看一下，上市发行时的股权结构和控制链条是如何形成的，以及为什么作出这样的安排？

2008 年公牛集团股权转让及第一次增资后的股权结构是阮立平、阮学平各持有公牛集团 50% 的股权，也就是当时的股东只有阮立平、阮学平两个自然人，股权架构只有一层。

2014 年 10 月 11 日，阮立平、阮学平分别与宁波公牛投资有限公司（更名前的良机实业）签署股权转让协议，各将其持有的公牛集团 2450.1 万元出资额以每一元出资额约 9.09 元的价格转让给宁波公牛投资有限公司，股权转让款均为 222690984.46 元；股权转让完成后，宁波公牛投资有限公司合计持有公牛有限 4900.2 万元出资额。招股说明书只披露“本次股权转让涉及的个人所得税均已缴纳”，但没有详细披露缴纳金额，按照股权转让个人所得税的计算公式：个人所得税应纳税额 =［股权转让收入 – 本金（原值）– 合理费用］×20% 计算，本次股权转让需要缴纳个人所得税大约 7900 万。

阮立平、阮学平为什么要支付这样大的纳税成本，把股权转给良机实业？

之前在介绍“多层有限公司架构模式的优点”时已经详细介绍，按照《企业所得税法》规定，符合条件的居民企业之间的股息、红利等权益性投资收益免征企业所得税，阮立平、阮学平把股权转给良机实业后，未来公司之间的分红免税。另外良机实业作为阮立平、阮学平的持股平台也增加了更多资本的腾挪空间。

企业的发展都会经历从小到大，实力逐步增强的过程，很多企业在刚成立时会采用自然人股东直接持股的方式，当企业进入快速增长期，自然人直接持股的架构就要及时进行调整，否则，未来的公司发展越快，公司的净资产价值越高，调整股权架构的税务成本就越高。就像公牛集团的阮立平、阮学平把股权转给持股平台良机实业。如果在公牛集团的规模和盈利能力都更小一些时，及时作出股权架构的调整，就可以避免缴纳如此多的个人所得税。

2. 多层混合架构的优点

（1）多层混合架构模式通常使用有限公司形成控制链条，适用《企业所得税法》关于符合条件的居民企业之间的股息、红利等权益性投资收益免征企业所得税的规定，公司股东分红免税。

（2）多层混合架构可以通过杠杆作用，利用一个支点，通过多层次的控制链条，实现用比较小的成本，对更大规模资产的控制权。

（3）多层混合架构模式是自然人股东通过直接持股和间接持股相结合，股东需要减持套现时，自然人股东直接转让股权，比用有限公司持股平台转让股权，税务成本更低。

（四）AB 股加一致行动人模式

1. AB 股（特别表决权）

AB 股就是把公司的股份划分为两类，A 类股份为公司创始人所持有的特别投票权股份，B 类股份为普通投票权股份。两类股份仅投票权不同，分红权等其他权利相同。

2. 有限责任公司和股份公司设置 AB 股遵守的规则有所不同

有限责任公司设置 AB 股空间弹性最大，根据《公司法》第 42 条规定：“股东会会议由股东按照出资比例行使表决权；但是，公司章程另有规定的除外。”该条规定充分尊重有限责任公司股东的意思自治。

《公司法》第 42 条规定，为有限责任公司表决权差异安排保留了足够的开放可能性。关于设置 AB 股的具体规则充分授权有限责任公司的股东意思自治。

《公司法》第 126 条第 1 款规定，股份的发行，实行公平、公正的原则，同种类的每一股份应当具有同等权利。第 103 条第 1 款中规定，股东出席股东大会会议，所持每一股份有一表决权。第 131 条规定，国务院可以对公司发行本法规定以外的其他种类的股份，另行作出规定。

《上海证券交易所科创板股票上市规则》规定，持有特别表决权股份的股东应当为对上市公司发展或者业务增长等作出重大贡献，并且在公司上市前及上市后持续担任公司董事的人员或者该等人员实际控制的持股主体。持有特别表决权股份的股东在上市公司中拥有权益的股份合计应当达到公司全部已发行有表决权股份 10% 以上。每份特别表决权股份的表决权数量应当相同，且不得超过每份普通股份的表决权数量的 10 倍。

《北京证券交易所股票上市规则（试行）》规定，发行人具有表决权差异安排的，该安排应当平稳运行至少一个完整会计年度，且相关信息披露和公司治理应当符合中国证监会及全国股转公司相关规定。上市前不具有表决权差异安排的公司，不得在上市后以任何方式设置此类安排。上市公司应当保证普通表决权比例不低于 10%。

《全国中小企业股份转让系统挂牌公司治理指引第 3 号——表决权差异安排》规定，特别表决权股东应当为挂牌公司董事，在公司中拥有权益的股份达到公司有表决权股份的 10% 以上，并对挂牌公司发展具有重大贡献。每份特别表决权股份的表决权数量；每份特别表决权股份拥有的表决权数量与普通股份拥有表决权数量的比例安排，每份特别表决权股份的表决权数量不得超过每份普通股份表决权数量的 10 倍；每份特别表决权股份代表的表决权数量相同。

科创板、北交所及新三板中的“表决权差异安排（AB 股）”的特点：

（1）特别表决权只是对特定的表决事项享有比普通股份更多的表决权，除此以外，享有特别表决权股份的其他股东权利与持有普通股份的股东权利相同。

（2）特别表决权只适用于公司章程规定的股东大会特定决议事项，并不是包含股东大会所有的事项。

（3）不是任何一位股东都可以享有特别表决权，对于持有特别表决权股份的持有人资格和持股比例有特别要求。

（4）每份特别表决权股份的表决权数量应当相同，且不得超过每份普通股份的表决权数量的10倍。

3. 一致行动人

一致行动人就是多个股东根据《一致行动人协议》达成共识，实现对目标公司的控制权。

《上市公司收购管理办法》给出的定义为，一致行动是指投资者通过协议、其他安排，与其他投资者共同扩大其所能够支配的一个上市公司股份表决权数量的行为或者事实。在上市公司的收购及相关股份权益变动活动中有一致行动情形的投资者，互为一致行动人。

一致行动人就是公司股东通过签署《一致行动人协议》的法律文件，在公司股东会（股东大会）之外又建立了一个有法律保障的“小股东会”。每次在股东会（股东大会）表决之前一致行动人在“小股东会”中先讨论出一个结果作为在股东会（股东大会）表决的唯一结果。

很多创新型的中小企业，在创业之初多人共同创业，股权本身就比较分散，随着公司的发展对融资的需求增强，由此而引发的创始人股权逐步稀释摊薄的问题越来越严重。这种类型的公司使用AB股加一致行动人模式，既可借助资本的力量助力公司蓬勃发展，又可确保创始人的控制权。

4. 优刻得（688158）案例分析

（1）优刻得的AB股安排

优刻得科技股份有限公司（简称优刻得）上市发行后总股本4.2亿元，总市值61.49亿元。优刻得设立时的发起人共27人，其中前三位的发起人名称及持股比例为，季昕华14.1199%、莫显峰6.5079%、华琨6.2069%。

2019年优刻得设置特别表决权，根据特别表决权设置安排，优刻得共同实际控制人季昕华、莫显峰及华琨持有的A类股份每股拥有的表决权数量为其他股东所持有的B类股份每股拥有的表决权的5倍。

优刻得上市前，季昕华、莫显峰及华琨合计直接持有26.8347%的股份，根据优刻得《公司章程》，通过设置特别表决权持有优刻得64.7126%的表决权。

优刻得上市后，季昕华、莫显峰及华琨合计持有优刻得23.1197%的股份及60.0578%的表决权。

根据优刻得《公司章程》的规定，股东大会的决议案进行表决时，季昕华、莫显峰及华琨所持A类股份每股可投五票，B类股份持有人每股可投一票。但是并不是所有股东股东大会的决议事项，A 类股份每股都可投五票，有一些特别重大的事项除外，下列事项行使表决权时，A 类股份享有的表决权数量与 B 类股份的表决权数量相同：（1）对《公司章程》作出修改；（2）改变 A 类股份享有的表决权数量；（3）聘请或者解聘公司的独立董事；（4）聘请或者解聘为公司定期报告出具审计意见的会计师事务所；（5）公司合并、分立、解散或者变更公司形式。

（2）优刻得的一致行动人安排

季昕华、莫显峰及华琨为增强共同控制及一致行动关系，先后签署了《一致行动协议》、《一致行动协议之补充协议》及《一致行动协议之补充协议二》。相关协议对季昕华、莫显峰及华琨继续保持对公司的共同控制地位做了一致行动安排，将按互相之间少数出资额服从多数出资额的原则确定一致的表决意见。

一致行动人内部的决策机制是，少数出资额服从多数出资额的原则，三人的出资比例是季昕华大于莫显峰，莫显峰大于华琨，当另外两位股东与季昕华意见不一致时，以季昕华的意见为准。

优刻得一致行动人季昕华、莫显峰及华琨合计持有 23.1197% 的股份，通过特别表决权的设置享有 60.0578% 的表决权，因此季昕华、莫显峰及华琨能够决定股东大会的普通决议，对股东大会特别决议也能起到类似的决定性作用。

5.AB 股加一致行动人模式优势及应用

对于科技类公司和创新型的中小企业，如果创始人团队人数较多，股权比较分散，并且公司的研发周期长、投入大、需要多轮融资筹措企业发展资金的，使用 AB 股加一致行动人模式可以避免引入投资人后，因为股权稀释被投资人绑架，甚至被迫出局的风险发生。就像优刻得发起人 27 人，股东人数多，并且股权分散，个人占有股权份额最高的季昕华仅占有 14.1199% 的股权。另外从 2016 年 3 月起至 2018 年 11 月止，优刻得完成了 7 次融资，优刻得上市时，季昕华、莫显峰及华琨三位股东通过《一致行动人协议》合计持有股权才 23.1197%，连反向控制权超过三分之一的股权比例都没有达到，如果不是使用 AB 股加一致行动人模式，以季昕华、莫显峰及华琨三人的股权份额再加上使用自然人直接持股的模式，季昕华、莫显峰及华琨无法实现控制权。

四、控制权的法律保障

上面介绍了以小比例出资实现控制权的四种架构模式，有限合伙架构、多层有限公司架构、多层混合架构、AB 股加一致行动人模式，并且分析了蚂蚁金服、天士力、公牛集团、优刻得如何使用有限合伙架构、多层有限公司架构、多层混合架构、AB 股加一致行动人模式实现控制权。一个公司是不是选对了适合本公司的股权架构模式就能确保控制权的稳定呢？仅选对了股权架构模式显然是不够的，还需要从公司治理层面和法律文件两个层面保障控制权的稳定。

（一）公司治理层面的保障

控制权的本质是享有对公司运营、管理、高管任命、投资等事项的决策权和支配权。搭建适合本公司股权架构的同时，还需要做好股东会（股东大会）、董事会、高级管理人员权利和义务分配，以及与此有关的推选、聘任、监督等问题的制度框架。

1. 股东会（股东大会）的层面

首先要做好股东会（股东大会）的分权，确定哪些是股东会（股东大会）的职权，哪些是董事会的职权，再根据持股比例确定表决机制，只有将持股比例与表决机制结合才能更好地保障控制权的实现和稳定。

2. 董事会的层面

首先要确定董事的推选权，同时制定《董事推选（提名）规则》，通过推选董事实现对董事会组成人员的控制。

按照《公司法》的规定，董事会决议的表决，实行一人一票，如果控制董事会的席位多，在董事会就有更多的控制权，所以对于董事的推选权是非常重要的。

选举董事的流程通常是，根据《董事推选（提名）规则》确定股东持股比例与推选董事人数的关系，经过股东推选确定董事人选，再通过股东会的表决（《公司法》规定，由股东会选举和更换非由职工代表担任的董事）确定董事并任命。

另外需要关注的是董事会的表决机制，因为只有将董事的推选权与表决机制结合才能更好地保障董事会控制权的实现和稳定。

3. 高级管理人员的层面

主要涉及的是经理和高管的聘任和授权。根据《公司法》的规定，有限责任公司可以设经理，由董事会决定聘任或者解聘。经理对董事会负责，行使的职权包括：主持公司的生产经营管理工作，组织实施董事会决议；组织实施公司年度经营计划和投资方案；拟订公司内部管理机构设置方案；拟订公司的基本管理制度；制定公司的具体规章；提请聘任或者解聘公司副经理、财务负责人；决定聘任或者解聘除应由董事会决定聘任或者解聘以外的负责管理人员。

从经理的职权看，经理不仅负责公司的生产经营管理工作，拟订公司内部管理机构设置方案和公司的基本管理制度，制定公司的具体规章，同时可以决定聘任或者解聘除应由董事会决定聘任或者解聘以外的管理人员。

经理和高管对于公司的管理享有非常大的决策权，如何能够实现对高级管理人员的控制呢？核心还在于对其的聘任和解聘的权力。如何实现对于经理和高管聘任和解聘的权力呢？核心在于对于董事会的控制权（根据《公司法》的规定，有限责任公司可以设经理，由董事会决定聘任或者解聘）。如何实现对于董事会的控制权呢？核心在于董事的推选权和董事会的决策机制。董事会的推选权又与股东会的决策机制等相关。在公司治理层面，公司的股东会职权与决策机制、董事会职权、人员构成及决策机制、高管层的任命权都与控制权息息相关、环环相扣。

（二）法律文件的保障

1. 股东协议

股东协议主要是指有限责任公司的股东之间，针对于出资、股权比例、董事的推选、经营管理权的分配、增资扩股、股权稀释，以及股权转让等事项所订立的协议。

股东协议是把股东之间自行协商确定的股东之间的权利与义务用法律条文固定下来，从而保障股东的权利。

2. 公司章程

公司章程是公司最重要的一个依据和规则，相当于公司的基本法。《公司法》赋予有限责任公司股东可以通过章程实现意思自治，制定有利于公司经营、决策以及控制权稳定的章程。

很多有限责任公司是参照市场监督管理局的公司章程格式文本并通过“填空”的方式来制定本公司的章程。市场监督管理局的公司章程格式文本（范本）是关于公司治理的一般规则，满足的是公司治理的最低规范要求，不能满足公司的个体特点和需求。

前面已经介绍了股东会、董事会、经理层对于控制权的重要性，其中不论是股东会和董事会的分权、股东会和董事会决策机制、董事的推选、高管的任命权等都与公司章程有关，或者说都需要公司章程将上述的这些重要规则，通过具有法律约束力的条款予以固定和保障。

下面通过分析上市公司上海爱旭新能源股份有限公司的公司章程，对控制权与公司章程的关系予以详细说明。

2014 年 5 月 31 日，上海爱旭新能源股份有限公司（简称爱旭股份）发布关于修订公司章程的公告，具体内容如下：

（1）《公司章程》修改之一

原《公司章程》内容：

第四十一条　公司下列对外担保行为，须经股东大会审议通过。

（一）本公司及本公司控股子公司的对外担保总额，达到或超过最近一期经审计净资产的 50% 以后提供的任何担保；

（二）公司的对外担保总额，达到或超过最近一期经审计总资产的 30% 以后提供的任何担保；

（三）为资产负债率超过 70% 的担保对象提供的担保；

（四）单笔担保额超过最近一期经审计净资产 10% 的担保；

（五）对股东、实际控制人及其关联方提供的担保。

现拟修改为：

第四十一条　公司下列事项，须经公司董事会审议通过后，提交股东大会审议。

（一）公司的下列对外担保行为，须经股东大会审议：

1. 本公司及本公司控股子公司的对外担保总额，达到或超过最近一期经审计净资产的 50% 以后提供的任何担保；

2. 公司的对外担保总额，达到或超过最近一期经审计总资产的 30% 以后提供的任何担保；

3. 为资产负债率超过 70% 的担保对象提供的担保；

4. 单笔担保额超过最近一期经审计净资产 10% 的担保；

5. 按照担保金额连续十二个月内累计计算原则，超过公司最近一期经审计净资产的 50%，且绝对金额超过 5000 万元以上；

6. 对股东、实际控制人及其关联方提供的担保；

7. 法律、行政法规、部门规章或本章程规定须经股东大会审议的其他担保。

……

《公司章程》第 41 条的修改是股东大会和董事会分权的变化，原《公司章程》第 41 条规定的是“公司下列对外担保行为，须经股东大会审议通过”。修改后的《公司章程》第 41 条为：“公司下列事项，须经公司董事会审议通过后，提交股东大会审议。”这个变化意味着，之前控制股东会就能决定决议是否通过，现在必须同时控制董事会和股东会才能决定决议能否通过。

（2）《公司章程》修改之二

原《公司章程》内容：

第五十三条　公司召开股东大会，董事会、监事会以及单独或者合并持有公司 3% 以上股份的股东，有权向公司提出提案。

单独或者合计持有公司 3% 以上股份的股东，可以在股东大会召开 10 日前提出临时提案并书面提交召集人。召集人应当在收到提案后 2 日内发出股东大会补充通知，公告临时提案的内容。

除前款规定的情形外，召集人在发出股东大会通知公告后，不得修改股东大会通知中已列明的提案或增加新的提案。

股东大会通知中未列明或不符合本章程第五十二条规定的提案，股东大会不得进行表决并作出决议。

现拟修改为：

第五十三条　公司召开股东大会，董事会、监事会以及单独或者合并持有公司 3% 以上股份的股东，有权向公司提出提案。

连续 12 个月单独或者合计持有公司 3% 以上股份的股东，可以在股东大会召开 10 日前提出临时提案并书面提交召集人。召集人应当在收到提案后 2 日内发出股东大会补充通知，公告临时提案的内容。

除前款规定的情形外，召集人在发出股东大会通知公告后，不得修改股东大会通知中已列明的提案或增加新的提案。

股东大会通知中未列明或不符合本章程第五十二条规定的提案，股东大会不得进行表决并作出决议。

《公司章程》第53条的修改是将原《公司章程》第53条规定的是“单独或者合计持有公司3%以上股份的股东，可以在股东大会召开10日前提出临时提案并书面提交召集人”修改为“连续12个月单独或者合计持有公司3%以上股份的股东，可以在股东大会召开10日前提出临时提案并书面提交召集人”。这个变化意味着，对持股时间作出限制，要求“连续12个月”持股，这样可以防止短线交易的股东滥用提案权，避免对公司稳定经营造成影响。

（3）《公司章程》修改之三

原《公司章程》内容：

第六十七条　股东大会由董事长主持。董事长不能履行职务或不履行职务时，由副董事长主持，副董事长不能履行职务或者不履行职务时，由半数以上董事共同推举的一名董事主持。

现拟修改为：

第六十七条　股东大会由董事长主持。董事长不能履行职务或不履行职务时，由半数以上董事共同推举的一名董事主持。

《公司章程》第67条的修改是将原《公司章程》“股东大会由董事长主持。董事长不能履行职务或不履行职务时，由副董事长主持，副董事长不能履行职务或者不履行职务时，由半数以上董事共同推举的一名董事主持”修改为“股东大会由董事长主持。董事长不能履行职务或不履行职务时，由半数以上董事共同推举的一名董事主持”。这个变化意味着，削弱了副董事长的职能和作用。因为修改之前主持股东大会的顺序是董事长、副董事长、共同推举的董事，修改后变成董事长不能履职时，直接由共同推举的董事主持，直接删除了特殊情况下，副董事长代替董事长履职。

（4）《公司章程》修改之四

原《公司章程》内容：

第七十七条　下列事项由股东大会以特别决议通过：

（一）公司增加或者减少注册资本；

（二）公司的分立、合并、解散和清算；

（三）本章程的修改；

（四）公司在一年内购买、出售重大资产或者担保金额超过公司最近一期经审计总资产 30% 的；

（五）股权激励计划；

（六）法律、行政法规或本章程规定的，以及股东大会以普通决议认定会对公司产生重大影响的、需要以特别决议通过的其他事项。

现拟修改为：

第七十七条　下列事项由股东大会以特别决议通过：

（一）公司增加或者减少注册资本；

（二）公司的分立、合并、解散和清算；

（三）本章程的修改；

（四）公司在一年内购买、出售重大资产或者担保金额超过公司最近一期经审计总资产 30% 的；

（五）股权激励计划；

（六）不能按既定的现金分红政策或者最低现金分红比例确定当年利润分配方案；

（七）本章程确定的利润分配政策调整或变更；

（八）法律、行政法规或本章程规定的，以及股东大会以普通决议认定会对公司产生重大影响的、需要以特别决议通过的其他事项。

《公司章程》第 77 条的修改是将原《公司章程》股东大会特别决议事项增加了两项，即增加了“（六）不能按既定的现金分红政策或者最低现金分红比例确定当年利润分配方案；（七）本章程确定的利润分配政策调整或变更”。修改后的公司章程扩大了特别决议事项的范围，相当于增加了股东反向控制权的范围。

（5）《公司章程》修改之五

原《公司章程》内容：

第八十二条　董事、监事候选人名单以提案的方式提请股东大会表决。董事会应当向股东公告候选董事、监事的简历和基本情况。股东大会就选举董事、监事进行表决时，可以实行累积投票制。前款所称累积投票制是指股东大会选举董事或者监事时，每一股份拥有与应选董事或者监事人数相同的表决权，股东拥有的表决权可以集中。在选举董事、监事的股东大会上，董事会秘书应向股东解释累积投票制度的具体内容和投票规则，并告知该次董事、监事选举中每股拥有的投票权。

现拟修改为：

第八十二条　董事、监事候选人名单以提案的方式提请股东大会表决。董事会应当向股东公告候选董事、监事的简历和基本情况。股东大会就选举董事、监事进行表决时，可以实行累积投票制。但须由连续持股超过 12 个月有提案权股东书面提出，经董事会审议通过后实施。前款所称累各投票制是指股东大会选举董事或者监事时，每一股份拥有与应选董事或者监事人数相同的表决权，股东拥有的表决权可以集中。在选举董事、监事的股东大会上，董事会秘书应向股东解释累积投票制度的具体内容和投票规则，并告知该次董事、监事选举中每股拥有的投票权。

《公司章程》第 82 条的修改是对原《公司章程》"股东大会就选举董事、监事进行表决时，可以实行累积投票制"增加了新的限制，即"但须由连续持股超过 12 个月有提案权股东书面提出，经董事会审议通过后实施"。该条修改是进一步增加实行累积投票制的限制。

（6）《公司章程》修改之六

原《公司章程》内容：

第九十六条　董事由股东大会选举或更换，任期三年。董事任期届满，可连选连任。董事在任期届满以前，股东大会不能无故解除其职务。

现拟修改为：

第九十六条　董事由股东大会选举或更换，任期三年。董事任期届满，可连选连任。董事会换届选举时，更换董事不得超过全体董事的三分之一；每一提案所提候选人不得超过全体董事的三分之一；非董事会换届选举时，选举或更换（不包括确认董事辞职）董事人数不得超过现任董事的四分之一，董事在任期届满以前，股东大会不能无故解除其职务。

《公司章程》第 96 条的修改是将原《公司章程》董事选举或更换增加了新的限制，即"董事会换届选举时，更换董事不得超过全体董事的三分之一；每一提案所提候选人不得超过全体董事的三分之一；非董事会换届选举时，选举或更换（不包括确认董事辞职）董事人数不得超过现任董事的四分之一"。增加选举或更换董事人数的限制是为了避免董事的集中变化，增加了董事会的稳定性。

（7）《公司章程》修改之七

原《公司章程》内容：

第一百一十二条　董事长行使下列职权：

（一）主持股东大会和召集、主持董事会会议；

（二）督促、检查董事会决议的执行；

（三）签署公司股票、公司债券及其他有价证券；

（四）签署董事会重要文件和其他应由公司法定代表人签署的其他文件；

（五）行使法定代表人的职权；

（六）在发生特大自然灾害等不可抗力的紧急情况下，对公司事务行使符合法律规定和公司利益的特别处置权，并在事后向公司董事会和股东大会报告；

（七）董事长有权批准单笔金额为人民币 1000 万元以下的对其他公司出资和单笔金额为人民币 3000 万元以下的其他对外投资事项，但法律法规及本章程规定应提交董事会或股东大会审议的事项除外；

（八）董事长有权批准单笔金额为人民币 100 万元及以下的公司对外捐赠；

（九）董事会授予的其他职权。

现拟修改为：

第一百一十二条　董事长行使下列职权：

（一）主持股东大会和召集、主持董事会会议；

（二）督促、检查董事会决议的执行；

（三）签署公司股票、公司债券及其他有价证券；

（四）签署董事会重要文件和其他应由公司法定代表人签署的其他文件；

（五）行使法定代表人的职权；

（六）在发生特大自然灾害等不可抗力的紧急情况下，对公司事务行使符合法律规定和公司利益的特别处置权，并在事后向公司董事会和股东大会报告；

（七）董事长有权批准单笔金额为人民币 2000 万元以下的对其他公司出资和单笔金额为人民币 5000 万元以下的其他对外投资事项，但法律法规及本章程规定应提交董事会或股东大会审议的事项除外；

（八）董事长有权批准单笔金额为人民币 100 万元及以下的公司对外捐赠；

（九）董事会授予的其他职权。

《公司章程》第 112 条将原《公司章程》“（七）董事长有权批准单笔金额

为人民币 1000 万元以下的对其他公司出资和单笔金额为人民币 3000 万元以下的其他对外投资事项，但法律法规及本章程规定应提交董事会或股东大会审议的事项除外”变更为“（七）董事长有权批准单笔金额为人民币 2000 万元以下的对其他公司出资和单笔金额为人民币 5000 万元以下的其他对外投资事项，但法律法规及本章程规定应提交董事会或股东大会审议的事项除外”。《公司章程》的这一项修改增加了董事长的权力。公司对外投资和对其他公司投资都属于公司重大的经营决策，单笔金额为人民币 2000 万元以下的对其他公司出资和单笔金额为人民币 5000 万元以下的其他对外投资事项，董事长有权批准，属于加强了董事长的控制权。

关于控制权很多人理解为享有相对控制权、绝对控制权、反向控制权的持股比例，或者设计了符合公司特点的有限合伙架构、多层有限公司架构、多层混合架构、AB 股加一致行动人模式等就高枕无忧了，但是实际的情况是不管持股比例或者股权架构都只是设计和制定了规则，这些规则的落地和实现，需要从公司治理和法律文件等多方面保障。控制权是一个系统工程，需要打通每一个环节，同时各环节共同配合实现。

第三篇

法律篇（中）：股权激励

一、股权激励的价值和意义

公司在经营中通常会遇到几个难题，员工工作按部就班，缺少工作积极性和主动性；股东不敢充分授权，不仅自己辛苦，公司的整体效率也难以提高；公司里越有能力的人越不稳定，有能力的人在羽翼丰满、条件成熟时或者跳槽，或者单干。这些问题都阻碍了公司的快速发展。

是否有破解这些难题的方法？选择股权激励，不失为一个好办法。

股权激励的根本是将股东利益、公司效益与激励对象的利益进行深度捆绑。与工资和奖金这种短期直接的激励不同，股权激励时间周期更长、不确定性更大，有效的股权激励可以激发员工的潜能，发挥员工的主观能动性，推动公司快速发展。

股权激励是一种工具，股权激励能够将公司的长期利益和短期利益结合起来，同时确保激励对象的利益与公司利益一致，实现公司与员工共赢，激活“上下同欲”的体系，使用股权激励时也要特别注意绕开误区，避免风险。

二、股权激励的制度衔接

2020 年 8 月 21 日，全国股转公司发布的《全国中小企业股份转让系统股权激励和员工持股计划业务办理指南》正式施行，这也标志着新三板股权激励和员工持股计划制度正式落地。

2021 年 11 月 15 日，北京证券交易所发布的《北京证券交易所上市公司持续监管指引第 3 号——股权激励和员工持股计划》正式施行。

按照《北京证券交易所股票上市规则（试行）》的规定，公司如果想在北交所上市，必须是在全国股转系统连续挂牌满 12 个月的创新层挂牌公司，有很多公司在全国股转系统挂牌期间就已经做了股权激励，但是到北交所申请上市时股权激励计划还没有实施完毕，这里就存在一个制度衔接安排的问题，依据《北京证券交易所股票上市规则（试行）》第 8.4.6 条规定，上市公司在全国股转系统挂牌期间依法实施的股权激励计划上市后可以继续实施。

北交所整体平移了全国股转系统股权激励的规定，只有少数内容的修改，所以只要新三板公司的股权激励计划符合全国股转系统的相关规定，如果没有实施完毕的，在北交所上市后可以继续实施，不需要作修改。

三、股权激励六大要素

（一）定方式：确定股权激励的模式

股权激励的模式有限制性股票、股票期权、虚拟股、干股、员工持股计划等，下面重点介绍限制性股票和股票期权。

《北京证券交易所上市公司持续监管指引第 3 号——股权激励和员工持股计划》第 2 条规定，本指引所称股权激励是指上市公司以本公司股票为标的，采用限制性股票、股票期权或者本所认可的其他方式，对董事、高级管理人员及其他员工进行的长期性激励。

《非上市公众公司监管指引第 6 号——股权激励和员工持股计划的监管要求（试行）》规定，本指引所称股票期权是指挂牌公司授予激励对象在未来一定期限内以预先确定的条件购买本公司一定数量股份的权利；限制性股票是指激励对象按照股权激励计划规定的条件，获得的转让等部分权利受到限制的本公司股票。

限制性股票是指激励对象按照股权激励规定的条件，获得的转让或（和）表决权等部分权利受到限制的本公司股票。限制性股票受限的权利主要包括限制性股票在解除限售前不得转让、不得用于担保、不得用于偿还债务或（和）在限制期间内不享有表决权，过了限售期解除限售后，上述权利不再受限制。直接持股的限制性股票的激励对象在授予限制性股票时就已经获得公司股票，成为公司股东，享有股东权利并承担股东义务，其成为公司股东是确定的，只是股东权利中的转让权利受到限制。

股票期权是指授予激励对象在未来一定期限内以预先确定的条件购买本公司一定数量股份的权利。股票期权从本质上讲只要一种预先设定好条件，购买股票的一种权利，在授予激励对象股票期权时，激励对象是否行权尚不确定。激励对象最终能否获得公司股票受两个因素的影响：其一是客观条件，取决于激励对象是否满足行权条件；其二是主观条件，取决于激励对象主观上是否愿意行权。只有上述的客观条件和主观条件同时满足时，激励对象才能够通过行权成为公司的股东，享有股东权利，承担股东义务。

限制性股票和股票期权的比较：

1．支付价款的时间不同

限制性股票在授予限制性股票时，激励对象需要支付价款。股票期权在授予股票期权时，激励对象不需要支付价款。行权期满，激励对象满足行权条件时，可以根据授予时的股票价格行权。

2. 收益和风险不同

限制性股票激励对象的收益是购买限制性股票的价格与解除限售后股票价格之间的差价。如果解除限售后股票价格高于购买时的价格，这个差价就是限制性股票激励对象的收益。如果解除限售后股票价格低于购买时的价格，这个就是限制性股票激励对象的风险。

股票期权激励对象的收益是授予股票期权时的行权价格与行权时股票的市场交易价格之间的差价。如果行权时股票市场交易价格高于授予时的行权价格，这个差价就是股票期权激励对象的收益。如果行权时市场交易股票的价格低于授予时的行权价格，这个就是股票期权激励对象的风险。但是对于这个风险，股票期权激励对象可以主动止损，因为股票期权激励对象有权决定行权或者不行权，如果选择不行权，股票期权激励对象可以避免损失。

3. 购买股票价格不同

《非上市公众公司监管指引第6号——股权激励和员工持股计划的监管要求（试行）》规定，限制性股票的授予价格原则上不得低于有效的市场参考价的50%。股票期权的行权价格原则上不得低于有效的市场参考价。对授予价格、行权价格低于有效的市场参考价标准的，或采用其他方法确定授予价格、行权价格的，挂牌公司应当在股权激励计划中对定价依据及定价方法作出说明。主办券商应对股权激励计划的可行性、相关定价依据和定价方法的合理性、是否有利于公司持续发展、是否损害股东利益等发表意见。

从限制性股票的授予价格原则上不得低于有效的市场参考价的50%，股票期权的行权价格原则上不得低于有效的市场参考价的规定来看，限制性股票的授予价格原则比股票期权的行权价格更具价格优势。

（二）定对象：确定股权激励对象

1. 哪些主体有资格成为股权激励对象

《非上市公众公司监管指引第6号——股权激励和员工持股计划的监管要求（试行）》规定，激励对象包括挂牌公司的董事、高级管理人员及核心员工，但不应包括公司监事。挂牌公司聘任独立董事的，独立董事不得成为激励对象。

核心员工的认定应当符合《非上市公众公司监督管理办法》（简称《公众公司办法》）的规定。

《公众公司办法》规定，核心员工的认定，应当由公司董事会提名，并向全体员工公示和征求意见，由监事会发表明确意见后，经股东大会审议批准。

《上市公司股权激励管理办法》规定，激励对象可以包括上市公司的董事、高级管理人员、核心技术人员或者核心业务人员，以及公司认为应当激励的对公司经营业绩和未来发展有直接影响的其他员工，但不应当包括独立董事和监事。在境内工作的外籍员工任职上市公司董事、高级管理人员、核心技术人员或者核心业务人员的，可以成为激励对象。

单独或合计持有上市公司 5% 以上股份的股东或实际控制人及其配偶、父母、子女，不得成为激励对象。

下列人员也不得成为激励对象：

（1）最近 12 个月内被证券交易所认定为不适当人选；

（2）最近 12 个月内被中国证监会及其派出机构认定为不适当人选；

（3）最近 12 个月内因重大违法违规行为被中国证监会及其派出机构行政处罚或者采取市场禁入措施；

（4）具有《公司法》规定的不得担任公司董事、高级管理人员情形的；

（5）法律法规规定不得参与上市公司股权激励的；

（6）中国证监会认定的其他情形。

《北京证券交易所股票上市规则（试行）》规定，激励对象可以包括上市公司的董事、高级管理人员、核心技术人员或者核心业务人员（经法定程序认定的核心员工），以及公司认为应当激励的对公司经营业绩和未来发展有直接影响的其他员工，独立董事和监事除外。

单独或合计持有上市公司 5% 以上股份的股东或实际控制人及其配偶、父母、子女以及上市公司外籍员工，在上市公司担任董事、高级管理人员、核心技术人员或者核心业务人员的，可以成为激励对象。上市公司应当充分说明前述人员成为激励对象的必要性、合理性。

下列人员不得成为激励对象：

（1）最近 12 个月内被证券交易所认定为不适当人选；

（2）最近 12 个月内被中国证监会及其派出机构认定为不适当人选；

（3）最近 12 个月内因重大违法违规行为被中国证监会及其派出机构行政处罚或者采取市场禁入措施；

（4）具有《公司法》规定的不得担任公司董事、高级管理人员情形的；

（5）法律法规规定不得参与上市公司股权激励的；

（6）中国证监会认定的其他情形。

综合上述规定可知，新三板公司的董事、高级管理人员及核心员工可以成为股权激励的对象。其中核心员工的认定，由公司董事会提名，并经股东大会审议批准。

北交所上市公司的董事、高级管理人员、核心技术人员或者核心业务人员（经法定程序认定的核心员工）；以及公司认为应当激励的对公司经营业绩和未来发展有直接影响的其他员工；单独或合计持有上市公司 5% 以上股份的股东或实际控制人及其配偶、父母、子女以及上市公司外籍员工，在上市公司担任董事、高级管理人员、核心技术人员或者核心业务人员的，都可以成为股权激励对象。

上述规则明确了新三板公司或者北交所上市公司可以成为股权激励对象的范围。相对于新三板公司或者北交所上市公司，其他非新三板挂牌公司或者非上市公司可以成为股权激励对象的范围更广，约束更少，但是对于已经把在北交所上市作为目标的公司来说，即使现在尚未在新三板挂牌，在做股权激励时，也尽量参照新三板和北交所关于股权激励的规定。

2. 如何在有资格的人中确定股权激励对象？

上面介绍了哪些主体有资格成为股权激励对象，有资格成为股权激励对象，并不代表一定会成为股权激励的对象，如何确定股权激励的对象？

首先看公司所处的发展阶段。如果属于初创期的创新型公司，在此阶段做股权激励首先确定的激励对象应该是核心技术人员。初创期的创新型公司发展的不确定性更大，此阶段需要与核心技术人员深度捆绑。初创期做股权激励需要注意的是，股权激励的人数要少要精，同时股权比例不应过多。

如果属于发展期的制造业公司，制造业公司经过了初创阶段，公司已经初具规模，制造业公司采购部门、销售部门、财务部门、研发部门的高管以及分公司的负责人都有必要成为股权激励对象，此阶段公司的发展需要多个部门的协作。

成熟期的公司已经进入了规模化的生产和销售阶段，此阶段股权激励对象的范围有必要进一步扩大，同时有必要建立多个持股平台。

其次看员工的能力、职位、工龄以及对企业的发展价值等因素。公司做股权激励时，有必要制定股权激励计划和制度，明确确定股权激励对象的标准。

关于工龄标准，明确股权激励对象在公司工作的最低工龄要求；关于职位标准,明确股权激励对象的具体职级要求;关于能力需要有明确的绩效配套制度。明确的标准不仅能让确定股权激励对象时减少主观因素，让员工信服，同时明确标准，也有利于为员工树立目标。

（三）定价格：确定获得股票的成本

1.新三板挂牌公司和北交所上市公司股权激励定价的限制

《北京证券交易所上市公司持续监管指引第 3 号——股权激励和员工持股计划》规定，上市公司实施股权激励，应当合理确定限制性股票授予价格或股票期权行权价格，并在股权激励计划草案中对定价依据和定价方式进行说明。

限制性股票授予价格低于市场参考价的 50%，或者股票期权行权价格低于市场参考价的，上市公司应当聘请独立财务顾问对股权激励计划的可行性、相关定价依据和定价方法的合理性、是否有利于公司持续发展、是否损害股东利益等发表意见。

《北京证券交易所股票上市规则（试行）》规定，上市公司实施股权激励，应当合理确定限制性股票授予价格或股票期权行权价格，并在股权激励计划中对定价依据和定价方式进行说明。

限制性股票授予价格低于市场参考价的 50%，或者股票期权行权价格低于市场参考价的，上市公司应当聘请独立财务顾问对股权激励计划的可行性、相关定价依据和定价方法的合理性、是否有利于公司持续发展、是否损害股东利益等发表意见。

前款所称的市场参考价是指股权激励计划草案公布前 1 个交易日、20 个交易日、60 个交易日或 120 个交易日股票交易均价孰高者。

《非上市公众公司监管指引第 6 号——股权激励和员工持股计划的监管要求（试行）》规定，限制性股票的授予价格、股票期权的行权价格不得低于股票票面金额。

限制性股票的授予价格原则上不得低于有效的市场参考价的 50%；股票期权的行权价格原则上不得低于有效的市场参考价。

对授予价格、行权价格低于有效的市场参考价标准的，或采用其他方法确定授予价格、行权价格的，挂牌公司应当在股权激励计划中对定价依据及定价方法作出说明。主办券商应对股权激励计划的可行性、相关定价依据和定价方法的合理性、是否有利于公司持续发展、是否损害股东利益等发表意见。

以上规定是对于新三板公司和北交所上市公司股权激励的定价的限制，如果股权激励的模式是限制性股票的，授予价格原则上不得低于有效的市场参考价的 50%；如果股权激励的模式是股票期权的，行权价格原则上不得低于有效的市场参考价。这是一个原则性的限制要求，如果授予价格、行权价格低于有效的市场参考价标准的，必须有相关第三方对股权激励定价的合理性以及是否损害股东利益等发表意见。

2. 非新三板挂牌公司或者非上市公司可以采取的定价方法

（1）以注册资本金为标准或者参照注册资本金确定股权激励的授予价格或者行权价格。

如果公司有了一定发展，公司的净资产略高于注册资本金时，可以使用以注册资本金为标准或者参照注册资本金为标准确定股权激励的授予价格或者行权价格，这就相当于让激励对象用略低于净资产的对价获得激励股权。

（2）以净资产价格标准或者参照净资产价格确定股权激励的授予价格或者行权价格。

当公司具有了一定规模，公司的净资产非常明显高于注册资本金，市场估值略高于净资产价格时，可以用净资产价格标准或者参照净资产价格确定股权激励的授予价格或者行权价格。

（3）以引进投资时确定的股权价格为基础，打折确定股权激励的授予价格或者行权价格。

如果公司发展得比较好，已经引进投资人的，可以以最近一次引进投资人时确定的股权价格为基础，打折确定股权激励的授予价格或者行权价格。

总之，在确定股权激励价格时，应当以有利于激励对象的原则确定股权激励的价格。股权激励的目的是要激发激励对象的潜能，发挥激励对象的主观能动性，所以在股权激励定价的问题上一定不是试图压迫激励对象，而是以让利激励对象为原则，找到平衡点，实现公司和激励对象的共赢。

（四）定条件：股票期权和限制性股票不同的股权激励条件

新三板挂牌公司和北交所上市公司进行股权激励时，采用的方式不同，有的采用限制性股票方式，有的采用股票期权方式，有的采用限制性股票和股票期权结合的方式，不同的股权激励方式，股权激励条件也有所不同。

1. 股票期权的激励条件

股票期权的激励条件应当包括两个方面，一个是股票期权的授予条件，另一个是股票期权的行权条件。

股票期权的行权条件通常用正面的表述方式，明确激励对象在行权期必须满足的条件，其中包括公司的整体业绩考核要求以及个人业绩考核要求。

关于公司业绩考核标准，可以参考行业的平均发展水平，也可以选 2 至 3 家有可比性的公众公司的财务数据作为参考因素。如果不对外部数据作比较和参考，单纯固定一个金额或者一个比例，都有可能因为外部环境过好或者过坏导致行权条件容易达成或者无法达成，这样会产生负面作用。比如新冠肺炎疫情或者中美贸易摩擦会导致一些公司的业绩考核无法达成，致使激励对象无法行权。股权激励的一个重要目的是激发激励对象的主观能动性，如果激励对象已经全力以赴，但因为业绩考核指标制定得不科学而导致不能行权，这样会对员工士气和工作积极性造成打击。

2. 限制性股票的激励条件

限制性股票的激励条件应当包括限制性股票解锁的业绩考核要求。

很多公司采用限制性股票的股权激励方式时，只是规定限制性股票的锁定期和限售期，并未规定限制性股票解锁的业绩考核要求，这就意味着只要在锁定期和限售期内，激励对象未出现股权激励计划中列明的严重违法或者违反规章制度，或者给公司造成严重损失的过错行为的，锁定期和限售期届满，激励对象就可以不受限制地享有限制性股票的全部股东权利。

如果股权激励目的只是感谢和肯定老员工的付出，可以采用无解锁业绩考核要求的限制性股票的激励方式。

（五）定数量：确定股权激励数量占公司总股本的比例

《非上市公众公司监管指引第 6 号——股权激励和员工持股计划的监管要求（试行）》规定，挂牌公司全部在有效期内的股权激励计划所涉及的标的股票总数累计不得超过公司股本总额的 30%。

《北京证券交易所股票上市规则（试行）》规定，上市公司全部在有效期内的股权激励计划所涉及的标的股票总数，累计不得超过公司股本总额的30%。经出席会议的股东所持表决权的三分之二以上通过，单个激励对象通过全部在有效期内的股权激励计划获授的本公司股票，累计可以超过公司股本总额的1%。

上述规定是对股权激励最高份额的限制性规定，一个公司到底要做几次股权激励，每次股权激励的具体份额是多少需要考虑哪些因素？公司做股权激励时先要有一个整体规划，关于股权激励分几次，每次大约释放多少份额，同时要综合考虑公司所处发展阶段、所处行业特点，公司的组织架构，也要结合本公司的股权结构以及控制权特点等多种因素。

（六）定机制：确定股权激励的终止机制和回购机制

股权激励的终止机制和回购机制包括两个方面的因素：其一是公司出现终止激励和回购股票的情形，其二是激励对象个人因素导致股权激励的终止和回购股票的情形。

关于公司出现终止激励和回购股票的情形，可以用负面清单的方式，列明公司不能出现的情况，否则股权激励终止和回购股票。

激励对象个人情况变化导致股权激励终止和回购股票的情形中，有一个比较重要的情形是劳动关系终止，对此应当区分导致劳动关系终止的原因，区分激励对象有无过错。

对于激励对象无过错的，已获准行权但尚未行使的股票期权可以继续保留行使权利，未获准行权的期权终止。已经行权的股票期权和已经授予的限制性股票是否让公司回购的决定权交给激励对象。

对于激励对象有过错的，激励对象已获准行权但尚未行使的股票期权终止行权，其未获准行权的期权终止。对于已经行权的股票期权和已经授予的限制性股票，公司按照事先约定好的价格回购，并且应当制定配套法律文件以避免纠纷。

四、案例分析

（一）中视文化（430508）股票期权股权激励

1. 中视文化基本信息

2003年11月7日，中视文化成立。2014年中视文化在新三板挂牌，挂牌时注册资本6000万元，公司的核心业务包括广告代理、媒体运营、演艺及剧院经营、影院经营。

2. 中视文化股票期权激励计划

2015年8月21日，中视文化在全国中小企业股份转让系统公告股权激励方案，摘录内容如下。

第一章　实施激励计划的目的

为进一步完善公司治理结构，倡导以价值创造为导向的绩效文化，提升公司管理团队凝聚力，确保公司未来发展战略和经营目标的实现，促进公司健康、持续、快速发展，特制定如下股票期权激励计划。

第三章　激励计划的管理机构

一、股东大会作为公司的最高权力机构，负责审议批准本计划的实施、变更和终止。

二、公司董事会为本激励计划的执行管理机构，负责拟订和修订本激励计划，并在股东大会授权范围内办理股权激励计划的其他相关事宜。

三、公司监事会为本激励计划的监督机构，负责审核激励对象名单，并对本计划的实施是否符合相关法律、行政性法规、部门规章、公司章程等进行监督。

第四章　激励计划的激励对象

一、激励对象的确定依据

1. 本计划激励对象根据相关法律法规、规范性文件及《公司章程》的相关规定，结合公司实际情况而确定。本次激励计划所涉及的对象为预留激励对象，即激励对象获得股东大会批准时未确定但在本次激励计划存续期间经董事会审核并由监事会监督通过而纳入激励计划的激励对象。

2. 所有激励对象必须在本计划的考核期内于本公司或公司的控股子公司任职并已与公司或公司的控股子公司签署劳动合同。

3. 本计划的激励对象承诺只接受本公司激励，接受本公司授予的股权激励时未成为其他公司的股权激励对象，并且在本计划实施完毕前不再接受其他公司的股权激励。

二、不得成为激励对象的情形

1. 被证券交易所或股转公司公开谴责或直接宣布为不适当人选不满三年的；

2. 因重大违法违规行为被证监会或股转公司行政处罚未满三年的；

3. 因违法违规行为被行政处罚或刑事处罚的；

4. 公司章程规定或双方约定不得享受股权激励的其他情形。

5. 如在本计划实施过程中，激励对象出现以上任何规定不得参与激励计划的情形，公司将撤销未行权的股票期权资格并终止其参与本计划未完结的部分。

第五章 激励计划的具体内容

本股票期权激励计划的股票期权将在履行相关程序后授予，本激励计划的有效期为自本激励计划获股东大会通过之日起 36 个月。

本计划授予的权益中，股票期权以公司《考核办法》为依据，若公司层面对激励对象的行权考核结果不达标，则公司按照本计划注销激励对象所获期权中当期可行权份额，或根据届时有效的股东大会、董事会会议决议对可行权份额进行其他安排。

第一条：激励计划的股票来源

本计划的股票来源为公司向激励对象定向发行的公司股票。

第二条：激励计划标的股票期权数量

本计划拟向激励对象授予股票期权总计不超过 300 万份，涉及的标的股票种类为公司普通股，不超过本激励计划签署时公司股本总额 6500 万股的 4.62%。每份股票期权在满足行权条件的情况下，拥有在有效期内以行权价格购买 1 股公司股票的权利。激励对象获授的股票期权不得转让、用于担保或偿还债务。在本激励计划公告当日至激励对象完成股票期权行权期间，若公司发生资本公积转增股本、派发股票红利、股份拆细或缩股、配股等事宜，股票期权的数量及所涉及的标的股票总数将进行相应的调整。

第三条：激励计划的分配

本计划拟向激励对象授予的股票期权均为预留股票期权。预留股票期权的授予需在每次授予前召开董事会会议，确定该次授予的权益数量、激励对象名单、授予价格、业绩考核条件等相关事宜，并履行其他必要的法律程序及信息披露义务。

第四条：激励计划的有效期、授予日、等待期、可行权日、禁售期

1. 有效期

本激励计划的有效期为自本激励计划获得股东大会通过之日起 36 个月。

2. 授予日

本激励计划的授予日为本激励计划经股东大会审议通过之日。公司董事会应在授予日后 30 日内对激励对象进行授权、登记等相关程序。

3. 等待期

等待期是指股票期权授予后至股票期权可行权日之间的时间。

4. 可行权日

在本计划通过后，授予的股票期权在公司 2015 年年报公告披露之日后可行权。可行权日必须为交易日，且在行权有效期内，但不得在下列期间行权：

1）公司定期报告公告前 30 日至公告后两个交易日内，因特殊原因推迟定期报告公告日期的，自原预约公告前 30 日起算；

2）公司业绩预告、业绩快报公告前 10 日至公告后 2 个交易日内（如有）；

3）重大交易或重大事项决定过程中至该事项公告后 2 个交易日；

4）其他可能影响股价的重大事件发生之日起至公告后 2 个交易日。

激励对象必须在期权有效期内行权完毕，计划有效期结束后，已获授权但尚未行权的股票期权不得行权，由公司注销或届时有效的股东大会、董事会会议决议对可行权份额进行其他安排。

5. 禁售期

禁售期是指对激励对象行权后所获股票进行售出限制的时间段。本激励计划的禁售规定按照《公司法》《证券法》等相关法律法规、规范性文件和《公司章程》执行，具体规定如下：

1）激励对象为公司董事、监事、高级管理人员和核心员工的，其在任职期间每年转让的股份不超过其所持有本公司股份总数的 25%。在离职后半年内，不得转让其所持有的本公司股份。

2）在本激励计划的有效期内，如因《公司法》《证券法》等相关法律法规、规范性文件和《公司章程》中对公司董事、监事、高级管理人员持有股份转让的有关规定发生了变化，则该部分激励对象所持有的公司股票应当在转让时符合修改后的《公司法》《证券法》等相关法律法规、规范性文件和《公司章程》的规定。

第五条：股票期权的行权价格或行权价格的确定方法

本激励计划授予的股票期权行权价格为：5 元 / 股，该价格的确定依据为以董事会决议通过之日起前 30 个交易日公司股票成交加权平均价格的 85%。

第六条：激励对象获授权益、行权的条件

1.股票期权的获授条件

激励对象只有在同时满足下列条件时，才能获授股票期权：

1）公司未发生以下任一情形：

a）最近一个会计年度财务会计报告被注册会计师出具否定意见或者无法表示意见的审计报告；

b）最近一年内因重大违法违规行为被中国证监会予以行政处罚；

2）激励对象在等待期内须持续在岗，并未发生以下任一情形

a）最近三年内因重大违法违规行为被中国证监会予以行政处罚；

b）具有《公司法》规定的不得担任公司董事、监事及高级管理人员情形；

c）公司董事会认定其他严重违反公司有关规定的。

2.股票期权的行权条件

在行权期，激励对象行使已获授的股票期权除满足上述条件外，必须同时满足如下条件：

1.公司业绩考核要求

公司于2015年度实现经审计后的扣除本次股权激励相关成本费用后的净利润金额达到1883.87万元以上。

2.个人业绩考核要求

根据公司董事会授予期权时制定的《考核办法》，在本计划有效期内的各年度，对所有激励对象进行考核，目前对个人绩效考核结果共有A/B两档，若激励对象上一年度个人绩效考核结果为A档，则上一年度激励对象个人绩效考核为合格；若激励对象上一年度个人绩效考核为B档，则上一年度激励对象个人绩效考核为不合格。

激励对象行权只有在前一年度考核结果为合格的情况下方能参与，否则该部分相应的期权额度将由公司董事会作出决议作废或另行处理。

第七章　公司实施激励计划、授予权益、激励对象行权的程序

一、本激励计划将提交公司股东大会审议

二、股票期权授予及期权行权程序

股东大会审议通过本激励计划后，公司董事会根据股东大会的授权及相关的法律法规办理具体股票期权授予事宜。期权持有人在可行权日内，提交《股票期

权行权申请书》向公司确认行权的数量和价格，并交付相应的购股款项。公司在对期权持有人的行权申请作出核实和认定后，按申请行权数量向激励对象定向发行股票。

第八章　公司与激励对象各自的权利与义务

一、公司的权利和义务

1.公司具有对本激励计划的解释和执行权，对激励对象进行绩效考核，并监督和审核激励对象是否具备继续行权的资格。

2.公司承诺不为激励对象依本计划行使股票期权提供任何形式的财务资助，包括为其贷款提供担保。

二、激励对象的权利和义务

1.激励对象应按公司所聘岗位要求勤勉尽责。

2.激励对象可在被授予的期权范围内决定行权与否及行权数量。

3.激励对象行权资金来源为激励对象自筹资金。

4.激励对象获授的股票期权在等待期内不得转让、用于担保或偿还债务。

5.激励对象因激励计划获得的收益应按国家税法交纳相关税费。

第九章　股票期权激励计划的变更、终止

一、公司终止激励计划的情形

1.最近一个会计年度财务报告被注册会计师出具否定意见或者无法表示意见的审计报告；

2.最近一年内因重大违法违规行为被中国证监会予以行政处罚；

3.公司股东大会决定终止本计划的；

4.国家法律法规等规范性文件规定、国家行政机关认定的其他情形。

当公司出现终止计划的上述情形时，激励对象已获准行权但尚未行使的股票期权终止行权，其未获准行权的期权作废。

二、激励对象个人情况变化的处理方式

1.激励对象发生职务变更但仍在公司或公司下属子公司内任职的，其获授的股票期权完全按照职务变更前本计划规定的程序进行。但是，激励对象因不能胜任工作、触犯法律、违反职业道德、泄露公司机密、失职或渎职等行为损害公司利益或声誉而导致的职务变更，或因前列原因导致公司解除与激励对象劳动关系的，董事会可以决定对激励对象根据本计划在情况发生之日，对激励对象已获准

行权但尚未行使的股票期权终止行权，其未获准行权的期权作废。

2. 激励对象因辞职、公司裁员而离职，董事会可以决定对激励对象根据本计划在情况发生之日，对激励对象已获准行权但尚未行使的股票期权终止行权，其未获准行权的期权作废。

3. 激励对象因退休而离职，在情况发生之日，对激励对象已获准行权但尚未行使的股票期权继续保留行使权利，其未获准行权的期权作废。

4. 激励对象因丧失劳动能力而离职，应分以下两种情况处理：

1）当激励对象因工伤丧失劳动能力而离职时，在情况发生之日，对激励对象已获准行权但尚未行使的股票期权继续保留行权权利，并在6个月内完成行权，其未获准行权的期权作废。

2）当激励对象非因工伤丧失劳动能力而离职时，在情况发生之日，对激励对象已获准行权但尚未行使的股票期权终止行权，其未获准行权的期权作废。

5. 激励对象身故，应分以下两种情况处理：

1）激励对象若因执行职务身故的，在情况发生之日，对激励对象已获准行权但尚未行使的股票期权继续保留行权权利，并由其指定的财产继承人或法定继承人在6个月内完成行权，其未获准行权的期权作废。

2）激励对象若因其他原因身故的，在情况发生之日，对激励对象已获准行权但尚未行使的股票期权终止行权，其未获准行权的期权作废。

6. 其他未说明的情况由董事会认定，并确定其处理方式。

3. 中视文化股权激励分析

下面从定方式、定对象、定价格、定条件、定数量、定方案六大要素分析中视文化的股权激励。

（1）定方式：中视文化采用的是股票期权的股权激励方式

股票期权和限制性股票是新三板挂牌公司使用最多的两种股权激励方式。股票期权和限制性股票相比，在授予股票期权时，激励对象不需要支付价款。行权期满，激励对象满足行权条件时，可以根据授予时的行权价格行权，也可以拒绝行权。如果行权时股票市场交易价格高于授予时的行权价格，也就是股票涨价了，这个差价就是股票期权激励对象的收益。如果行权时股票的市场交易价格低于授予时的行权价格，也就是股票降价了，这个就是股票期权激励对象的风险，激励对象有权决定行权或者不行权，如果选择不行权，股票期权激励对象可以避免损失。

像中视文化这样发展前景很好的公司，股东对公司未来的股票价格上涨非常有信心，选择股票期权进行股权激励比限制性股票取到的效果更好。

其一，股票期权在授予时激励对象不需要支付任何成本，激励对象更愿意接受；其二，股票期权不仅在授予时激励对象不需要支付对价，同时达到行权条件时，如果股票下跌，激励对象有权拒绝行权，对激励对象没有任何损失，因此股票期权设置比限制性股票更高业绩指标等行权条件容易被激励对象接受，高业绩指标如果能够实现对公司和激励对象是共赢；其三，股票期权的价格通常比限制性股票的价格更高，这也向市场和供应链的上下游传递信心。

（2）定对象：中视文化的激励对象为预留激励对象

中视文化在发布股权激励方案时激励对象具体是谁尚未确定，只是明确了激励对象的确定依据。股票期权授予的权益数量、激励对象名单、授予价格、业绩考核条件等相关事宜授权由董事会审议。

（3）定价格：中视文化授予的股票期权行权价格为董事会决议通过之日起前30个交易日公司股票成交加权平均价格的85%

新三板公司采用股票期权的行权价格原则上不得低于有效的市场参考价。如果股票期权行权价格低于有效的市场参考价标准的，必须有相关第三方对股权激励定价的合理性，以及是否损害股东利益等发表意见。

（4）定条件：中视文化激励对象获授期权条件和行权的条件

预留股票期权的条件包括两个方面：一是股票期权的获授条件；另一个是股票期权的行权条件。

股票期权的获授条件用负面清单的方式表述，即同时列明公司不能出现的情形，以及激励对象个人在等待期内不能出现的情况。只有公司和个人都未出现负面清单列明的情况，激励对象才有资格授予股票期权。

股票期权的行权条件用正面的表述方式，明确激励对象在行权期，必须满足的条件，其中包括公司的整体业绩考核要求以及个人业绩考核要求。针对激励对象个人的业绩考核要求制定专门的《考核办法》。

中视文化股票期权的行权条件：需要同时符合公司的业绩考核标准和个人业绩考核要求。

中视文化的公司业绩考核标为，于 2015 年年度实现经审计后的扣除本次股权激励相关成本费用后的净利润金额达到 1883.87 万元以上。公司的业绩指标只是一个具体的数额，未参考行业的平均增长水平、同比增长水平、环比增长水平等指标作出综合的业绩考核指标。

中视文化的个人业绩考核要求为，根据公司董事会授予期权时制定的《考核办法》，对所有激励对象进行考核，这样做的好处是可以根据激励对象的不同职位、价值要求等制定更加详细的考核指标。

（5）定数量：中视文化股权激励数量约占公司总股本份额的 4.62%

中视文化的行权公告显示，股票期权激励方案第一期行权的激励对象共计 32 名，涉及可行权的股票期权为 300 万份，约占本激励计划行权时公司股本总额 6500 万股的 4.62%。

2014 年中视文化在新三板挂牌时，其控股股东持股比例为 95.88%，股权非常集中。2015 年中视文化第一次做股权激励时，公司已经成立 12 年，发展到一定的规模。第一次股权激励对象 32 名，持股方式为激励对象直接持股，股权比例释放比较保守（4.62%），即使公司再进行多轮融资，控股股东的控制权依然非常稳定。

实践中有公司在引进投资人前进行的第一次股权激励就释放 10%、20% 甚至 30% 的股权，这样的做法存在一定的风险。因为股权激励不应该一次做完，如果一次把股权激励做完，就相当于断了尚未被激励对象的念头。第一次股权激励时应该制定股权激励计划和股权激励制度，制定股权激励计划的目的是既要激发被激励对象的潜能，同时也让尚未被激励的对象看到希望。

第一次股权激励就释放比较高的股权比例还有一个风险，就是对控制权的影响。如果公司确定未来要上市，那就意味着大概率要经过多轮融资，尽管在控制权的部分已经介绍了小股权持股或者相对小的投入享有控制权的办法，但是使用这些架构、模式都需要有很多前提条件。这些前提条件或者需要未雨绸缪事先做好准备，或者需要通过博弈争取，或者通过利益交换换取。

中视文化本次股权激励的持股方式为激励对象直接持股，从控制权的角度讲，建立有限合伙持股平台，由控股股东做GP可以确保分利不分权，保障控股股东的表决权不因股权激励而产生变化，但不是每一个公司、每一次股权激励都有条件使用有限合伙持股。

（6）定机制：中视文化股票期权的终止机制

新三板挂牌公司使用最多的两种股权激励的方式是股票期权和限制性股票，股票期权的股权激励方式中终止机制非常重要。

股票期权的终止机制包括两个方面，公司出现终止激励的情形，以及激励对象个人情况变化导致股权激励的终止情形。

公司出现终止激励计划的情形，包括注册会计师出具否定意见审计报告这种象征公司内部可能存在重大错误和舞弊行为的事件；或者被中国证监会予以行政处罚等可能影响公司上市进程的事件；同时有必要明确公司股东大会有权决定终止股权激励，确保股东大会可以结合公司的实际情况，在未出现列明的终止情形时，股东大会有权决定终止。

个人情况变化导致股权激励的终止情形比较复杂，应当区分导致劳动关系终止的原因。

①对于在公司连续工作时间较长的员工（具体多长时间合适，可由公司根据自身情况确定），并且在本公司退休享有养老保险待遇而终止劳动关系的，对激励对象已获准行权但尚未行使的股票期权可以继续保留行使权利，其未获准行权的期权作废。

②对于激励对象因辞职、公司裁员而导致劳动关系终止的，对激励对象已获准行权但尚未行使的股票期权终止行权，其未获准行权的期权作废。对于已经行权的，应当按照事先约定好的价格回购，具体以配套法律文件的条款约定内容为准。

③对于激励对象因丧失劳动能力而终止劳动关系的，又要区分丧失劳动能力的原因，即工伤或者非工伤。

其中丧失劳动的原因是工伤的，对激励对象已获准行权但尚未行使的股票期权继续保留行权权利，其未获准行权的期权作废。

其中丧失劳动能力的原因是非工伤的，对激励对象已获准行权但尚未行使的股票期权终止行权，其未获准行权的期权作废。对于已经行权的，应当按照事先约定好的价格回购，具体以配套法律文件的条款约定内容为准。

（二）中绿环保（832580）限制性股票股权激励

1. 中绿环保基本信息

2008年11月28日中绿环保成立，2015年新三板挂牌时注册资本5000万元，主营业务为研究、开发、生产、销售环境在线监测设备及系统集成应用，环保信息化系统开发与建设，环境污染治理工程建设，环保产品运营维护服务。

2. 中绿环保限制性股票激励计划

2015年10月12日，中绿环保在全国中小企业股份转让系统公告股权激励计划，摘录内容如下。

一、实施股权激励计划的目的

为进一步建立健全长效激励机制，吸引和留住优秀人才，充分调动公司管理层及员工的积极性，有效地将股东利益、公司利益和管理层、员工利益结合在一起，提升公司凝聚力，增强公司竞争力，促进公司持续、稳健、快速的发展，确保公司未来发展战略和经营目标的实现。

二、制定股权激励计划的基本原则

（五）间接持股：激励对象采取间接持股的方式，即激励对象通过北京中绿华源股权投资管理中心（有限合伙）（简称“中绿华源”）间接持有公司股份。

（六）激励与制约相结合，股东利益、公司利益、员工利益有机结合，促进公司持续健康发展。

四、股权激励对象的确定依据和范围

（一）激励对象的确定依据及原则

1. 激励对象确定的法定依据

本计划激励对象根据《公司法》、《证券法》及其他有关法律、法规和规范性文件以及《公司章程》的相关规定，结合公司实际情况而确定。

2. 激励对象确定的主要原则

（1）首期激励对象的确定原则

首期激励对象包括公司高管、各部门经理、主管等中层管理人员及工龄10年（含）以上的公司老员工。

（2）有下列情形之一的，不能成为本计划的激励对象

最近三年内被全国股转系统公司公开谴责或宣布为不适当人选的；最近三年因重大违法违规行为被中国证监会或全国股转系统公司予以行政处罚的；由于受贿索贿、贪污盗窃、泄露公司经营和技术秘密、以自己（含亲属）或他人名义注册同业公司、在同类型公司兼职、违背公司法或商业惯例所指的忠实义务和勤勉义务、实施关联交易损害公司利益、声誉和对公司形象有重大负面影响等违法违纪行为，给公司造成损失的；公司董事会认定的其他严重违反公司有关规定的情形。

激励对象在本次股权激励实施完成以前出现以上任何不得参与本计划情形的，公司将终止其参与本计划的权利。

（二）激励对象的范围

在本计划项下首期拟参与认购中绿华源合伙份额的激励对象共计 43 名。

五、股权激励计划概述

（一）股份来源

本股权激励所涉及的股份由公司控股股东中绿集团以 3 元 / 股的价格向中绿华源转让所持有的本公司 200 万股股份。

（二）激励方式

采取限制性股权的激励方式。激励对象按照本计划规定的条件和方式通过中绿华源受让中绿集团转让的本公司股份，从而间接持有一定数量本公司股份。本激励股权待股东大会审议通过后一次性实施完毕。

（三）股份价格

以公司 2014 年经审计的每股净资产 2.13 元为基础，并有合理溢价，确定本激励计划的价格为每股 3 元。

（四）资金来源

认购所需资金，由激励对象以其个人拥有的合法资金支付。公司不为其提供贷款以及其他任何形式的财务资助，包括为其贷款提供担保。

六、股权激励计划的具体内容

首次股权激励规模为 200 万股，占公司截至 2015 年 6 月 30 日股本总额 5000 万股的 4.00%。

（一）获授股份的授予日、限制及行使

1.授予日：自股东大会审议批准本计划后，激励股份协议转让至中绿华源名下，且中绿华源完成工商变更登记之日起，即为本次获授股权授予完毕。

2.限制期的期限：

（1）激励对象应承诺自授予日起在公司连续工作满3年。

（2）激励对象在本项之第（1）条规定的期间内主动或被动离职或者发生本计划“四、股权激励对象的确定依据和范围第（一）款之第2项之第（2）条”所规定的情形或者发生以下任一情形：①因严重失职、渎职等原因被追究刑事责任的；②严重违反公司管理制度，或给公司造成巨大经济损失，或给公司造成严重消极影响，受到公司行政处分的；③被公司解除劳动合同的。该条情况下，激励对象应当直接退伙并将其持有的合伙企业份额转让给中绿华源普通合伙人或者公司指定的其他有限合伙人。合伙人退伙时从合伙企业获得的合伙份额按以下两者价格的孰低者为准：①原始成本价格加同期银行存款利息；②离职生效的上一年的合伙企业净资产×实缴出资比例×（离职时合伙企业持有中绿环保股份的时间/36个月）【注：不满一个月的部分忽略不计，例如1个月零23天，即为1个月】。

（3）激励对象在本项之第（1）条规定的期间内达到退休年龄的，可选择退伙或不退伙，如退伙则应将其持有的合伙企业份额转让给中绿华源普通合伙人或者公司指定的其他有限合伙人，退伙价格应按照本项之第（2）条确定。

（4）激励对象在本项之第（1）条规定的期间内转让其在中绿华源份额的，应转让给中绿华源普通合伙人或者公司指定的其他有限合伙人。且激励对象在上述期间退伙或转让其在中绿华源份额的价格应按照本项之第（2）条确定。除上述情形外，激励对象的合伙份额转让还需遵守合伙协议的有关约定。

3.限制期的权利

在限制期间内，激励对象对其间接持有的公司股份不享有表决权和处分权（包括抵押、质押和转让权）；其表决权不可撤销的，委托中绿华源普通合伙人来行使；其收益权中股利分红的部分，由中绿华源普通合伙人决定适时向激励对象支付。

4.解除限售日：本计划授予的激励股权按下表解除限售，详见下表：

解除限售日	解除限售的股份数（万股）	可解除限售数量占获授股份数量比例（%）
获授股份的授予日	50.00	25.00
获授股份的授予日起 12 个月	50.00	25.00
获授股份的授予日起 24 个月	50.00	25.00
获授股份的授予日起 36 个月	50.00	25.00
合计	200.00	100.00

（二）获授股份的出售与分配

自解除限售日起，由中绿华源普通合伙人择机出售解除限售的本公司股份，按照各激励对象在中绿华源的实缴出资比例分享所出售的股权收益。各激励对象分享的股权收益应当优先扣除各自承担的中绿华源运营成本。

七、股权激励的调整方法和程序

本计划实施完毕之前，公司如有资本公积转增股本、派送股票红利、缩股等事项，激励对象获授的激励股权数量将相应调整。

八、公司与激励对象各自的权利与义务

（一）公司的权利与义务

1. 公司有权要求激励对象按其所聘岗位的要求为公司工作，若激励对象不能胜任所聘工作岗位或因触犯法律、违反职业道德、泄露公司机密、失职或渎职等行为严重损害公司利益或声誉，公司有权要求激励对象将其持有的合伙企业的合伙份额转让给中绿华源普通合伙人或者公司指定的其他有限合伙人。

2. 中绿华源根据国家税收法规的规定，将代扣代缴激励对象应缴纳的个人所得税及其他税费。

3. 法律、法规规定的其他相关权利与义务。

（二）激励对象的权利与义务

1. 激励对象应当按公司所聘岗位的要求，勤勉尽责、恪守职业道德，为公司的发展作出应有贡献。

2. 激励对象按照本计划的规定获取有关权益的资金来源为激励对象自筹资金。

3. 激励对象有权且应当按照本激励计划的规定解除限售。

4. 激励对象获授的股份不得用于担保或偿还债务。

5. 激励对象有权且应当按照合伙协议的约定进行分红。

6. 激励对象因本激励计划获得的收益，应按国家税收法规缴纳个人所得税。

7. 激励对象在解除限售后离职的，应当自离职之日起 2 年内不得从事与公司构成同业竞争以及相同或类似的相关工作；如果激励对象在解除限售后离职、并在离职后 2 年内从事与公司构成同业竞争以及相同或类似工作的，激励对象应将其因解除限售所得的全部收益返还给本公司，并承担与其解除限售所得收益同等金额的违约金，给公司造成损失的，还应同时向公司承担赔偿责任。

8. 法律、法规规定的其他相关权利义务。

3. 中绿环保股权激励案例分析

下面从定方式、定对象、定价格、定条件、定数量、定方案六大要素分析中绿环保的股权激励。

（1）定方式：中绿环保采用的是限制性股票的股权激励方式

限制性股票是指激励对象按照股权激励规定的条件，获得的转让或（和）表决权等部分权利受到限制的本公司股票。

中绿环保的激励方式并不是直接持有限制性股票，而是间接持有。具体的操作方式为，所有的激励对象共同成立北京中绿华源股权投资管理中心（有限合伙），该有限合伙持股平台通过受让的方式从中绿环保的控股股东山西中绿环保集团有限公司获得限制性股票。

股权激励使用有限合伙持股平台间接持股的优势可以做到分利不分权，激励对象享有分红权，但不直接享有核心公司的股权。

（2）定对象：中绿环保以职务和工龄确定股权激励对象

中绿环保首期激励对象包括公司高管、各部门经理、主管等中层管理人员及工龄 10 年（含）以上的公司老员工。中绿环保以职务和工龄确定股权激励对象，并未再对高管、中层管理人员作出区分。中绿环保的首次股权激励更多的是对高管和老员工的回馈。

关于股权激励对象列出了负面清单，明确不能成为本计划的激励对象包括最近三年内被全国股转系统公司公开谴责或宣布为不适当人选的；最近三年因重大违法违规行为被中国证监会或全国股转系统公司予以行政处罚的；由于受贿索贿、贪污盗窃、泄露公司经营和技术秘密、以自己（含亲属）或他人名义注册同业公司、在同类型公司兼职、违背公司法或商业惯例所指的忠实义务和勤勉义务、实施关联交易损害公司利益、声誉和对公司形象有重大负面影响等违法违纪行为，给公司造成损失的；公司董事会认定的其他严重违反公司有关规定的情形。中绿环保列明不能成为激励对象的情形都属于存在严重损害公司利益的行为。

（3）定价格：中绿环保以每股净资产 2.13 元为基础，加合理溢价确定股权激励价格

2015 年 10 月 12 日，中绿环保公告股权激励计划，确定首次激励计划的价格确定的方法为，以每股净资产 2.13 元为基础，并有合理溢价，最终确定股权激励价格为每股 3 元。

2015 年 12 月，中绿环保定向发行股票，发行对象包括主办券商在内的具有全国中小企业股份转让系统做市业务资格的做市商，以及符合全国中小企业股份转让系统投资人适当性管理规定的机构投资者和自然人投资者。股票发行价格为每股 10.00 元。定向发行价格综合考虑了公司所处行业、公司生产经营成长性、市盈率、市净率等多种因素，结合与投资者的沟通。参与定向发行的认购人均以现金方式认购本次定向发行的全部股份。

2015 年 12 月定向发行股票每股 10.00 元的价格代表中绿环保股票的真实价值，首次股权激励股票来源是公司控股股东中绿集团以 3 元 / 股的价格向持股平台北京中绿华源股权投资管理中心（有限合伙）转让股票，这属于控股股东向首期激励对象公司高管、各部门经理、主管等中层管理人员及工龄 10 年（含）以上的公司老员工的回馈，肯定老员工对公司所作出的贡献，为进一步建立长效激励机制，留住优秀人才，确保公司未来发展战略和经营目标的实现。

（4）定条件：中绿环保没有规定限制性股票解锁的业绩条件

中绿环保只规定了限制期限为，激励对象应承诺自授予日起在公司连续工作满 3 年。解除限售日分别为：获授股份的授予日，可解除限售数量占获授股份数量比例 25%；获授股份的授予日起 12 个月，可解除限售数量占获授股份数量比例 25%；获授股份的授予日起 24 个月，可解除限售数量占获授股份数量比例 25%；获授股份的授予日起 36 个月，可解除限售数量占获授股份数量比例 25%。但是并未规定限制性股票解锁的业绩条件。

（5）定数量：中绿环保股权激励数量约占公司总股本的4%

中绿环保首次股权激励规模为200万股，占公司截至股本总额5000万股的4.00%。

首次股票激励方案的激励对象共计43名，仅占公司股本总额的4%。其控股股东股权比较集中，首次股权激励释放的股权比例不高。

（6）定机制：限制性股票的回购机制

相比于股票期权的激励对象是否行权，是否成为股东的不确定性，直接持股的限制性股票的激励对象在授予限制性股票时就已经确定获得公司股票，成为公司股东，所以限制性股票的回购机制对于公司权益的保护非常重要。

在限售期内，根据激励对象与公司的劳动关系终止的原因确定不同的回购机制，其中因严重失职、渎职、严重违反公司管理制度等原因导致劳动合同解除的，可以直接以原成本价格回购限制性股票；对于激励对象因达到退休年龄或者因为工伤而导致劳动关系终止的，不应该强制回购，而是把选择权给激励对象，如果激励对象愿意转让的，应当给予补偿。

同时确定解除限售后，违反竞业限制的法律后果。如果激励对象在解除限售后离职并违反竞业限制条款的，应将其因解除限售所得的全部收益返还，并承担相应的违约金责任。

（三）夏阳检测（831228）限制性股票和股票期权结合的股权激励

1. 夏阳检测基本信息

2003年7月15日，夏阳检测成立，2014年新三板挂牌时注册资本1850万元。夏阳检测是一家从事机动车安全性能技术和机动车排放污染物等方面检测和评价服务的专业技术服务公司。

2. 夏阳检测限制性股票和股票期权结合的股权激励

2015年2月13日，夏阳检测在全国中小企业股份转让系统公告股权激励计划，摘录内容如下。

第五章　激励计划的激励对象

一、激励对象的确定依据

（一）激励对象确定的法律依据

本计划激励对象根据《公司法》、《证券法》及其他有关法律、法规和规范性文件以及《公司章程》的相关规定，结合公司实际情况而确定。

（二）激励对象确定的职务依据

本计划激励对象为目前公司董事、监事、高级管理人员、核心员工。

（三）确定激励对象的考核依据

激励对象中，董事、非职工代表监事须经公司股东大会选举产生、高级管理人员须公司董事会聘任，核心员工由公司董事会提名，经公司监事会核实确定，并经股东大会审议批准。所有激励对象必须在本计划的考核期内在本公司及公司控股子公司全职工作，已与公司签署劳动合同或用工协议并在公司或公司控股子公司领取薪酬。

本计划的激励对象承诺只接受本公司激励，接受本公司授予的股权激励时未成为其他公司的股权激励对象，并且在本计划实施完毕前不再接受其他公司的股权激励。

（四）不得成为激励对象的情形

1. 被证券交易所或股转公司公开谴责或直接宣布为不适当人选不满三年的；

2. 因重大违法违规行为被证监会或股转公司行政处罚未满三年的；

3. 其他具有《公司法》规定的不得担任公司董事、监事、高级管理人员的情形；

4. 因违法违规行为被行政处罚或刑事处罚的；

5. 公司章程规定或双方约定不得享受股权激励的其他情形。

如在本计划实施过程中，激励对象出现以上任何规定不得参与激励计划的情形，公司将按本计划规定的形式回购已经授予该激励对象的限制性股票或撤销未行权的股票期权资格并终止其参与本计划未完结的部分。

二、激励对象的范围

激励对象范围为公司董事、监事、高级管理人员以及核心员工；

本计划的激励对象共计 11 人，占截至 2014 年 12 月 31 日公司在册员工总人数 161 人的 6.83%。公司监事会应当对激励对象名单予以核实，并将核实情况在股东大会上予以说明。

第六章　激励计划的具体内容

本激励计划包括限制性股票激励计划和股票期权激励计划两部分，拟向激励对象授予权益总计 184.00 万份，涉及的标的股票种类为公司普通股，占本激励计划签署时公司股本总额 1850.00 万股的 9.95%，股票来源为公司向激励对象定向发行新股。具体如下：

限制性股票激励计划：公司拟向激励对象授予97.00万股公司限制性股票，占本激励计划签署时公司股本总额1850.00万股的5.25%。股票期权激励计划：公司拟向激励对象授予87.00万份股票期权，涉及的标的股票种类为公司普通股，约占本激励计划签署时公司股本总额1850.00万股的4.70%。其中第一期授予44.00万股，占目前公司股本总额1850.00万股的2.38%，预留股份3.00万股；第二期授予43.00万股，占目前公司股本总额1850.00万股的2.32%，预留股份2.00万股。在满足行权条件的情况下，每份股票期权拥有在有效期内以行权价格购买1股公司股票的权利。

公司承诺本次激励对象不包括公司持股5%以上的主要股东或实际控制人、主要股东或实际控制人的配偶及其直系亲属；本次全部激励对象均未同时参加两个或两个以上公司的股权激励计划。

本计划中预留权益的授予由董事会提出，公司在指定网站对包括激励份额、激励对象职务、期权行权（限制性股票授予）价格等详细内容作出充分的信息披露且完成届时其他法定程序后进行授予。

一、限制性股票激励计划

（一）限制性股票激励计划的标的股票来源

限制性股票激励计划的标的股票来源为公司向激励对象定向发行公司股票。

（二）限制性股票激励标的股票的数量

公司拟向特定员工发行97.00万股限制性股票，涉及的股票种类为人民币普通股，占本激励计划签署时公司股本总额1850万股的5.24%。授予激励对象的限制性股票认购权不得转让或偿还债务。

（四）限制性股票激励计划的有效期、授予日、锁定期、解锁日、禁售期

1. 限制性股票激励计划的有效期

本激励计划的有效期为限制性股票授予之日起至所有限制性股票解锁或回购注销完毕之日止。

2. 限制性股票激励计划的授予日

限制性股票激励计划的授予日为本计划经股东大会审议通过之日。公司董事会应在授予日后30日内对激励对象进行授予、办理备案、登记等相关程序。

3. 限制性股票激励计划的锁定期

限制性股票授予后即行锁定，锁定期为自限制性股票授予之日起 24 个月。

在锁定期内，激励对象持有的限制性股票不得转让、用于担保或偿还债务。

4. 限制性股票激励计划的解锁期

限制性股票激励计划锁定期届满次日一次性解锁。

5. 限制性股票激励计划的禁售期

本限制性股票激励计划的限售规定按照《公司法》《证券法》及其他有关法律、法规、规范性文件和《公司章程》的相关规定执行，具体规定如下：

（1）激励对象为公司董事、监事、高级管理人员和核心员工的，其在任职期间每年转让的股份不得超过其所持有本公司股份总数的 25%。在离职后半年内，不得转让其所持有的本公司股份。

（2）在本激励计划的有效期内，如果《公司法》《证券法》等相关法律、法规、规范性文件和《公司章程》中对公司董事、监事、高级管理人员持有股份转让的有关规定发生了变化，则这部分激励对象转让其所持有的公司股票应当在转让时符合修改后的《公司法》《证券法》等相关法律、法规、规范性文件和《公司章程》的规定。

（3）激励对象中的董事、监事、高级管理人员和核心员工不得将其持有的公司股票卖出后六个月内又买入公司股票，由此所得收益归公司所有，公司董事会应当收回其所得收益。

（五）限制性股票的授予价格

本计划授予的限制性股票的授予价格为 1.68 元 / 股。

二、股票期权激励计划

（一）股票期权激励计划的股票来源

股票期权激励计划的股票来源为公司向激励对象定向发行公司股票。

（二）股票期权激励计划的股票期权数量

公司拟向激励对象授予 87.00 万份股票期权，涉及的标的股票种类为公司普通股，约占本激励计划签署时公司股本总额 1850.00 万股的 4.70%。其中第一期授予 44.00 万股，占目前公司股本总额 1850.00 万股的 2.38%，预留股份 3.00 万股；第二期授予 43.00 万股，占目前公司股本总额 1850.00 万股的 2.32%，预留股份 2.00 万股。每份股票期权在满足行权条件的情况下，拥有在有效期内以行权价格购买

1 股公司股票的权利。

激励对象获授的股票期权不得转让、用于担保或偿还债务。

预留 5 万股用于激励本激励计划业绩考核期内新增人才或有突出贡献人员，由董事会负责具体的分配和考核工作。

（四）股票期权激励计划的有效期、授权日、等待期、可行权日、禁售期

1. 有效期

股票期权激励计划的有效期为股票期权授予之日起至第二期股票期权行权后 24 个月。如在此期限内，经董事会、股东大会审议决定加速行权，则本股票期权激励计划的有效期为股票期权授予之日起至所有股票期权行权后 24 个月。

2. 授权日

股票期权激励计划授予的股票期权的授权日为本计划经股东大会审议通过之日。公司董事会应在授权日后 30 日内对激励对象进行授权、登记等相关程序。

3. 等待期

股票期权授权日后至股票期权可行权日之间的时间，本计划第一期的等待期为 24 个月；第二期的等待期为 48 个月。

激励对象必须在期权行权有效期内行权完毕。若未达到行权条件，则当期股票期权不得行权；若符合行权条件，但未在上述行权期内行权的该部分股票期权由公司注销；第一期预留的股票期权如果未能行权，则转为第二期的预留股票期权，第二期预留的股票期权未能行权的，则予以注销。

公司董事会可根据公司实际需要（如转板上市等）或有关法律、法规、规范性文件的要求，视激励对象的实际绩效情况提出加速行权方案，经股东大会审议通过后，激励对象不得对该等方案提出异议。

5. 禁售期

股票期权行权后锁定期为 2 年。本股票期权激励计划的限售规定按照《公司法》、《证券法》及其他有关法律、法规、规范性文件和《公司章程》的相关规定执行，具体规定如下：

（1）激励对象为公司董事、监事、高级管理人员和核心员工的，其在任职期间每年转让的股份不得超过其所持有本公司股份总数的 25%。在离职后半年内，不得转让其所持有的本公司股份。

（2）在本激励计划的有效期内，如果《公司法》、《证券法》等相关法律、

法规、规范性文件和《公司章程》中对公司董事、监事、高级管理人员持有股份转让的有关规定发生了变化，则这部分激励对象转让其所持有的公司股票应当在转让时符合修改后的《公司法》、《证券法》等相关法律、法规、规范性文件和《公司章程》的规定。

（3）激励对象中的董事、监事、高级管理人员和核心员工不得将其持有的公司股票卖出后六个月内又买入公司股票，由此所得收益归公司所有，公司董事会应当收回其所得收益。

（五）股票期权的行权价格

本计划授予的股票期权的行权价格为 2.22 元 / 股。

（六）股票期权的授予与行权条件

1. 股票期权的授予条件

激励对象只有在同时满足下列条件时，才能获授股票期权：

（1）公司未发生以下任一情形：

①最近一个会计年度财务会计报告被注册会计师出具否定意见或者无法表示意见的审计报告；

②最近一年内因重大违法违规行为被行政处罚。

（2）激励对象未发生以下任一情形：

①严重违反公司管理制度，或给公司造成巨大经济损失，或给公司造成严重消极影响，受到公司行政处分的；

②存在第五章第一条第四项不得成为激励对象的情形。

2. 股权期权的行权条件

（1）公司业绩考核要求

本计划在公司业绩考核的两个会计年度中，激励对象任职所在公司业绩指标具体如下：

序号	行权期	行权条件
1	第一个行权期	2015 年度、2016 年度每股收益年均增长率不低于 10%。
2	第二个行权期	2017 年度、2018 年度每股收益年均增长率不低于 10%。

每股收益指标以公司当年度经审计并公告的合并财务报告为准。由股权激励产生的期权成本将在该等待期内的经常性损益中列支。

若公司当年发生并购重组行为，则新增加的被合并对象损益不列入计算每股收益的合并范围。

如公司业绩考核指标达不到上述目标之一的，该期激励计划的股票期权取消。

（2）个人考核要求

激励对象在等待期内须持续在岗，没有出现以下情形：

①严重违反公司管理制度，或给公司造成巨大经济损失，或给公司造成严重消极影响，受到公司行政处分的；

②自行辞职的；

③被公司解除劳动合同的；

④存在第五章第一条第四项情形的。

激励对象离职或出现以上情形之一的，取消其该期及以后各期股票期权的行权资格。

第八章　公司与激励对象各自的权利与义务

一、公司的权利与义务

1. 公司有权要求激励对象按其所聘岗位的要求为公司工作，若激励对象不能胜任所聘工作岗位或者考核不合格，经公司董事会批准，公司注销激励对象尚未行权的股票期权。

2. 公司具有对本计划的解释和执行权，并按本计划规定对激励对象进行绩效考核，若激励对象未达到本计划所确定的行权条件，公司将按本计划规定的原则注销激励对象尚未行权的股票期权。

3. 若激励对象因触犯法律、违反职业道德、泄漏公司机密、失职或渎职等行为严重损害公司利益或声誉，经公司董事会批准，公司注销激励对象尚未行权的股票期权，并且要求激励对象返还其已行权的股票。

4. 公司不得为激励对象依本计划获取有关股票（限制性股票 / 期权）提供贷款以及其他任何形式的财务资助，包括为其贷款提供担保，但股东以其自有资源提供的资助除外。

5. 公司根据国家税收法规的规定，代扣代缴激励对象应缴纳的个人所得税及其他税费。

6. 公司应及时按照股转公司有关规定履行本计划的申报、信息披露等义务。

7. 法律、法规规定的其他相关权利与义务。

二、激励对象的权利与义务

1. 激励对象应当按公司所聘岗位的要求，勤勉尽责、恪守职业道德，为公司的发展作出应有贡献。

2. 激励对象按照本激励计划的规定获取有关权益的资金来源为激励对象自筹资金。

3. 激励对象有权且应当按照本激励计划的规定认购获授的限制性股票和股票期权到期行权。

4. 激励对象获授的限制性股票应遵守锁定期与禁售期的规定转让股票；获授的股票期权不得转让、用于担保或偿还债务。股票期权在行权前不享受投票权和表决权，同时也不参与股票红利、股息的分配；激励对象行权获得的股票不得违反锁定及限售的相关规定进行转让、用于担保或偿还债务。

5. 激励对象因本激励计划获得的收益，应按国家税收法规缴纳个人所得税及其他相关税费。

6. 激励对象在行权后离职的，应当在 2 年内不得从事与公司同业竞争相同或类似的相关工作；如果激励对象在行权后离职、并在 2 年内从事与公司同业竞争相同或类似工作的，激励对象应将其因行权所得全部收益返还给公司，并承担与其行权所得收益同等金额的违约金，给公司造成损失的，还应同时向公司承担赔偿责任。

7. 法律、法规规定的其他相关权利义务。

三、其他说明

公司确定本股权激励计划的激励对象，并不构成对员工聘用期限的承诺。公司仍按与激励对象签订的《劳动合同书》确定对员工的聘用关系。激励对象在本激励计划有效期内离职的，公司以原授予价或行权价加上商业银行同期贷款利息回购其持有的尚未解除锁定的限制性股票或股票期权行权后还处于锁定期的公司股票。

由于激励对象以认购新股的方式行权，需要按股转公司关于挂牌公司定向增资的要求，完成董事会决议、股东大会决议、股转公司备案、登记结算公司登记等程序，激励对象在达到行权条件时能否行权仍存在一定的不确定性。

第九章 股权激励计划的变更、终止

一、公司终止激励计划的情形

（一）公司控制权发生变更；

（二）公司出现合并、分立等情形；

（三）最近一个会计年度财务会计报告被注册会计师出具否定意见或者无法表示意见的审计报告；

（四）最近一年内因重大违法违规行为被主管部门予以行政处罚。

当公司出现终止本计划的上述情形时，激励对象已获准行权但尚未行权的股票期权终止行权，其未获准行权的期权予以注销。

二、激励对象个人情况变化的处理方式

（一）激励对象在公司内发生正常职务变更，其获授的股票期权完全按照本计划相关规定进行。

（二）激励对象如因出现以下情形之一而失去参与本计划的资格，董事会可以决定对激励对象根据本计划在情况发生之日，对激励对象已获准行权但尚未行权的股票期权终止行权，其未获准行权的期权予以注销：

1. 具有《公司法》规定的不得担任公司董事、监事、高级管理人员情形的；

2. 因不能胜任岗位工作、触犯法律、违反执业道德、泄露公司机密、失职或渎职等行为损害公司利益或声誉而导致的职务变更，或因上述原因导致公司解除与激励对象劳动关系的；

3. 公司董事会认定的其他严重违反公司有关规定或严重损害公司利益的情形。

（三）激励对象因辞职、公司裁员而离职，董事会可以决定对激励对象根据本计划在情况发生之日，对激励对象已获准行权但尚未行权的股票期权终止行权，其未获准行权的期权予以注销。

（四）激励对象因丧失劳动能力而离职，应分以下两种情况处理：

1. 当激励对象因工伤丧失劳动能力而离职时，在情况发生之日，对激励对象已获准行权但尚未行权的股票期权继续保留行权权利，并在6个月内完成行权，其未获准行权的期权予以注销。

2. 当激励对象非因工伤丧失劳动能力而离职时，在情况发生之日，对激励对象已获准行权但尚未行权的股票期权终止行权，其未获准行权的期权予以注销。

（五）激励对象身故的，应分以下两种情况处理：

1. 激励对象若因执行职务身故的，在情况发生之日，对激励对象已获准行权但尚未行权的股票期权继续保留行权权利，并由其指定的财产继承人或法定继承人在6个月内完成行权，其未获准行权的期权予以注销。

2. 激励对象若因其他原因身故的，在情况发生之日，对激励对象已获准行权但尚未行权的股票期权终止行权，其未获准行权的期权予以注销。

（六）其他未说明的情况由董事会认定，并确定其处理方式。

3. 夏阳检测股权激励案例分析

下面从定方式、定对象、定价格、定条件、定数量、定方案六大要素分析夏阳检测的股权激励

（1）定方式：夏阳检测采用的是限制性股票和股票期权结合的股权激励方式

在新三板公布股权激励计划的挂牌公司中，采用限制性股票的激励方式最多，其次是采用股票期权的激励方式，采用限制性股票和股票期权结合的股权激励方式很少。

夏阳检测采用限制性股票和股票期权结合的股权激励方式与公司激励目的有关系。夏阳检测激励目的有两个：其一回馈老员工，肯定老员工对公司所作出的贡献；其二保留优秀经营骨干，员工报酬与个人能力和绩效挂钩。所以，夏阳检测对相同的激励对象同时采用两种激励方式。针对限制性股票只规定了锁定期，并未规定解锁条件，也就是说激励对象并不需要完成业绩考核，只要过了锁定期和禁售期，就可以不受限制地享有限制性股票的全部权利；股票期权的行权条件中规定了业绩指标，关于股票期权，如果没有达到业绩要求，是不能行权的。

（2）定对象：夏阳检测依据职务确定股权激励对象

夏阳检测依据职务确定股权激励对象包括公司董事、监事、高级管理人员、核心员工。

2020年8月21日中国证监会发布施行的《非上市公众公司监管指引第6号——股权激励和员工持股计划的监管要求（试行）》是新三板股权激励的重要依据，该监管要求明确规定，激励对象包括挂牌公司的董事、高级管理人员及核心员工，但不应包括公司监事。

2015年夏阳检测制定股权激励计划时《非上市公众公司监管指引第6号——股权激励和员工持股计划的监管要求（试行）》尚未公布施行，2020年8月21日以后新三板股票挂牌公司制定股权激励计划时，不可以再把监事作为激励对象。

（3）定价格：夏阳检测以略高于每股净资产价格，同时远低于定向发行价格的方法确定股权激励价格

2015年股权激励计划确定的限制性股票的授予价格为每股1.68元；股票期权的行权价格为每股2.22元。

2014年夏阳检测新三板挂牌时公告的《公开转让说明书》显示2014年5月31日的每股净资产为1.61元。

2016年以非公开的方式定向发行股票，参考公司所处行业和成长性等因素与发行对象协商确定发行价格为每股人民币9元。

夏阳检测的股权激励计划中，不论是限制性股票的授予价格，还是股票期权的行权价格都是略高于新三板挂牌时的每股净资产价格，远低于定向发行股票，这是与公司的高管等重要员工共享公司发展的红利，同时为了留住优秀人才。

（4）定条件：限制性股票和股票期权不同的股权激励条件

限制性股票并未设定业绩考核指标，只要过了锁定期和禁售期，就可以不受限制地享有限制性股票的全部权利。

股票期权同时规定了授予条件和行权条件。

股票期权的授予条件明确了负面清单，明确公司一定时间内不能出现被注册会计师出具否定意见或者无法表示意见的审计报告，不能出现被行政处罚的情况，激励对象不能出现严重违反公司管理制度，或给公司造成巨大经济损失，或给公司造成严重消极影响，受到公司行政处分的等情形，否则激励对象不能被授予股票期权。

股权期权的行权条件包括公司业绩考核要求和个人考核要求。复阳检测股权激励计划仅规定了每股收益年均增长率不低于一个固定的比例，没有参考整个行业的平均增长水平。个人考核使用的负面清单，仅列明激励对象不能出现的一些情形，并没有具体的个人指标及考核要求。

（5）定数量：夏阳检测股权激励数量约占公司总股本的9.95%

首次激励计划包括限制性股票激励计划和股票期权激励计划两部分，占激

励计划签署时公司股本总额1850.00万股的9.95%。首次股权激励大约占到总股本的10%，并且是员工直接持股。如果是股权分散的公司，采用这样的方式进行首次股权激励对于控制权会带来一定的压力。夏阳检测这样的股权激励安排对其控制权影响不大，因为夏阳检测实际控制人通过持有安徽大舜80%的股权，控制公司60%的表决权，同时直接持有公司30%的股权，合计控制公司90%表决权的股份，控制权非常集中。

（6）定机制：夏阳检测的回购机制

关于回购机制，夏阳检测列明激励对象出现严重过错，如因触犯法律、违反职业道德、泄露公司机密、失职或渎职等行为严重损害公司利益时，公司将有权回购已经授予激励对象的限制性股票和已行权的股票期权，但是并未明确回购的价格，这将给未来的回购增加产生法律纠纷的可能。

对于激励对象在激励计划有效期内离职的，也明确了公司有权回购，同时明确了公司以原授予价或行权价加上商业银行同期贷款利息，回购其持有的尚未解除锁定的限制性股票或股票期权行权后还处于锁定期的公司股票，回购价格明确并且合理，可以避免纠纷的发生。

（四）诺思兰德（430047）限制性股票和股票期权结合的股权激励

1.诺思兰德基本信息

2004年6月3日，诺思兰德成立，经营范围是基因治疗药物、重组蛋白质类药物和眼科药的研发、生产及销售。

2020年9月30日，中国证券监督管理委员会出具《关于核准北京诺思兰德生物技术股份有限公司向不特定合格投资者公开发行股票的批复》，核准诺思兰德向不特定合格投资者公开发行股票。

2020年11月17日，全国股转公司出具《关于同意北京诺思兰德生物技术股份有限公司股票在全国中小企业股份转让系统精选层挂牌的函》，同意诺思兰德股票在全国中小企业股份转让系统精选层挂牌交易。

2.诺思兰德限制性股票和股票期权结合的股权激励

2021年4月20日，诺思兰德在北京证券交易所网站公告第一期限制性股票和股票期权激励计划，摘录内容如下。

第四章　激励对象的确定依据和范围

一、激励对象确定的职务依据

本次股权激励对象的职务为公司（含控股子公司）的董事、高级管理人员、核心员工，与实施股权激励计划的目的相符合。本次股权激励对象为核心员工的，由公司董事会提名，并向全体员工公示和征求意见，由监事会发表明确意见后，经股东大会审议批准确定。上述所有激励对象必须在本激励计划的有效期内与公司（含控股子公司）具有聘用、雇佣或劳务关系。

二、激励对象的范围

本激励计划的激励对象为公司（含控股子公司）的董事、高级管理人员及核心员工，共计 43 人，占公司（含控股子公司）全部职工人数 108 人的 39.81%。本激励计划的激励对象不包括公司监事、独立董事。

本计划的激励对象包括公司实际控制人，其作为公司董事长、总经理，是公司的领导核心，对公司的战略布局、业务发展及规范管理均作出了重大贡献。

第五章　股权激励计划拟授出的权益情况

一、激励计划拟授出的权益形式，本激励计划采取的激励形式为股票期权和限制性股票。

二、激励计划拟授出权益涉及的标的股票来源及种类本股权激励计划的股票来源为公司向激励对象定向发行的公司普通股股票。

三、本激励计划拟授出权益的数量及占公司股份总额的比例本激励计划拟向激励对象授予权益总计 782 万份，涉及的标的股票种类为人民币普通股，约占本激励计划公告时公司股本总额 254240203 股的 3.08%。其中，首次授予 706 万份（含授予股票期权 405 万份，限制性股票 301 万股），占本激励计划公告时公司股本总额的 2.78%。本激励计划预留 76 万份，占本激励计划公告时公司股本总额的 0.30%，预留部分占本次授予权益总额 9.72%。预留部分将在本股权激励计划经股东大会审议通过后 12 个月内明确预留权益的授予对象，超过 12 个月未明确激励对象的，本激励计划的预留权益失效。

第八章　股票期权的行权价格及确定方法

一、行权价格

本股权激励计划的股票期权行权价格为 8.60 元 / 股。即在满足行权条件的情况下，激励对象获授的每一份股票期权拥有在其行权期内以每份 8.60 元购买 1 股公司股票的权利。

二、行权价格的确定方法

（一）确定方法

根据监管指引的相关规定，考虑到公司精选层挂牌时间较短，本次股权激励综合考虑公司公开发行定价及二级市场的交易情况最终确定股票期权（含预留部分）的行权价格为 8.60 元。

公司于 2020 年 11 月 10 日公开发行新股 3700 万股（初始发行数量），发行价格为 6.02 元 / 股，本次授予股票期权的行权价格占发行价格的 142.86%；

本激励计划草案公布前 1 个交易日交易均价为 10.45 元，本次授予股票期权的行权价格占前 1 个交易日交易均价的 82.30%；

（二）定价方式的合理性说明

本次股权激励定价方式以保障公司本次激励计划的有效性，进一步稳定和激励核心团队，为公司长远稳健发展提供激励约束机制和人才保障为根本目的和原则。

1. 创新药研发企业的特殊性

作为知识密集型的高科技创新药研发公司，公司对研发人员依赖度极高，尤其是创新药研发，研发周期一般需要十几年甚至更长的时间，建立和完善具有吸引力的中长期激励政策和激励机制才能引进及稳定优秀人才团队，形成长期的人才绩效优势。若公司不具备科学、合理、具有吸引力激励机制，将导致公司无法吸引到所需的高端人才，甚至骨干人员流失，可能对公司新产品研发进程、技术领先地位造成不利影响。公司希望结合创新药研发企业的特殊性建立具有吸引力的股权激励机制，帮助公司在行业人才竞争中掌握主动权，不断增强自身核心竞争力。

2. 公司及员工的现实情况

公司作为创新药研发企业，创新药研发周期长、投入大。长期以来，公司发展主要依靠股东的资金投入、政府研发资金支持以及公司员工共同长期的坚守。公司根据经营情况及人才市场行情逐年增加员工薪酬，但因处于药品研发阶段，尚无创新药销售收入，与行业整体相比仍处于相对较低的水平；随着关于规范挂牌公司股权激励文件的发布，公司结合公司及员工的现实情况，拟通过合理的股权激励鼓励核心团队，并吸引更多的优秀人才。

此外，考虑到公司自精选层挂牌以来二级市场价格波动较大，且股权激励计划的周期跨度较长，激励对象是否能够行权或对限制性股票解除限售存在不确定性，为推动本激励计划的顺利实施，公司参考公开发行定价及自精选层挂牌以来二级市场的交易情况确定本次股权激励的股票期权的行权价格和限制性股票的授予价格。

综上，本次股权激励计划的定价综合考虑了行业的特殊性、公司及员工的现实情况等因素，并合理确定了激励对象范围、归属时间和授予权益数量，遵循了激励约束对等原则，不会对公司经营造成负面影响，体现了公司实际激励需求，具有合理性。

第九章　限制性股票的授予价格及确定方法

一、授予价格

限制性股票的授予价格为每股4.30元，不低于股票面值。即满足授予条件后，激励对象可以以每股4.30元的价格购买公司向激励对象授予的公司限制性股票。

二、授予价格的确定方法

（一）确定方法

根据监管指引的相关规定，考虑到公司精选层挂牌时间较短，本次股权激励综合考虑公司公开发行定价及二级市场的交易情况最终确定限制性股票授予价格为4.30元。

公司于2020年11月10日公开发行新股3700万股（初始发行数量），发行价格为6.02元/股，本次授予价格占发行价格的71.43%；

本激励计划草案公布前1个交易日交易均价为10.45元，本次授予价格占前1个交易日交易均价的41.15%；

第十章　激励对象获授权益、行使权益的条件

一、获授权益的条件

无。

二、行使权益的条件

激励对象行使已获授的权益，必须同时满足如下条件。

（一）公司未发生如下负面情形

1. 最近一个会计年度财务会计报告被注册会计师出具否定意见或者无法表示意见的审计报告；

2. 最近36个月内出现过未按法律法规、公司章程、公开承诺进行利润分配

的情形；

3. 最近12个月内因证券期货犯罪承担刑事责任或因重大违法违规行为被中国证监会及其派出机构行政处罚的；

4. 因涉嫌证券期货犯罪正被司法机关立案侦查或涉嫌违法违规正被中国证监会及其派出机构立案调查等情形；

（二）激励对象未发生如下负面情形

1. 激励对象被中国证监会及派出机构采取市场禁入措施且在禁入期间的；

2. 存在《公司法》规定的不得担任董事、高管情形的；

3. 最近12个月内被中国证监会及派出机构给予行政处罚的；

4. 最近12个月内被中国证监会及其派出机构、全国股转公司认定为不适当人选等；

5. 对公司发生上述情形负有个人责任。

公司发生上述第（一）条规定情形之一的，所有激励对象根据本激励计划已获授但尚未行权的股票期权应当由公司注销/尚未解除限售的限制性股票应当按照本激励计划的规定由公司回购注销；某一激励对象发生上述第（二）条规定情形之一的，该激励对象根据本激励计划已获授但尚未行权的股票期权应当由公司注销/尚未解除限售的限制性股票应当按照本激励计划的规定由公司回购注销。

（三）公司业绩指标

本激励计划的行权考核年度为2021—2023年三个会计年度，分三个考核期。

公司未满足上述业绩指标的，所有激励对象对应考核当年计划行权的股票期权均不得行权，由公司注销；所有激励对象对应考核当年计划可解除限售的限制性股票均不得解除限售，由公司回购注销，回购价格为授予价格。

（四）个人绩效指标

1. 个人绩效指标的要求

根据公司制定的《员工绩效管理办法》，在本激励计划有效期内的各年度，对所有激励对象进行考核。

激励对象当年实际可行权的股票期权数量/可解除限售的限制性股票数量同时与其个人上一年度的绩效考核挂钩，具体比例依据激励对象个人绩效考核结果确定，具体如下。

个人上一年度考核结果

当公司层面业绩指标不合格时，当期可行权数量注销，当期可解除限售的股票由公司回购注销；若公司层面业绩指标合格，则激励对象个人当年实际可行权数量／可解除限售数量＝个人当年计划行权数量／可解除限售数量 × 个人行权／解限售比例（Y）。

激励对象按照个人当年实际可行权数量行权，考核当年不能行权的股票期权，由公司注销；激励对象按照个人当年实际可解除限售数量申请解限，考核当年不能解除限售的限制性股票，由公司回购注销，回购价格为授予价格。

第十四章　公司与激励对象发生异动时股权激励计划的执行

二、激励对象个人情况发生变化的处理

（一）激励对象发生职务变更

1. 激励对象发生职务变更，但仍在公司或控股子公司任职（包括升职或平级调动）且仍属于公司高级管理人员范围的，其已获授的股票期权仍然按照本股权激励计划规定的程序进行；若出现降职或免职导致激励对象不属于公司高级管理人员范围内的，则其已获授并已获准行权但未行权以及已行权的部分不作处理，已获授但尚未获准行权的股票期权则不得行权，由公司注销。

2. 若激励对象担任监事或独立董事或其他不能持有公司股票的人员，则其已获授并已获准行权但未行权以及已行权股票不作处理，已获授但尚未获准行权的股票期权则不得行权，由公司注销。

3. 激励对象因为触犯法律、违反职业道德、泄露公司机密、因失职或渎职等行为损害公司利益或声誉而导致职务变更的，或因前述原因导致公司解除与激励对象劳动关系的，已行权但尚未转让以及已获授并已获准行权但未行权的股份，由公司以零对价予以回购注销；对于已行权且已转让的股份，公司有权要求激励对象将其因本股权激励计划所得全部收益返还给公司；已获授但尚未获准行权的股票期权则不得行权，由公司注销。如因激励对象的上述行为给公司造成损失的，公司有权按照有关法律的规定要求激励对象赔偿。

（二）激励对象离职

1. 激励对象劳动合同到期且不再续约或主动辞职的，其已获授并已获准行权但未行权以及已行权股票不作处理，已获授但尚未获准行权的股票期权则不得行权，由公司注销。

2. 激励对象因公司裁员等无过失原因被动离职且不存在绩效不合格、过失、违法违纪等行为的，其已获授并已获准行权但未行权以及已行权股票不作处理，已获授但尚未获准行权的股票期权则不得行权，由公司注销。

3. 激励对象与公司订立的劳动合同被解除的，其已获授并已获准行权但未行权以及已行权股票不作处理，已获授但尚未获准行权的股票期权则不得行权，由公司注销。

（三）激励对象退休

激励对象退休返聘的，其已获授的股票期权将完全按照本股权激励计划规定的程序进行。若公司提出继续聘用要求而激励对象拒绝的，其已获授并已获准行权但未行权以及已行权股票不作处理，已获授但尚未获准行权的股票期权则不得行权，由公司进行注销。

若激励对象退休而离职的，其已获授并已获准行权但未行权以及已行权股票不作处理，已获授但尚未获准行权的股票期权则不得行权，由公司注销。

（四）激励对象丧失劳动能力而离职

1. 激励对象因工受伤丧失劳动能力而离职的，其已获授的权益将完全按照情况发生前本股权激励计划规定的程序进行，其个人绩效考核结果不再纳入行权条件；

2. 激励对象非因工受伤丧失劳动能力而离职的，其已获授并已获准行权但未行权以及已行权股票不作处理，已获授但尚未获准行权的股票期权则不得行权，由公司注销。

3. 诺思兰德股权激励案例分析

下面从定方式、定对象、定价格、定条件、定数量、定方案六大要素分析诺思兰德的股权激励。

（1）定方式：诺思兰德采用的是限制性股票和股票期权结合的股权激励方式

诺思兰德作为高科技创新药研发公司，新药研发周期较长，为了建立和完善稳定优秀人才团队的长期激励政策和激励机制，采用的是限制性股票和股票期权结合的股权激励方式。

限制性股票和股票期权结合的股权激励方式能更好地调动公司管理层和核心骨干的积极性，有效地将股东利益、公司利益和核心团队个人利益结合在一起，使各方共同关注公司的长远发展，提升公司的核心竞争力，确保公司发展战略和经营目标的实现。

（2）定对象：诺思兰德的股权激励对象人数较多

诺思兰德激励对象包括公司的董事、高级管理人员及核心员工，共计 43 人，另外激励对象包括公司实际控制人，因为实际控制人作为公司董事长、总经理，是公司的领导核心，对公司的战略布局、业务发展及规范管理均作出了重大贡献。

诺思兰德激励对象 43 人，占公司全部职工人数 108 人的 39.81%，激励对象比例较高，这是因为公司处于药品研发阶段，没有创新药销售收入，公司员工的工资水平与行业整体水平相比，处于相对较低的水平，对更多的员工进行股权激励，让更多的能员工享受到公司未来的发展红利，可以缓解暂时低工资人才易流失的问题。

（3）定价格：诺思兰德限制性股票和股票期权的价格均低于市场交易价格

股票期权行权价格为 8.60 元 / 股，高于公司公开发行新股的发行价格，低于市场交易均价，因为公司挂牌精选层后连续竞价交易未满 120 个交易日，而挂牌精选层前集合竞价交易的二级市场交易相对不活跃、价格公允性相对不强，因此未按《北京证券交易所股票上市规则（试行）》规定，采用激励计划草案公告前 120 个交易日公司股票交易确定均价。

限制性股票的授予价格为每股 4.30 元，不低于股票面值。

诺思兰德股票期权行权价格和限制性股票的授予价格的确定，都参考了公司所处行业的特殊性、公司的发展现状以及员工工资的整体水平等因素。

（4）定条件：限制性股票和股票期权不同的股权激励条件

限制性股票规定了解锁条件，对于未达到解除限售条件而不能解除限售的当期限制性股票，明确了公司将回购注销，这样的规定能更好地调动激励对象的积极性。

股票期权的行权条件包括了公司业绩指标和个人绩效指标，其中公司业绩指标考虑到公司正在研发阶段，尚未实现盈利，所以没有采用收入、利润等财务指标作为公司业绩考核指标，而是将研发进度及产业化实施进度、新药上市等指标确定为公司业绩考核指标。

（5）定数量：诺思兰德股权激励数量约占公司总股本的 3.08%

诺思兰德向激励对象授予权益总计 782 万份，涉及的标的股票种类为人民币普通股，约占激励计划公告时公司股本总额 254240203 股的 3.08%。

激励对象 43 人，占公司全部职工人数的 39.81%，但股权激励的份额仅占公司股本总额的 3.08%，股权激励的比例不高。

（6）定机制：诺思兰德股权激励的终止机制和回购机制

关于底线性规定，诺思兰德用负面清单的方式列明，如果公司或者激励对象出现负面清单所列情况时，激励对象已获授但尚未行权的股票期权应当由公司注销，尚未解除限售的限制性股票应当由公司回购注销。

关于公司业绩指标，如果公司业绩指标没有满足的，所有激励对象对应考核当年计划行权的股票期权均不得行权，由公司注销；所有激励对象对应考核当年计划可解除限售的限制性股票均不得解除限售，由公司回购注销，回购价格为授予价格。

关于个人绩效指标，如果公司层面业绩指标不合格时，当期可行权数量注销，当期可解除限售的股票由公司回购注销；若公司层面业绩指标合格，将个人绩效考核指标分为四档，每一档对应不同的行权比例，确定激励对象当年实际可行权数量。当年不能行权的股票期权，由公司注销；当年不能解除限售的限制性股票，由公司回购注销，回购价格为授予价格。

诺思兰德规定了清晰的股权激励终止机制和回购机制，并确定不同回购情形的回购价格，明确全面的股权激励规则可以有效避免法律纠纷的产生。

第三篇

法律篇（下）：规范运行上市北交所

一、北交所上市流程及上市标准分析

（一）北交所简介

北京证券交易所（简称北交所），于 2021 年 9 月 3 日在北京成立。北交所可近似认为是从新三板分拆而来（即原来新三板的精选层），也可以说北交所成立后将新三板的精选层平移装入了北交所。

新三板即全国中小企业股份转让系统，于 2013 年由证券公司代办股份转让系统（老三板）转换而来。新三板成立之后经历了一段飞速发展期，大量中小企业带着热切期望冲入了新三板，到 2016 年底新三板的挂牌企业就已经达到了 1 万家。但是，因为缺乏严格的审核制度，新三板挂牌企业良莠不齐，财务造假比比皆是；另外因投资者进入门槛过高，导致市场流动性严重不足。所以，大部分中小企业挂牌新三板之后，经历了最初的一段兴奋期之后就发现新三板根本实现不了它们最初的融资梦想。投资者门槛高和财务造假导致流动性不足、流动性不足导致新三板无法实现估值定价以及再融资功能。并且原来呼声较高的转板机制迟迟无法兑现，导致很多中小企业挂牌一段时间后带着失望从新三板摘牌。

为了改变当时的状况，新三板从 2016 年开始试分层，2017 年正式分层，即将新三板分成两层，基础层和创新层，对于创新层设置一套相对严格的财务和法律指标，从而筛选出一些质地较为优质的中小企业进入创新层，其他的则继续留在基础层。相当于为新三板的中小企业设置了一个“晋升”机制，只要经营有道、业务发展良好，就有希望更上一层楼，从而提升中小企业继续挂牌新三板的积极性。到了 2019 年底，索性更进一步，在创新层之上设置精选层，即再增加一层，设置更高的财务和法律指标，让创新层中的佼佼者可以进入精选层，并考虑打通精选层与交易所之间的转板机制。另外，对于精选层、创新层、基础层也设置了不同的合格投资者进入门槛，层级越高，投资者进入门槛越低，促进了高层级市场的流动性。

精选层设置并运行一年后，北交所宣布成立。北交所成立之初，基本上是将新三板精选层的全部成员公司以及相关制度平移过来。故可以近似地认为，新三板精选层就是北交所的前身。

（二）北交所上市流程规划

规范 ——→ 股改 ——→ 挂牌（基础层）——→ 转创新层 ——→ 北交所上市

以上即北交所上市的简要流程图，以下作简要分析。

（1）关于规范。规范即企业经营的稳定性、独立性及规范性（狭义），这是企业上市的前提和基础，监管机构对此设定了各种规则，不符合要求的企业是严格禁止上市的。关于经营的稳定性、独立性和规范性，本章其他部分均有分析，在此不再赘述。

（2）关于股改。股改即将有限责任公司改制为股份有限公司，中小企业在成立之初基本上都是采取有限责任公司形式，主要是因为有限责任公司注重人合性，规范成本较低；但挂牌新三板以及未来上市，企业将成为公众公司，此时企业主要特性为资合性，人合性已丧失，要为随时接纳新成员提供方便，故必须改制为股份有限公司。改制主要由中介机构即券商、律师事务所、会计师事务所及评估机构完成，亦不是本章重点，在此不再赘述。

（3）关于挂牌基础层。中小企业若拟在北交所上市，挂牌新三板是第一步，也是必经步骤，当然也可以不挂基础层而直接挂创新层，但是上新三板是必须的，并且必须要在新三板上待够满 1 年的时间，这是程序性规定，必须遵守。从程序上讲，股改加挂牌新三板，大概需要 1 年的时间，关于基础层对于拟挂牌企业有什么样的要求，在后面的章节中有详细表述。

（4）关于转创新层。上面已经提到，要想到北交所上市，需要在新三板上维持至少 1 年的时间，并且，申报北交所上市的时候必须是创新层的公司，也就是说，如果挂新三板的时候挂的是基础层，则必须要在适当的时候转到创新层，才能拿得到申报北交所的入场券。关于创新层的进入标准后面的章节中有详细表述。符合进入创新层的标准之后，从程序上讲，每年有 6 次转入的机会，即每年的第 1、2、3、4、5、8 个月的最后一个交易日。但是不建议用第 8 个月，因为根据规定，如果选择第 8 个月，那么就需要披露经审计的上半年年报，并且上半年的收入和利润均不得存在同比下降情形。

（5）关于北交所上市。如果公司在新三板已经待够 1 年的时间并且已经身在创新层，那么就已经具备了向北交所申请上市的程序性条件。但至于北交所是否接纳，还要看是否具备北交所上市的财务和法律标准，这些标准我们在下一个章节将进行详细表述。

规范 ⟶ 股改 ⟶ 挂牌（创新层）⟶ 北交所上市

以上为不经基础层直接挂牌新三板创新层从而实现北交所上市的路径图。

在这条路径中，唯一不同的就是不经过新三板基础层而是直接挂牌创新层，这样在创新层直接挂满 1 年的时间就可以申请北交所上市（如果其他条件都符合的情况下）。但需要注意的是，某些创新层的准入标准，直接挂牌相较于转入的标准还是有一些差别的，比如对于融资额的要求等，这些差别在后面的标准准入章节将会提及。

当前，为了提高中小企业上北交所的积极性，监管机构提升了审核效率。一般自上市申请受理到上会平均等待时间约为 3 个月，从过会到拿到上市批文平均等待时间约为 1 个月。也就是说，若已满足北交所上市各项要求，从申请上市到实现上市平均耗时仅约 4 个月。这相较于其他上市板块动辄 1 年以上的等待时间来讲可谓是“神速”了。

（三）北交所上市标准剖析

1. 新三板基础层挂牌标准分析

（1）《全国中小企业股份转让系统股票挂牌规则》第 10 条规定，申请挂牌公司应当是依法设立且合法存续的股份有限公司，股本总额不低于 500 万元（人民币，下同），并同时符合下列条件：

①股权明晰，股票发行和转让行为合法合规；

②公司治理健全，合法规范经营；

③业务明确，具有持续经营能力；

④主办券商推荐并持续督导；

⑤全国股转公司要求的其他条件。

请注意：挂牌前进行股改的时候需要严格按照规定要求“按原账面净资产值折股整体变更”，存续时间方能连续计算；即整体变更不应改变历史成本计价原则，不应根据资产评估结果进行账务调整，应以改制基准日经审计的净资产额为依据折合为股份有限公司股本。

（2）《全国中小企业股份转让系统股票挂牌规则》第 20 条规定，申请挂牌公司主要业务属于人工智能、数字经济、互联网应用、医疗健康、新材料、高端装备制造、节能环保、现代服务业等新经济领域以及基础零部件、基础元器件、基础软件、基础工艺等产业基础领域，且符合国家战略，拥有关键核心技术，主要依靠核心技术开展生产经营，具有明确可行的经营规划的，持续经营时间可以少于两个完整会计年度但不少于一个完整会计年度，并符合下列条件之一：

①最近一年研发投入不低于 1000 万元，且最近 12 个月或挂牌同时定向发行获得专业机构投资者股权投资金额不低于 2000 万元；

②挂牌时即采取做市交易方式，挂牌同时向不少于 4 家做市商在内的对象定向发行股票，按挂牌同时定向发行价格计算的市值不低于 1 亿元。

（3）《全国中小企业股份转让系统股票挂牌规则》第 21 条规定，除本规则第 20 条规定的公司外，其他申请挂牌公司最近一期末每股净资产应当不低于 1 元 / 股，并满足下列条件之一：

①最近两年净利润均为正且累计不低于 800 万元，或者最近一年净利润不低于 600 万元；

②最近两年营业收入平均不低于 3000 万元且最近一年营业收入增长率不低于 20%，或者最近两年营业收入平均不低于 5000 万元且经营活动现金流量净额均为正；

③最近一年营业收入不低于 3000 万元，且最近两年累计研发投入占最近两年累计营业收入比例不低于 5%；

④最近两年研发投入累计不低于 1000 万元，且最近 24 个月或挂牌同时定向发行获得专业机构投资者股权投资金额不低于 2000 万元；

⑤挂牌时即采取做市交易方式，挂牌同时向不少于 4 家做市商在内的对象定向发行股票，按挂牌同时定向发行价格计算的市值不低于 1 亿元。

请注意：新三板成立之初对于挂牌新三板是没有财务指标要求的，直到 2017 年，即新三板正式分层之后，对于挂牌基础层的公司亦设定了一定的财务指标要求。但该要求也是比较低的，两年收入合计不低于 1000 万元，或者若最近一期末净资产不少于 3000 万元的，两年收入累计不足 1000 万也是可以的。另外，就是要求报告期末净资产不低于 500 万元。但是在 2023 年 2 月 17 日，股转公司发布了新的挂牌规则，大幅提高了新三板挂牌的财务指标要求。

（4）另《全国中小企业股份转让系统股票挂牌规则》第16条规定申请挂牌公司应当依法依规开展生产经营活动，具备开展业务所必需的资质、许可或特许经营权等，并详细列举了申请挂牌主体不得存在的各种违法违规情形。

请注意：最近24个月内不存在重大违法违规行为，这一点是红线，无论是新三板挂牌还是北交所、上交所及深交所上市都是一样的，即标准基本相同。所以挂牌前的规范运行是非常重要的。

2. 新三板创新层进入（挂牌）标准（表3-1）分析

表3-1　新三板创新层进入（挂牌）标准

	市值	最近两年净利润	加权平均净资产收益率	最近两年营业收入	营业收入增长率	最近两年研发投入	做市商/竞价成交股数	截至进层启动日股本	截至进层启动日融资额	最近一年期末净资产
1		均≥1000万元	≥6%					≥2000万元	≥1000万元	≥0
2				平均≥8000万元	≥30%			≥2000万元	≥1000万元	≥0
3	≥3亿元					≥2500万元			≥4000万元	≥0
4	≥3亿元						≥4家/100万股	≥5000万元	≥1000万元	≥0

第一套标准：亦可称之为利润指标标准，即最近两年净利润均不低于1000万元，请注意这里的“均”字，即最近两年都要有1000万元以上的净利润，并且加权平均净资产收益率（ROE）不得低于6%。截至进层启动日的股本总数不低于2000万元，且截至进层启动日融资额不低于1000万元，该融资包括含普通股、优先股、可转债融资，但不包括以非现金资产认购的部分；最近一年期末净资产不得为负数。以上为自基础层进入创新层的指标标准，若挂牌时拟直

接挂创新层，则除需要满足上述利润、股东、净资产等指标之外，挂牌同时须完成定向融资 1000 万元。

另外要求，公司治理健全，截至进层启动日，已制定并披露经董事会审议通过的股东大会、董事会和监事会制度、对外投资管理制度、对外担保管理制度、关联交易管理制度、投资者关系管理制度、利润分配管理制度和承诺管理制度，已设董事会秘书作为信息披露事务负责人并公开披露。

第二套标准：亦可称之为收入指标标准。即最近两年营业收入平均不低于 8000 万元，且持续增长，年均符合增长率不低于 30%。注意这里的“平均”，亦可理解为最近两年营业收入累计不低于 16000 万元。其他关于股本、累计融资额、净资产指标、规范要求以及直接挂牌创新层的要求等均同于第一套标准。

第三套标准：亦可称之为研发指标标准。要求最近两年研发投入累计不低于 2500 万元，对于收入利润均没有要求。但需要重点注意的一点是关于融资额，该标准要求截至进层启动日的 24 个月内，定向发行普通股融资金额累计不低于 4000 万元（不含以非现金资产认购的部分）；这里限定了必须是“普通股”融资，排除了优先股和可转债；并且每次融资完成时的市值均不得低于 3 亿元。若是直接挂牌创新层则要求在挂牌同时完成定向普通股融资 4000 万元（不含以非现金资产认购的部分）且市值不低于 3 亿元。另外，该标准对于总股本没有要求，也就是说可以低于 2000 万股（但不能低于 500 万股），且净资产不得为负数。其他规范要求同第一套标准。

第四套标准：亦可称之为交易指标标准。即要求截至进层启动日的 120 个交易日内，最近有成交的 60 个交易日的平均股票市值不低于 3 亿元；采取做市交易方式的，截至进层启动日做市商家数不少于 4 家；采取集合竞价交易方式的，前述 60 个交易日通过集合竞价交易方式实现的股票累计成交量不低于 100 万股。另外对总股本的要求较高，不得低于 5000 万股。若是直接挂牌创新层，则在挂牌时即采取做市交易方式，完成挂牌同时定向发行普通股后，公司股票市值不低于 3 亿元，股本总额不少于 5000 万元，做市商家数不少于 4 家，且做市商做市库存股均通过本次定向发行取得。其他规范要求同第一条标准。

3. 北交所上市标准（表 3–2）分析

表 3–2 北交所上市标准

	市值	净利润	加权平均净资产收益率	营业收入	营业收入增长率	经营活动净现金流	最近两年研发投入	发行后总股本 / 股东人数	合格投资者 / 发行股数	最近一年期末净资产
1	≥ 2 亿元	均 ≥ 1500 万元或 ≥ 2500 万元	≥ 8%					≥ 3000 万元 ≥ 200 人	≥ 100 人 ≥ 100 万股	≥ 5000 万元
2	≥ 4 亿元			平均 ≥ 1 亿元	≥ 30%	正		≥ 3000 万元 ≥ 200 人	≥ 100 人 ≥ 100 万股	≥ 5000 万元
3	≥ 8 亿元			≥ 2 亿元			≥ 8%	≥ 3000 万元 ≥ 200 人	≥ 100 人 ≥ 100 万股	≥ 5000 万元
4	≥ 15 亿元						≥ 5000 万元	≥ 3000 万元 ≥ 200 人	≥ 100 人 ≥ 100 万股	≥ 5000 万元

第一套标准：亦可称之为利润指标标准。这套指标又可细分为两套指标，一套为最近两年净利润均不低于 1500 万元，且净资产收益率（ROE）不低于 8%；另一套为最近一年净利润不低于 2500 万元，且净资产收益率不低于 8%。可以看出，北交所上市的利润指标相较于新三板创新层，无论是在净利润绝对值或者净资产收益率水平方面均有了一定提升。该套标准要求预计市值不低于 2 亿元。

另外，关于其他指标。要求向不特定合格投资者公开发行（简称公开发行）的股份不少于 100 万股，发行对象不少于 100 人；公开发行后，公司股本总额不少于 3000 万元；公司股东人数不少于 200 人，公众股东持股比例不低于公司股本总额的 25%；公司股本总额超过 4 亿元的，公众股东持股比例不低于公司股本总额的 10%；最近一年期末净资产不低于 5000 万元。其他规范性要求其他章节有详细讲解，在此不再赘述。

第二套标准：亦可称之为收入指标标准。即预计市值不低于 4 亿元，最近两年营业收入平均不低于 1 亿元，且最近一年营业收入增长率不低于 30%，最近一年经营活动产生的现金流量净额为正。这里需要注意：第一是关于“平均不低于 1 亿元”，不是“均不低于”，即可理解为两年累计不低于 2 亿元；第二是“净现金流量额为正”，现实中，因为该套标准对利润没有要求，故某些企业为了实现收入增长达标，不惜采取激进销售策略以及宽松的信用政策，导致应收账款或应收票据大量增加，表面上看收入增加了，而实际上仅是账面数字的增加，现金流入并未增加反而有可能大量流出，从而出现现金流量净额为负的情况。故为防范上述情况，该套标准设置了对于净现金流的指标要求。其他指标要求均同第一套标准。

第三、四套标准：均亦可称之为研发指标标准。第三套要求预计市值不低于 8 亿元，最近一年营业收入不低于 2 亿元，最近两年研发投入合计占收入合计比例不低于 8%。第四套标准要求市值不低于 15 亿元，最近两年研发投资合计不低于 5000 万元，对收入没有要求。其他指标要求均同第一套指标。

表 3–3　拟申请北交所上市公司的审核要点

<table>
<tr><th></th><th>预计市值</th><th>预计发行后总市值</th><th>营业收入</th><th>净利润</th><th>累计未弥补亏损</th><th>研发情况</th></tr>
<tr><td>1</td><td>≥ 2 亿元</td><td>≥ 2 亿元</td><td colspan="2">营业收入对关联方或有重大不确定性的客户是否存在重大依赖；净利润对非经常性损益等是否存在重大依赖及其大幅下滑是否构成重大不利影响</td><td></td><td></td></tr>
<tr><td>2</td><td>≥ 4 亿元</td><td>≥ 4 亿元</td><td rowspan="2">对关联方或有重大不确定性的客户是否存在重大依赖，若大幅下滑是否对发行人经营业绩构成重大不利影响</td><td></td><td rowspan="3">偶发性还是经常性因素所致；产品、服务或业务的发展趋势、研发阶段或盈亏平衡点；是否影响发行人持续经营能力；若继续持续或扩大是否会触发退市情形</td><td></td></tr>
<tr><td>3</td><td>≥ 8 亿元</td><td>≥ 8 亿元</td><td></td><td>最近一年营业收入应主要源于前期研发成果产业化</td></tr>
<tr><td>4</td><td>≥ 15 亿元</td><td>≥ 15 亿元</td><td>主营业务应为新一代信息技术、高端装备、生物医药等</td><td></td><td>创新能力、技术优势、是否取得阶段性研发或经营成果</td></tr>
</table>

表 3-3 所体现的是针对相关上市指标已经达标的拟申请北交所上市公司进行相关审核时需要关注之处。

第一，关于“预计发行后总市值”。在前面四套上市指标中每套指标均有一个“预计市值”指标，需要注意，这里的“预计”可不是随便预计的，这需要中介机构结合拟上市公司的相关具体指标进行严格核算。若预计市值不准确，导致过会后发行时出现“预计发行后总市值”（发行价 × 发行后总股数）不足该套市值要求，则视为不符合发行条件，应当根据《北京证券交易所证券发行与承销管理细则》的相关规定中止发行。

第二，关于第一套指标中对于利润的审核要点。应重点关注发行人最近一年的净利润对关联方或者有重大不确定性的客户是否存在重大依赖，最近一年的净利润是否主要来自合并报表范围以外的投资收益，最近一年的净利润对税收优惠、政府补助等非经常性损益是否存在较大依赖，净利润等经营业绩指标大幅下滑是否对发行人经营业绩构成重大不利影响等。

第二，关于第一、二、三套标准中对于收入的审核要点。应重点关注发行人最近一年的营业收入对关联方或者有重大不确定性的客户是否存在重大依赖，营业收入大幅下滑是否对发行人经营业绩构成重大不利影响。

第三，关于第二、三、四套标准关于累计为弥补亏损的审核要点。应重点关注发行人是否按照相关规定要求，在招股说明书“风险因素”和“其他重要事项”章节充分披露相关信息；发行人尚未盈利或最近一期存在累计未弥补亏损是偶发性因素还是经常性因素导致；发行人产品、服务或者业务的发展趋势、研发阶段以及达到盈亏平衡状态时主要经营要素需要达到的水平；发行人尚未盈利或最近一期存在累计未弥补亏损是否影响发行人持续经营能力；未盈利状态持续存在或累计未弥补亏损继续扩大是否会触发退市情形。

第四，若选择第三套标准申报，其最近一年营业收入应主要源于前期研发成果产业化。若选择第四套标准申报，其主营业务应属于新一代信息技术、高端装备、生物医药等国家重点鼓励发展的战略性新兴产业；应重点关注：发行人创新能力是否突出、是否具备明显的技术优势、是否已取得阶段性研发或经营成果。

4. 北交所与其他几个上市板块上市标准（表 3-4）对比优势分析

表 3-4　其他板块上市标准

科创板	创业板	主板
（1）预计市值不低于人民币 10 亿元，最近两年净利润均为正且累计净利润不低于人民币 5000 万元，或者预计市值不低于人民币 10 亿元，最近一年净利润为正且营业收入不低于人民币 1 亿元 （2）预计市值不低于人民币 15 亿元，最近一年营业收入不低于人民币 2 亿元，且最近三年累计研发投入占最近三年累计营业收入的比例不低于 15% （3）预计市值不低于人民币 20 亿元，最近一年营业收入不低于人民币 3 亿元，且最近三年经营活动产生的现金流量净额累计不低于人民币 1 亿元 （4）预计市值不低于人民币 30 亿元，且最近一年营业收入不低于人民币 3 亿元 （5）预计市值不低于人民币 40 亿元，主要业务或产品需经国家有关部门批准，市场空间大，目前已取得阶段性成果。医药行业企业需至少有一项核心产品获准开展二期临床试验，其他符合科创板定位的企业需具备明显的技术优势并满足相应条件	（1）最近两年净利润均为正，且累计净利润不低于 5000 万元 （2）预计市值不低于 10 亿元，最近一年净利润为正且营业收入不低于 1 亿元 （3）预计市值不低于 50 亿元，且最近一年营业收入不低于 3 亿元	（1）近 3 个会计年度净利润均为正数且累计超过人民币 3000 万元，净利润以扣除非经常性损益前后较低者为计算依据 （2）最近 3 个会计年度经营活动产生的现金流量净额累计超过人民币 5000 万元；或者最近 3 个会计年度营业收入累计超过人民币 3 亿元

针对以上对比可以发现：

第一，主板对于净利润、现金流量净额、营业收入等指标要求都很高，亏损企业无法在主板上市，主板上市公司一般都是规模体量均较大的公司。

第二，创业板允许亏损企业上市，但是要求预计市值不低于 50 亿元，且最近一年营业收入不低于 3 亿元；创业板主要服务成长型创新创业企业，支持传统产业与新技术、新产业、新业态、新模式深度融合。

第三，科创板亦允许亏损企业上市，且相对更加宽容一些，但最低要求是预计市值不低于 15 亿元，最近一年营业收入不低于人民 2 亿元，且最近三年累计研发投入占最近三年累计营业收入的比例不低于 15%；并且科创板对于企业的科创属性要求很高，优先支持符合国家战略，拥有关键核心技术，科技创新能力突出，主要依靠核心技术开展生产经营，具有稳定的商业模式，市场认可度高，社会形象良好，具有较强成长性的企业。

综上，其他上市板块最低上市财务指标要求甚至已超出了北交所最高上市财务指标要求，相较于其他板块来讲，北交所对于中小企业更加友好，更适合中小企业上市发展。并且北交所已经与其他上市板块建立了转板机制，即在北交所上市的公司若已达到其他板块上市标准且愿意转到其他板块上市，通过申请转板即可实现。

二、股东出资（公司设立）分析

（一）我国公司资本制度变革简析

1.公司资本制度

通观世界各国公司资本制度，在两大法系中存在不同的公司资本制度即法定资本制（Legal capital system）、授权资本制（Authorized capital system）以及在此基础上融合形成的折中资本制（The eclectic capital system）。

（1）法定资本制度

法定资本制度最早起源于法国，后被其他大陆法系国家所普遍效仿。法定资本制即在公司设立时，公司发起人必须按照公司章程中所确定的资本数额，足额（或分期）缴付之后，才能使公司成立的资本制度。这种资本制度的主要特点包括：①公司成立时，公司章程应当明确载明公司的资本额；②强制性规定公司的最低资本额（即法定最低资本）；③全体发起人必须一次性认缴公司章程载明的所有出资额或股份（即一次性全部发行）；④全体发起人在公司设立时必须一次性缴足（或分期缴付）；⑤公司成立之后，若公司需要增加注册资本，必须由公司股东会作出决议并履行严格程序之后方能实现。

法定资本制经历了从“严格”（即一次性缴足）到“改良”（即分期缴付）的转变，但即使是改良后的法定资本制，依然存在以下问题：①人为规定成立公司需要缴付的最低资本而不是依据公司实际需要，造成不必要的资本闲置甚至浪费；②导致现实中存在大量“代缴”以及“抽逃”资本现象，从而使法定资本“名不副实”；③增加公司注册资本需要经历严格的法定程序，增加了不必要的程序成本。

（2）授权资本制度

授权资本制度主要在英美法系国家被广泛使用。它是指在公司设立时，公司章程既要载明公司的资本总额，又要载明公司第一次发行的资本，公司发起人可只认购并缴付已发行资本的一部分，公司即可成立；注册资本与已发行资本之间的差额授权董事会可根据公司需要随时发行。授权资本制有如下特点：①公司章程一般需载明两个资本额即公司资本总额及第一次发行资本总额；②公司设立时，公司发起人仅需认购并缴付第一次发行的部分资本，公司即可成立；③公司章程或股东会可授权董事会根据公司需要发行资本总额与已发行资本之间的差额部分，无须履行增资手续；④公司资本呈现多种类别，如资本总额（股份总数）、已发行资本（股份）、授权发行资本（股份）、实缴资本、催缴资本等。

授权资本制相较于法定资本制，其优势显而易见，但其同时也并非十全十美，如容易引起公司设立中的欺诈和投机等非法行为的滋生、不利于保护债权人的利益以及不利于维护交易安全等。

（3）折中资本制度

随着经济的发展，大陆法系国家奉行的法定资本制暴露出诸多弊端，缺乏效率和活力不足成为其致命弱点，于是人们开始把目光投向授权资本制以寻求问题的解决。然而，在借鉴授权资本制时，因大陆法系和英美法系的法律文化和司法制度存在巨大差异，故须深刻理解授权资本制的制度设计，而非简单照抄照搬。目前较为具有代表性的有以下两种：

一种是以德国、法国、奥地利等为代表，称为许可资本制，指在公司设立时，公司章程必须明确公司资本总额，并一次性发行且全部认足或募足；同时，公司章程可以授权董事会在公司成立后一定期限内，在授权时公司资本总额的一定比例范围内，发行新股、增加资本，而无须股东会的特别决议。但实行认可资本制的多数国家对授权尚未发行的资本数额和授权的期限进行限制。这种在公司设立时和成立后两个阶段分别采用法定资本制和授权资本制的做法，既可保证公司资本在公司成立时得以确认，又增强了公司增资的灵活性。

另一种是折中授权资本制，以日本和我国台湾地区为代表，指公司设立时，在章程中载明资本总额，只需发行和认足部分资本或股份，公司即可成立，未发行部分授权董事会根据需要发行，但是授权发行的部分不得超过公司资本的一定比例。折中授权资本制是在授权资本制基础上通过对授权董事会发行股份的比例和期限进行限制而形成的，不仅坚持了授权资本制的基本精神，又体现了法定资本制的要求。

2. 我国公司资本制度的演变过程

我国《公司法》（2005 修订）实施之前，公司资本制度所奉行的是严格的法定资本制，主要体现在公司设立时注册资本必须一次性全部实缴，经法定的验资机构验资并出具证明之后才能进行工商注册登记。

我国《公司法》（2005 修订）所确定的资本制度是改良的法定资本制，主要体现在公司注册资本为在公司登记机关进行登记的全体股东认缴的出资额，股东对于认缴的出资额可以分期缴付，但对于分期缴付比例和期限都有严格限定。

我国《公司法》（2013 修正）所确定的资本制度仍属于法定资本制，原因在于其注册资本仍然奉行“一次性发行”的原则，即公司注册资本为在公司登记机关进行登记的全体股东认缴的出资额。相较于《公司法》（2005 修订），最大的变化在于取消了注册资本的法定最低限制、首次缴付最低比例以及实缴期限的法定最低限制，并将这些全部交由公司发起人在公司章程中进行约定。但是若公司增资仍然需要履行严格的增资程序，《公司法》（2013 修正）对于董事会的授权仅为资本实缴而非资本发行，并未赋予章程或股东会可授权董事会根据公司实际需要发行资本（增资）的权利。故其不属于授权资本制或折中资本制。

2021 年 12 月 24 日，经第十三届全国人大常委会第三十二次会议对《中华人民共和国公司法（修订草案）》进行审议，修订草案向社会公开征求意见。修订草案在股份有限公司中引入了授权资本制，即股份有限公司设立时只需发行部分股份，公司章程或者股东会可以作出授权，由董事会根据公司运营的实际需要决定发行剩余股份。这样既方便股份有限公司设立，又给予了公司发行新股筹集资本的灵活性，并且能够减少公司注册资本虚化等问题的发生（修订草案第 97 条、第 164 条）[①]。

① 《中华人民共和国公司法（修订草案）》第 97 条规定：“股份有限公司的公司章程或者股东会可以授权董事会决定发行公司股份总数中设立时应发行股份数之外的部分，并可以对授权发行股份的期限和比例作出限制。”《中华人民共和国公司法（修订草案）》第 164 条规定：“股份有限公司的公司章程或者股东会授权董事会决定发行新股的，董事会决议应当经全体董事三分之二以上通过。发行新股所代表的表决权数超过公司已发行股份代表的表决权总数百分之二十的，应当经股东会决议。”

（二）股东出资瑕疵及影响分析

1. 股东出资类别

（1）货币出资

货币出资即“现金出资”，指公司发起人以法定货币出资。在实务中货币出资通常变现为以现金或银行存款出资。货币出资较为简便，不存在价值高估或者低估问题，且不需要缴税，但需要发起人动用流动资金。

《公司法》[①] 第 27 条第 1 款规定股东可以用货币出资，第 28 条第 1 款规定股东以货币出资的，应当将货币出资足额存入有限责任公司在银行开设的账户。另《市场主体登记管理条例》第 13 条第 1 款规定，除法律、行政法规或者国务院决定另有规定外，市场主体的注册资本或者出资额实行认缴登记制，以人民币表示。

（2）非货币资产出资

①非货币资产出资的法律要件

一是可以评估作价。《公司法》第 27 条第 1 款规定：股东可以用货币出资，也可以用实物、知识产权、土地使用权等可以用货币估价并可以依法转让的非货币财产作价出资。即用于出资的非货币资产必须是可以评估作价的，并且必须经有资质的评估机构依法进行评估之后以评估值进行出资。

二是可以依法转让并办理产权转移手续。《公司法》第 28 条第 1 款规定：股东以非货币财产出资的，应当依法办理其财产权的转移手续。如果法律、法规规定该等非货币资产不得转让，则公司发起人不得将该项资产用于出资，公司也不得接受该项资产。如果某项非货币资产无法办理产权转移手续，则其就无法由“发起人的资产”转变为“公司的资产”，从而该等资产就不能作为发起人出资。

三是法律、行政法规规定不得作为出资的非货币资产不得用于出资。《公司法》第 27 条第 1 款规定了“但是，法律、行政法规规定不得作为出资的财产除外”。即某些非货币资产是不可以作为出资的。《市场主体登记管理条例》第 13 条第 2 款规定，出资方式应当符合法律、行政法规的规定。公司股东、非公司企业法人出资人、农民专业合作社（联合社）成员不得以劳务、信用、自然人

---

① 若无特别说明，均指《公司法》（2018 修正）即现行《公司法》。

姓名、商誉、特许经营权或者设定担保的财产等作价出资。

②非货币资产出资的种类

动产，可用于出资的动产包括存货、机器设备、工具等。根据《民法典》第224条规定：动产物权的设立和转让，自交付时发生效力，但是法律另有规定的除外。故以动产出资时，除应当进行价值评估外，还应当将该动产交付给公司使用。另《民法典》第225条规定：船舶、航空器和机动车等的物权的设立、变更、转让和消灭，未经登记，不得对抗善意第三人。即船舶、航空器、和机动车虽然属于动产，但其物权的设立、变更、转让和消灭遵循的是登记生效规则；故对于船舶、航空器、机动车等出资，除了交付之外，还应当办理变更登记手续，将其登记至公司名下方视为完成出资。

不动产，主要包括房屋建筑及其附属设施、单独计价的土地使用权等。《民法典》第209条规定：不动产物权的设立、变更、转让和消灭，经依法登记，发生效力；未经登记，不发生效力，但是法律另有规定的除外。故公司发起人若以上述不动产出资，必须将该不动产变更登记至公司名下。

知识产权，主要包括商标、专利、著作权、专有技术等“可以用货币估价并可以依法转让的”知识产权，对于像商誉、特许经营权等则不得用于出资。在实务中，知识产权出资存在的最大问题就是价值高估，这个在后面的出资瑕疵中有详细论述。

股权、债权。对此《公司法》未作明确规定，《最高人民法院关于适用〈中华人民共和国公司法〉若干问题的规定（三）》(2020修正，以下简称《公司法解释三》）第11条规定发起人可以股权出资，并规定了股权出资应符合以下条件：出资的股权由出资人合法持有并依法可以转让；出资的股权无权利瑕疵或者权利负担；出资人已履行关于股权转让的法定手续；出资的股权已依法进行了价值评估。《市场主体登记管理条例实施细则》第13条第3款规定：依法以境内公司股权或者债权出资的，应当权属清楚、权能完整，依法可以评估、转让，符合公司章程规定。另《中华人民共和国公司法（修订草案）》第43条增加了公司股东可以“股权、债权”作为出资的规定。

③以非货币资产出资需要缴纳个人所得税

以非货币资产进行出资，按照我国财政部、国家税务总局相关规定（财税〔2014〕第116号、财税〔2015〕第41号），属于非货币资产转让和投资同时发生，应当按照“资产转让所得”计算缴纳（公司或个人）所得税，但可以在5年内分期缴纳。如果相关行为符合或者经设计后符合《财政部、国家税务总局关于公司重组业务公司所得税处理若干问题的通知》相关规定，则可以享受相关特殊性税务处理待遇（反向看其实就是新设或者存续公司以股权作为支付方式购买资产）。

2. 股东出资瑕疵

（1）股东未按约定期限出资

《公司法》实行资本认缴制度，公司股东可以在章程中自由约定出资额以及出资期限。但一旦约定即构成股东出资义务，违反该义务将承担相应法律后果。

（2）股东未对非货币资产出资进行依法评估

根据《公司法》及相关法律法规规定，以非货币资产出资，必须进行依法评估。实务中未进行依法评估的情形主要包括：未经有资质的评估机构进行评估（随意估价）、人为提高评估值。“高估”在知识产权出资中最为常见，即在采取“收益现值法”进行评估时，通过随意提高收益预测值从而达到“高估”的目的。但相关知识产权所产生的实际收益完全无法达到预测值，从而导致评估值与实际价值完全不符。

（3）股东未依法办理产权转移手续

非货币资产中除了存货、机器设备等不需要以变更登记对抗第三人的动产之外，其他作为出资均需要依法办理产权转移手续。未做相应变更登记则相应出资并未转移至公司名下，即使已经交付给公司使用亦不能视为已经适当履行了出资义务。

（4）股东未将非货币资产交付公司

实务中还存在一种情况，公司股东已经办理了非货币资产出资的产权变更手续，但其并未将该资产交付给公司使用，而是一直由其自己或其名下的其他公司使用。该种情况亦属于未适当履行出资义务。

（5）股东抽逃出资

《公司法》实施资本认缴制之后，抽逃出资的现象已经明显好转，但仍然存在。抽逃出资亦是出资瑕疵的一种典型表现形式。

3. 股东出资瑕疵的法律后果

（1）刑事责任

根据《国务院关于印发注册资本登记制度改革方案的通知》规定，对于商业银行、证券公司、劳务派遣公司等27类公司仍继续实行注册资本实缴登记制。对于这27类公司而言，若公司股东存在虚报注册资本、虚假出资、抽逃出资情形的，仍应当依照《刑法》第158条①、第159条②规定，追究其刑事责任。

（2）行政责任

若股东存在出资瑕疵（虚假出资或抽逃出资等情形），则无论对于实行注册资本认缴制还是继续实行注册资本实缴制的公司股东而言，均应按照《公司法》第198条③、199条④、200条⑤的规定承担行政责任。

（3）民事责任

若股东存在出资瑕疵（虚假出资或抽逃出资等情形），除可能承担以上刑事

---

① 《刑法》第158条规定："申请公司登记使用虚假证明文件或者采取其他欺诈手段虚报注册资本，欺骗公司登记主管部门，取得公司登记，虚报注册资本数额巨大、后果严重或者有其他严重情节的，处三年以下有期徒刑或者拘役，并处或者单处虚报注册资本金额百分之一以上百分之五以下罚金。单位犯前款罪的，对单位判处罚金，并对其直接负责的主管人员和其他直接责任人员，处三年以下有期徒刑或者拘役。"

② 《刑法》第159条规定："公司发起人、股东违反公司法的规定未交付货币、实物或者未转移财产权，虚假出资，或者在公司成立后又抽逃其出资，数额巨大、后果严重或者有其他严重情节的，处五年以下有期徒刑或者拘役，并处或者单处虚假出资金额或者抽逃出资金额百分之二以上百分之十以下罚金。单位犯前款罪的，对单位判处罚金，并对其直接负责的主管人员和其他直接责任人员，处五年以下有期徒刑或者拘役。"

③ 《公司法》第198条规定："违反本法规定，虚报注册资本、提交虚假材料或者采取其他欺诈手段隐瞒重要事实取得公司登记的，由公司登记机关责令改正，对虚报注册资本的公司，处以虚报注册资本金额百分之五以上百分之十五以下的罚款；对提交虚假材料或者采取其他欺诈手段隐瞒重要事实的公司，处以五万元以上五十万元以下的罚款；情节严重的，撤销公司登记或者吊销营业执照。"

④ 《公司法》第199条规定："公司的发起人、股东虚假出资，未交付或者未按期交付作为出资的货币或者非货币财产的，由公司登记机关责令改正，处以虚假出资金额百分之五以上百分之十五以下的罚款。"

⑤ 《公司法》第200条规定："公司的发起人、股东在公司成立后，抽逃其出资的，由公司登记机关责令改正，处以所抽逃出资金额百分之五以上百分之十五以下的罚款。"

或者行政责任之外，还应根据《公司法解释三》第 13 条[①]、第 14 条[②]规定对其他守约股东、公司、债权人承担民事责任。

（三）出资方式如何影响控制权、税筹及变现便利性

此处所要讨论的出资方式主要是指以直接还是间接方式进行出资，即是以自然人直接出资持有公司股权，还是通过持股平台（公司或有限合伙）持有公司股权。

1. 从控制权角度分析

有限责任公司“同股不同权”始于《公司法》(2005 修订),其第 43 条规定：股东会会议由股东按照出资比例行使表决权；但是，公司章程另有规定的除外。即自 2006 年 1 月 1 日起，公司股东完全可以靠约定获得公司控制权。股份有限公司则一直坚持“同股同权”，一直到科创板允许“表决权差异安排”（AB 股），但是从《公司法》层面尚未解决股份公司“同股不同权”的问题。此次《中华人民共和国公司法（修订草案）》第 157 条[③]规定了“类别股”,明确股份有限公司可以依据章程规定实现“同股不同权”，即控制权亦可通过约定获得。

---

① 《公司法解释三》第 13 条规定：“股东未履行或者未全面履行出资义务，公司或者其他股东请求其向公司依法全面履行出资义务的，人民法院应予支持。公司债权人请求未履行或者未全面履行出资义务的股东在未出资本息范围内对公司债务不能清偿的部分承担补充赔偿责任的，人民法院应予支持；未履行或者未全面履行出资义务的股东已经承担上述责任，其他债权人提出相同请求的，人民法院不予支持。股东在公司设立时未履行或者未全面履行出资义务，依照本条第一款或者第二款提起诉讼的原告，请求公司的发起人与被告股东承担连带责任的，人民法院应予支持；公司的发起人承担责任后，可以向被告股东追偿。”

② 《公司法解释三》第 14 条规定：“股东抽逃出资，公司或者其他股东请求其向公司返还出资本息、协助抽逃出资的其他股东、董事、高级管理人员或者实际控制人对此承担连带责任的，人民法院应予支持。公司债权人请求抽逃出资的股东在抽逃出资本息范围内对公司债务不能清偿的部分承担补充赔偿责任、协助抽逃出资的其他股东、董事、高级管理人员或者实际控制人对此承担连带责任的，人民法院应予支持；抽逃出资的股东已经承担上述责任，其他债权人提出相同请求的，人民法院不予支持。”

③ 《中华人民共和国公司法（修订草案）》第 157 条规定：“公司可以按照公司章程的规定发行下列与普通股权利不同的类别股：（一）优先或者劣后分配利润或者剩余财产的股份；（二）每一股的表决权多余或者少于普通股的股份；（三）转让须经公司同意等转让受限的股份；（四）国务院规定的其他类别股。公开发行股份的公司不得发行前款第二项、第三项规定的类别股，公开发行前已发行的除外。”

另外根据《公司法》相关规定，公司利润亦可根据章程的规定不按股权比例分配。故股东实际出资与表决权、分红权完全可以分离，即如果你有足够强的销售能力、技术能力或者其他特殊才能，完全可以通过很少的出资获得公司控制权以及更高比例的分红权。当然，这同时对于公司发起人提出了一个很高的要求，即公司设立前就应提前谋划布局，通过出租人协议、公司章程等将未来的公司资金、管理、分红等所有重要事项一并解决。

故通过以上讨论可以看出，从控制权角度考虑，直接出资或者间接出资区别不大。二者均需要进行周密规划和设计，不同的是间接投资可能更多考虑其他需求，以下进行逐一分析。

2. 从税务筹划角度分析

（1）经营收益所得

自然人作为股东直接投资设立公司即直接出资方式，涉及股息分配、盈余公积和资本公积转增股本等税收筹划空间小，综合税率为40%。

通过持股平台（公司）间接出资模式，有利于解决股息分配、盈余公积及资本公积转增股本等问题。因为公司之间股息免税，故盈余公积及资本公积转增股本免税，至于分回的股息如何回到个人股东，存在较大的税筹空间。

（2）股权转让所得

与上述情况类似，直接出资模式税筹空间极小。而对于间接出资模式来讲，可以进行多种形式的税务筹划，如尽可能地利用分红（或通过转增资本增加计税成本）从而减少股权转让收益，或者设立多层离岸公司进行间接转让。

3. 从变现便利性角度分析

间接出资方式的优势更加明显，尤其是在持有上市公司权益的情况下，直接转让会涉及严格程序限制并承担严格披露义务，一不小心就可能触及监管红线，此时间接出资方式变现的便利性显而易见。

三、经营稳定性分析

（一）主营业务稳定

主营业务是指企业为完成其经营目标而从事的日常活动中的主要活动，是企业营业收入的主要来源，故主营业务的稳定是企业稳定发展的重要保障。

1.主营业务稳定相关法条规定

（1）《首次公开发行股票注册管理办法》

第十二条　发行人业务完整，具有直接面向市场独立持续经营的能力：

……

（二）主营业务、控制权和管理团队稳定，首次公开发行股票并在主板上市的，最近三年内主营业务和董事、高级管理人员均没有发生重大不利变化；首次公开发行股票并在科创板、创业板上市的，最近二年内主营业务和董事、高级管理人员均没有发生重大不利变化；首次公开发行股票并在科创板上市的，核心技术人员应当稳定且最近二年内没有发生重大不利变化；

……

（2）《北京证券交易所向不特定合格投资者公开发行股票并上市业务规则适用指引第1号》

第1-5（经营稳定性）：……发行人应当保持主营业务、控制权、管理团队的稳定，最近24个月内主营业务未发生重大变化；

……

第1-8（业务、资产和股份权属）：关于发行人的业务、资产和股份权属等事项，保荐机构、发行人律师及申报会计师应重点关注发行人报告期内的业务变化、主要股东所持股份变化以及主要资产和核心技术的权属情况，核查发行人是否符合以下要求并发表明确意见：

（一）发行人的主营业务、主要产品或服务、用途及其商业模式明确、具体，发行人经营一种或多种业务的，每种业务应具有相应的关键资源要素，该要素组成应具有投入、处理和产出能力，能够与合同、收入或成本费用等相匹配。

……

（5）《公开发行证券的公司信息披露内容与格式准则第46号——北京证券交易所公司招股说明书》

第四十八条　发行人应清晰、准确、客观地披露主营业务、主要产品或服务的情况，包括：

（一）主营业务、主要产品或服务的基本情况，主营业务收入的主要构成；

（二）主要经营模式，如盈利模式、采购模式、生产或服务模式、营销及管理模式等，分析采用目前经营模式的原因、影响经营模式的关键因素、经营模式及其影响因素在报告期内的变化情况及未来变化趋势。发行人的业务及其模式具有创新性的，还应披露其独特性、创新内容及持续创新机制；

（三）设立以来主营业务、主要产品或服务、主要经营模式的演变情况；

（四）发行人应结合内部组织结构（包括部门、生产车间、子公司、分公司等）披露主要生产（或服务）流程、方式；

（五）生产经营中涉及的主要环境污染物、主要处理设施及处理能力。

第五十条 发行人应根据重要性原则披露主营业务的具体情况，主要包括：

（一）销售情况和主要客户：报告期内各期主要产品或服务的规模（产能、产量、销量，或服务能力、服务量）、销售收入、产品或服务的主要客户群体、销售价格的总体变动情况；存在多种销售模式的，应披露各销售模式的规模及占当期销售总额的比重。报告期内各期向前五名客户合计的销售额占各期销售总额的百分比，向单个客户的销售比例超过总额的50%的、前五名客户中存在新增客户的或严重依赖于少数客户的，应披露其名称或姓名、销售比例，该客户为发行人关联方的，应披露产品最终实现销售的情况。受同一实际控制人控制的客户，应合并计算销售额；

（二）采购情况和主要供应商：报告期内采购产品、原材料、能源或接受服务的情况，相关价格变动趋势；报告期内各期向前五名供应商合计的采购额占当期采购总额的百分比，向单个供应商的采购比例超过总额的50%的、前五名供应商中存在新增供应商的或严重依赖于少数供应商的，应披露其名称或姓名、采购比例。受同一实际控制人控制的供应商，应合并计算采购额。

……

2. 主营业务稳定的内涵

从上述法条的列举规定可以看出，监管机构对于主营业务稳定的核查要求主要是最近3年（或2年）没有重大（不利）变化。关于主营业务的数量，之前创业板要求“应当主要经营一种业务”，现已删除；北交所明确规定发行人可“经营一种或多种业务”，但“每种业务应具有相应的关键资源要素”。在审核实践中，对主营业务是否发生重大变化的认定需要综合考虑多方面的因素，简要总结如下。

（1）主营业务的性质

一般来说，主营业务稳定要求业务性质、产品内容不能有实质性改变，如报告期内主营业务发生跨行业变化，从互联网行业直接变为养猪。但是以下情形的主营业务变化是允许的：

①主营业务结构发生变化。即公司的传统主营产品销售比例大幅下降，其他新产品销售比例大幅上升，但新老产品之间具有某种必然联系：如新老产品属于产业链上下游、属于同一技术的不同发展路径或阶段、属同类产品应用于不同领域等。但新老产品的变化必须循序渐进，符合基本的商业逻辑。

②新业务对公司盈利能力产生影响。即新业务新产品的销售已经对于公司盈利能力产生了重大影响，并且这种影响是正面的积极的，即新产品新业务具有较强的市场竞争力，持续稳定地提高了发行人的主营业务收入和利润。如果报告期内发行人因为业绩增长乏力而开展新业务新产品突击增加收入和利润，而未来的销售却无法保证，则会让监管机构认为新产品新业务属偶然销售并质疑公司的盈利能力，存在较大审核风险。

（2）主营业务的数量

创业板在实行注册制之前要求公司主要经营一种业务，目前已无类似要求。北交所相关文件中甚至明确公司可经营一种或多种业务，但要具备相应的关键资源要素。相反，如果业务或者产品结构过于单一则会遭受监管机构的质疑。因为产品结构单一可能导致抗风险能力不足，无法抵御较大市场风险或经营风险的冲击，进而影响发行人的持续盈利能力。当然，产品结构单一是否一定会构成发行障碍也不尽然，需要结合发行人的核心竞争优势、市场前景、盈利能力、行业地位等多种因素综合考虑。

（3）主营业务的主要财务数据

公司在报告期内主营业务的主要财务数据应当保持稳定（增长），若波动幅度较大则会被重点关注，需要充分解释其合理性。另外发行人在准备 IPO 申报材料时，关于主要财务数据（毛利率）与同行业的对比，必须注意，若主要财务数据与同行业可比（上市）公司差异过大，则必须针对公司具体情况及单个产品情况进行差异性对比分析，充分说明差异产生的商业合理性。

（4）主营业务是否发生变化的实质判断

首先需要把握的一点是，监管机构之所以关注主营业务是否稳定的根本在于发行人是否具备持续盈利能力，即发行人盈利能力是否稳定、是否可持续（增长）是前提。这个前提不存在，即使发行人的主营业务再稳定也没有意义。

如果具备了这个前提，那认定主营业务没有发生变化的依据就比较宽泛了，如处于同一产业链上下游、使用同一核心技术、相同业务不同应用领域、类似产品不同客户等皆可以认定为主营业务没有发生变化。具备了这个前提，一般也不会出现为了拼凑业绩而发展盈利能力差、市场前景不佳业务的情况。具备了这个前提，即使产品结构比较单一，只要能够充分披露该单一产品的市场竞争优势、短期内不存在市场替代风险、定价及市场地位可持续、为改善产品结构单一问题所采取的改善措施等，一般不会构成发行障碍。

3. 一个产品结构单一的发行失败案例

北京朝歌数码科技股份有限公司（简称朝歌科技，2018 年 2 月被否）

（1）发行人基本情况

朝歌科技主营业务为互动电视智能终端及系统平台的研发、生产、销售、运营与服务。公司产品与服务分为三大关联板块：互动电视智能终端产品、网络视频行业应用系统及解决方案、互动电视系统平台产品及平台运营相关服务。其中互动电视智能终端产品占主营业务收入的 90% 以上，报告期内该产品毛利率分别为 13.95%、11.89%、9.40%。

报告期（2015—2017 年）内业绩非常靓丽，公司营业收入分别为 59732.96 万元、92667.32 万元、179459.28 万元；净利润分别为 3175.92 万元、4488.05 万元、7177.70 万元。这次申报也是其第三次冲关创业板。

（2）发审委意见

①现存业务的发展空间有限，质疑发行人的未来持续盈利能力

请发行人代表结合互动电视智能终端产品的行业发展情况、市场饱和程度、发行人的市场占有份额等，说明发行人的核心竞争力、商业模式合理性，主营业务的发展空间，发行人现存业务是否存在新的衍生拓展领域和业务增长点，是否对发行人未来持续盈利能力构成重大不利影响。

②发行人对单一客户存在重大依赖，质疑与大客户业务的可持续性

报告期内发行人前五大客户销售额占当期营业收入的比例分别为 89.81%、90.54%、96.01%。

③毛利率逐年下降且低于同行业毛利率水平，未来持续经营堪忧

发行人报告期主营业务收入主要来源于互动电视智能终端产品，其毛利率逐年下降至 9.4%，低于同行业毛利率水平。

④对主要供应商存在依赖，可能对发行人未来持续盈利能力构成重大不利影响

报告期内，发行人对前五大供应商的采购占公司采购总额的比例分别为84.66%、78.77%、85.57%。

⑤质疑存在放宽信用期促进销售收入

报告期各期末，发行人应收账款账面余额较高，占营业收入比例较大，余额持续增加。

（3）总结分析

朝歌科技主营业务依赖单一产品互动电视智能终端，该项产品的盈利能力对公司本身的持续盈利能力的影响至关重要，但是，从报告期的数据来看，该产品的毛利率一直处于下降趋势，且低于同行业毛利率水平。而毛利率一直下降的原因，是由于境内电信运营商对普及型终端的需求量大且价格敏感度高，终端设备厂商配合运营商推广主动降低价格；而上游重要原材料价格还在上涨，却不能将价格上涨传导至下游客户，所以毛利率持续下降。即公司对上游供应商、下游客户的议价能力都很弱，从而引发发审委对公司主营产品的行业竞争地位和在产业链上地位的质疑。

故其被否决的上述5个理由中，1、3、5才是主要理由。产品结构单一只是表面现象，关键在于“持续盈利能力存在不确定性”。

（二）同一控制下的业务重组

所谓“同一控制”下的业务重组，指实际控制人在进行上市规划时，选定某一公司作为拟上市主体，并由该主体收购其相关企业的股权或者经营性资产，将相关业务或者资产装入拟上市主体实现集中上市。很多企业在经营过程中，出于经营策略或税务筹划等方面考虑，往往成立多家关联公司承担不同或者相似功能，甚至出现将房屋土地、知识产权、人员、业务等分别装在不同主体中的情况。实际控制人同时经营多个相同、相似或相关业务的公司，这些公司之间往往存在着大量的关联交易、不同程度的同业竞争等问题，需要在上市之前进行业务重组。同一控制下的业务重组行为有利于解决同业竞争并增强上市主体的独立性，但同时重组行为有可能导致拟上市主体在报告期内资产、收入、利润规模等发生较大变化，甚至可能导致其主营业务发生变化。

1. 相关法条规定

（1）《〈首次公开发行股票并上市管理办法〉第十二条发行人最近3年内主营业务没有发生重大变化的适用意见——证券期货法律适用意见第3号》（简称《证券期货法律适用意见第3号》）

二、发行人报告期内存在对同一公司控制权人下相同、类似或相关业务进行重组情况的，如同时符合下列条件，视为主营业务没有发生重大变化：

（一）被重组方应当自报告期期初起即与发行人受同一公司控制权人控制，如果被重组方是在报告期内新设立的，应当自成立之日即与发行人受同一公司控制权人控制；

（二）被重组进入发行人的业务与发行人重组前的业务具有相关性（相同、类似行业或同一产业链的上下游）。

重组方式遵循市场化原则，包括但不限于以下方式：

（一）发行人收购被重组方股权；

（二）发行人收购被重组方的经营性资产；

（三）公司控制权人以被重组方股权或经营性资产对发行人进行增资；

（四）发行人吸收合并被重组方。

三、发行人报告期内存在对同一公司控制权人下相同、类似或相关业务进行重组的，应关注重组对发行人资产总额、营业收入或利润总额的影响情况。发行人应根据影响情况按照以下要求执行：

（一）被重组方重组前一个会计年度末的资产总额或前一个会计年度的营业收入或利润总额达到或超过重组前发行人相应项目100%的，为便于投资者了解重组后的整体运营情况，发行人重组后运行一个会计年度后方可申请发行。

（二）被重组方重组前一个会计年度末的资产总额或前一个会计年度的营业收入或利润总额达到或超过重组前发行人相应项目50%，但不超过100%的，保荐机构和发行人律师应按照相关法律法规对首次公开发行主体的要求，将被重组方纳入尽职调查范围并发表相关意见。发行申请文件还应按照《公开发行证券的公司信息披露内容与格式准则第9号——首次公开发行股票并上市申请文件》附录第四章和第八章的要求，提交会计师关于被重组方的有关文件以及与财务会计资料相关的其他文件。

（三）被重组方重组前一个会计年度末的资产总额或前一个会计年度的营业

收入或利润总额达到或超过重组前发行人相应项目 20% 的，申报财务报表至少须包含重组完成后的最近一期资产负债表。

四、被重组方重组前一会计年度与重组前发行人存在关联交易的，资产总额、营业收入或利润总额按照扣除该等交易后的口径计算。

五、发行人提交首发申请文件前一个会计年度或一期内发生多次重组行为的，重组对发行人资产总额、营业收入或利润总额的影响应累计计算。

（2）《北京证券交易所向不特定合格投资者公开发行股票并上市业务规则适用指引第 1 号》1–5（经营稳定性）：

……发行人应当保持主营业务、控制权、管理团队的稳定，最近 24 个月内主营业务未发生重大变化；最近 12 个月内曾实施重大资产重组的，在重组实施前发行人应当符合《上市规则》第 2.1.3 条规定的四套标准之一（市值除外）……

2. 法条解读

（1）可认定主营业务没有发生重大（不利）变化的条件

总结一句话：自报告期初就受同一实际控制人控制且重组业务具有相关性。

（2）判断重组影响需关注三个指标

（被重组方与重组方前一个会计年度）资产总额、营业收入、利润总额，相较于非同一控制下的业务重组，少了一个资产净额指标。

（3）指标额度与运行时间、信息披露要求

①若上述三个指标中的被重组方任一指标≥重组方 100%，则重组后需要额外运行一个会计年度。如甲公司于 2022 年 3 月对 A 公司进行了同一控制下的业务重组，相关指标达到或超过 100%；则甲公司需要额外再多运行一个会计年度方可申请发行，同时因为 2022 年余下时间已经不足一个会计年度，故需再运行 2023 年一个完整会计年度，即最早的申报时间为 2024 年 1 月。所以影响还是挺大的。

②若 50% ≤任一指标≤ 100%，保荐机构和发行人律师应将被重组方纳入尽职调查范围并发表相关意见。另申报报表至少须包含重组完成后的最近一期资产负债表。

③若 20% ≤任一指标，则申报报表至少须包含重组完成后的最近一期资产负债表。

（4）与指标相关其他问题

①被重组方前一个会计年度与重组方存在关联交易的，计算资产总额、营业收入或利润总额时应当扣除。

②发行人申报前一个会计年度或一期中存在多次重组行为的，相关指标应累计计算。

（5）北交所相关规定

第一，北交所上市须遵循上述规定；第二，发行人申报北交所上市前12个月内存在重大资产重组行为的，除市值外，其他标准均按重组前财务指标进行审核。即若12个月之内发生的新增重组资产相关指标达到或超过100%，则应重组后运行一个会计年度再申报；若相关指标未达到100%，则应按照重组前财务指标进行上市审核（市值除外）。

3. 报告期内反复重组（收购、卖出）之案例分析

重庆长江造型材料（集团）股份有限公司（简称长江材料，2017年底审核通过）

（1）发行人基本情况

长江材料是一家专业生产铸造用覆膜砂、铸造废旧砂再生处理和页岩气、石油开采压裂支撑剂的企业，公司为全国三十个省（市、自治区）500多家汽车、摩托车、航空、铁路零部件铸造企业与国内外油气开采行业提供产品及服务。长江材料2015年7月30日在新三板挂牌，代码833138。2014年4月，长江材料开始了上市辅导，准备在深交所中小板上市，并于2016年6月获得证监会受理，2017年11月14日，证监会第17届发审委2017年第44次发审委工作会议审核通过其上市申请，2017年12月20日从新三板摘牌。之后，由于诉讼以及股权方面的情况影响了上市进度，直至2021年11月，事项得到圆满解决，顺利获得证监会批文。

审核报告期（2014年、2015年、2016年、2017年1—6月）内，公司营业收入分别为71132.96万元、60912.75万元、65355.51万元、37106.57万元；归母净利润分别为7184.80万元、7149.91万元、9876.48万元、4142.66万元。

公司涉及的重大资产重组情况如下：

①收购子公司少数股权

为规范治理结构，优化子公司股权结构，2015年11月18日，长江材料召开第一届董事会第十九次会议，审议通过以6419898.56元收购舒惠宗持有的凯米尔16.43%的股权。经第一届董事会第十九次会议及2015年12月5日召开的2015年第二次临时股东大会审议通过，公司以17662390.67元收购Zhuang Xiong持有的成都长江25.46%的股权；以9553797.98元收购其持有的昆山长江27.5%的股权。本次资产重组完成后，昆山长江、成都长江和凯米尔均成为长江材料全资子公司。

②出售子公司股权

由于受近几年国内柴油机排放标准日益提高以及国际经济形势持续低迷的影响，报告期内公司中小功率柴油机业务经营业绩持续下滑，经公司董事会慎重分析中小功率柴油机行业未来发展趋势及公司发展战略，从优化公司业务结构、完善内部管理、降低运营成本，更好集中精力发展铸造用砂及压裂支撑剂业务的角度出发，公司将所持有的全资子公司凯米尔100%的股权转让给控股股东、实际控制人，其中将55%的股权以人民币1155万元转让给熊鹰；将45%的股权以人民币945万元转让给熊杰，转让后公司不再持有凯米尔股权，不再把凯米尔纳入合并报表范围，不再从事柴油机的生产、销售。

截至2017年6月30日，凯米尔资产总额为8745.72万元，所有者权益为2092.03万元；营业收入为5600.23万元，净利润为–43.81万元。上述财务数据已经天健会计师事务所审计。

（2）发审会问题

关于报告期内发行人收购凯米尔股权后又将其全部转让。请发行人代表进一步说明：①向舒惠宗收购凯米尔股权的必要性、定价公允性，前后两次股权转让对凯米尔估值不一致的原因及合理性……③发行人将凯米尔100%股权转让给实际控制人的必要性、合理性，是否履行了必要的决策程序，转让定价是否公允、评估方法是否恰当、款项是否收到，对发行人的业务发展是否会产生不利影响，是否符合“最近3年主要业务没有发生重大变化”的规定……

（3）总结分析

长江材料收购子公司凯米尔少数股权，是为了实现公司股权结构的优化，解决关联交易与独立性问题，避免利益输送嫌疑。之后又将该股权全部出售，是因为凯米尔主营的中小功率柴油机业务经营业绩下滑且市场形势低迷，属于合理的业务调整。因此，两次资产重组存在合理性。

招股说明书披露，截至2017年6月30日，凯米尔资产总额为8745.72万元，所有者权益为2092.03万元，营业收入为5600.23万元，净利润为－43.81万元，根据《证券期货法律适用意见第3号》，构成同一控制下的业务重组，公司主营业务未发生重大变化。符合“最近3年主要业务没有发生重大变化”的规定。

（三）非同一控制下的业务重组

非同一控制下的业务重组，是与“同一控制下的业务重组”相对应的一个概念，指发行人在上市申报之前对不受同一实际控制人控制的被重组方（经营相同、相似或相关业务）完成重组。非同一控制下的业务重组很容易被质疑是拼凑业绩，故上市前进行大规模非同一控制下业务重组的情况较少。

1. 相关法条规定

《北京证券交易所向不特定合格投资者公开发行股票并上市业务规则适用指引第1号》1–5（经营稳定性）：

……发行人应当保持主营业务、控制权、管理团队的稳定，最近24个月内主营业务未发生重大变化；最近12个月内曾实施重大资产重组的，在重组实施前发行人应当符合《上市规则》第2.1.3条规定的四套标准之一（市值除外）……

2. 法条解读

关于非同一控制下的业务重组，主要规定在《首发业务若干问题解答》第36条（已废止），且该条规定主要针对主板（上海主板、深圳主板）。在《科创板股票发行上市审核问答》、《创业板股票首次公开发行上市审核问答》及北交所上市相关规则均未见相关规定，而在其被废止后及新的规则出台之前，主要适用《首次公开发行股票注册管理办法》相关规定。

（1）业务重组需关注要点

①被重组业务与发行人重组前的业务是否具有高度相关性，如同一行业、类似技术产品、上下游产业链等。

②业务重组行为对实际控制人控制权掌控能力的影响，即该重组行为是否影响了实际控制人的控制权。若重组行为导致公司实际控制权发生变化，则需要根据实际控制权发生变更的相关规定运行规定年限之后再行申报。

③被重组资产的资产总额、资产净额、营业收入或利润总额占重组前的相

应比例，相较于同一控制下业务重组，此处增加了“资产净额”指标。

（2）业务重组需关注相关指标比例

实务中存在通过非同一控制下的业务重组拼凑业绩的情况，故监管机构对该类重组的审核一向是从严把握。对于被重组业务相关指标占重组前业务的比例有严格限定标准。超过标准即被认定为主营业务发生重大变化，主板则需运行三年后再报，创业板、科创板、北交所则需运行两年后再报。

①重组业务具有高度相关性

对于重组新增业务与重组前业务具有高度相关性的，被重组方重组前一个会计年度末的资产总额、资产净额或前一个会计年度的营业收入或利润总额，达到或超过重组前发行人相应项目100%，则视为发行人主营业务发生重大变化；达到或超过重组前发行人相应项目50%，但未达到100%的，通常不视为发行人主营业务发生重大变化，但为了便于投资者了解重组后的整体运营情况，原则上发行人重组后运行满12个月后方可申请发行。

②重组业务不具有高度相关性

若不具有高度相关性的，被重组方重组前一个会计年度末的资产总额、资产净额或前一个会计年度的营业收入或利润总额，达到或超过重组前发行人相应项目50%，则视为发行人主营业务发生重大变化。

（3）北交所相关规定

第一，北交所上市须遵循上述规定；第二，发行人申报北交所上市前12个月内存在重大资产重组行为的，除市值外，其他标准均按重组前财务指标进行审核。即若该12个月内发生的重大资产重组被认定为主营业务发生重大变化，则应运行2年之后再申报；若重组新增业务具有高度相关性且相关指标介于50%与100%之间，则应当重组后运行满12个月后再申报；若重组新增业务相关指标均未达到50%，则应按照其重组前财务指标进行上市审核（市值除外）。

3. 报告期内进行多项业务重组之案例分析

浙江大胜达包装股份有限公司（简称大胜达，2019年5月审核通过）

（1）发行人简介

大胜达主营业务为研发、生产、印刷和销售瓦楞纸箱、纸板。产品被广泛地运用于食品、饮料、烟草、酒类、电子、家电、家具、化工、服装、机械等行业的内外包装。报告期（2015 年、2016 年、2017 年、2018 年 1—6 月）内，公司营业业入分别为 101244.92 万元、108407.97 万元、120994.71 万元、60137.85 万元，归母净利润分别为 3502.41 万元、4867.35 万元、16,418.12 万元、7072.73 万元。

大胜达设立以来主要资产重组事项共 13 项，其中 3 项发生于报告期外，包括 2007 年 12 月收购胜铭纸业 25%股权、2010 年 3 月收购胜达预印 10%股权、2010 年 9 月收购大胜达苏州 100%股权；其余 10 项发生均于报告期内，其中 3 项不属于业务重组，7 项属于业务重组。

（2）反馈意见

①请发行人逐项披露与资产重组相关的工商变更登记的完成时间，被重组企业重组时的主营业务、经营业绩及财务情况，主要资产、负债的内容，重组定价的依据，发行人及被重组企业的会计处理情况；被重组企业重组后的主营业务情况、经营业绩及财务情况；被重组企业注销或吸收合并时主要资产、负债情况及处理情况，发行人及被重组企业的会计处理情况。请保荐机构和会计师核查重组定价的公允性和历次会计处理的合规性。

②请发行人补充披露被重组方重组前一个会计年度末的资产总额或会计年度的营业收入或利润总额达到或超过重组前发行人相应项目的具体占比，并披露相关重组是否符合《证券期货法律适用意见第 3 号》相关规定。请保荐机构、会计师补充核查，并就运行时间等相关情况发表核查意见。

（3）总结分析

大胜达报告期内进行了 10 项资产重组，有 7 项属于业务重组，属于拟 IPO 企业里业务重组较多的企业。

公司对同一控制下的业务重组，总共有 5 项，其中以突出主营业务、解决同业竞争为目的的重组有 2 项；以完善资产完整性、减少关联租赁为目的的重组有 3 项。均属于《证券期货法律适用意见第 3 号》规定的对同一公司控制权人下相同、类似或相关业务进行重组的情况，不构成主营业务发生变化的情形。同时相关指标的影响比例均未达到 100%，无须另外运行一个完整的会计年度，申报时间符合要求。

对非同一控制下的业务重组，总共有 2 项，但被重组方与公司重组前业务具有高度相关性，属于同一行业内重组，且相关指标的影响比例均未超过 20%，重组行为未导致公司主营业务变化；重组前后公司实际控制人对公司控制权掌控能力不变，也无须运行一定时间后再申报。

（四）实际控制权保持稳定

《北京证券交易所向不特定合格投资者公开发行股票并上市业务规则适用指引第1号》1–5规定：发行人应当保持主营业务、控制权、管理团队的稳定……最近24个月内实际控制人未发生变更；最近24个月内董事、高级管理人员未发生重大不利变化。公司股权（变动）设计主要发生在四个时间点（对应四种事件）：公司设立、股权激励、股权融资、并购重组。而实务中公司实际控制权发生变动往往发生在股权融资和并购重组的过程中，股权融资上一节已有论述，此处主要讨论并购重组（业务重组）可能导致的公司实际控制权变动情况。

1. 同一控制下的业务重组

顾名思义，同一控制下的业务重组本就是在同一控制权下所进行的业务重组，无论重组新增资产相关指标相较于发行人的比例是多少，即使超过100%，也不会引起实际控制权的变化。对于实际控制人来讲，同一控制下的业务重组实质就是“左手倒右手”，对于实际控制权的稳定性一般没有影响。

2. 非同一控制下的业务重组

相较于同一控制下的业务重组，非同一控制下的业务重组因为新增资产来自第三方，故可能影响到实际控制权的稳定性。

（1）业务重组如何影响公司控制权

根据《证券期货法律适用意见第3号》第2条规定，重组方式遵循市场化原则，包括但不限于以下方式：（1）发行人收购被重组方股权；（2）发行人收购被重组方的经营性资产；（3）公司控制权人以被重组方股权或经营性资产对发行人进行增资；（4）发行人吸收合并被重组方。

对于上述第一种和第二种方式，若发行人采用现金收购，则无论被重组股权或资产的对价是多少，对于发行人是控制权均不构成任何影响；但若发行人采用股份支付方式，则被重组股权或资产的所有者获得的对价为发行人的股份，发行人的实际控制权将有可能受到影响。第三种方式其实类似于以股份作为支付对价的第一种和第二种方式。第四种方式若发行人以股份作为支付对价则同样会影响控制权稳定性。

（2）如何避免业务重组导致控制权变动

无论采用上述哪一种方式，只要是以股份作为支付对价，当用于购买被重组股权或资产的新发行股份超过发行人原实际控制人持有的股份比利时，则发行人实际控制权即可能发生变动。被重组资产原所有人可能成为发行人新的实际控制人。而若实际控制人发生变动，根据北交所相关规定，则发行人须再运行 2 年之后方能申报 IPO。

四、经营独立性分析

经营独立性是监管机构对于拟上市公司的基本要求，也是上市核查最重要的问题之一。在独立性方面，拟上市公司必须具有完整的业务体系和直接面向市场独立持续经营的能力。其业务必须独立于控股股东、实际控制人及其控制的其他企业，与控股股东、实际控制人及其控制的企业之间不存在同业竞争和显失公平的关联交易。

（一）同业竞争

同业竞争是指公司所从事的业务与其控股股东、实际控制人及其控制的其他企业所从事的业务相同或相近，双方构成或可能构成直接或间接的竞争关系。关联方与拟 IPO 企业若存在同业竞争，一方面影响发行人的独立性，另一方面易发生利益输送问题，损害其他股东利益。故同业竞争是 IPO 审核的红线，上市之前必须解决，没有商量的余地。

1. 相关法条规定

（1）《北京证券交易所向不特定合格投资者公开发行股票并上市业务规则适用指引第 1 号》1–12

发行人与控股股东、实际控制人及其控制的其他企业间如存在同业竞争情形，认定同业竞争是否对发行人构成重大不利影响时，保荐机构及发行人律师应结合竞争方与发行人的经营地域、产品或服务的定位，同业竞争是否会导致发行人与竞争方之间的非公平竞争、是否会导致发行人与竞争方之间存在利益输送、是否会导致发行人与竞争方之间相互或者单方让渡商业机会情形，对未来发展的潜在影响等方面，核查并出具明确意见。

（2）《公开发行证券的公司信息披露内容与格式准则第46号——北京证券交易所公司招股说明书》

第四十七条 发行人应充分披露报告期内发行人、控股股东、实际控制人、持股5%以上股东以及发行人的董事、监事、高级管理人员等责任主体所作出的重要承诺及承诺的履行情况，以及其他与本次发行相关的承诺事项，如规范或避免同业竞争承诺、减持意向或价格承诺、稳定公司股价预案以及相关约束措施等。

第五十八条 发行人应披露是否存在与控股股东、实际控制人及其控制的其他企业从事相同、相似业务的情况，如存在的，应对不存在对发行人构成重大不利影响的同业竞争作出合理解释，并披露发行人防范利益输送、利益冲突及保持独立性的具体安排。

发行人控股股东、实际控制人作出规范或避免同业竞争承诺的，发行人应披露承诺的履行情况。

2. 法条解读

（1）关于“竞争方”的认定

同业竞争中的“竞争方”的核查范围一般包括发行人的控股股东、实际控制人及其控制的其他企业，实践中，若控股股东、实际控制人为自然人则其近亲属也需要纳入核查范围。财务投资人所控制的公司一般不纳入核查范围。具体讲一般分为以下几类：

①控股股东、实际控制人及其控制的其他企业

若控股股东、实际控制人及其控制的其他企业与发行人存在相同或类似业务，则必然被认定为构成同业竞争，申报前必须清理完毕。

②控股股东、实际控制人（自然人，夫或妻）的直系亲属(包括配偶、父母、子女)控制的企业

若控股股东（或实际控制人）为自然人,则其夫妻双方直系亲属(包括配偶、父母、子女)控制的企业与发行人存在相同或类似业务的，应认定为构成同业竞争。申报前亦需清理完毕。

③控股股东、实际控制人的其他亲属及其控制的企业

控股股东、实际控制人（自然人）的其他亲属（兄弟姐妹、祖父母、外祖父母、孙子女、外孙子女等）及其控制的企业与发行人存在竞争关系的，一般不直接认定为构成同业竞争。但应当充分披露前述相关企业在历史沿革、资产、

人员、业务、技术、财务等方面对发行人独立性的影响，报告期内交易或资金往来，销售渠道、主要客户及供应商重叠等情况，以及发行人未来有无收购安排。

④持股 5% 以上股东及其控制的企业

若公司股权比较分散，则持股 5% 以上的股东也可能会被视为需要重点审核的对象，主要是看其对于公司是否存在“控制力”，是否会对公司决策产生重大影响。

⑤董事、高管控制的企业

《公司法》第 148 条第 1 款第 5 项规定：董事、高管未经股东会或者股东大会同意，不得利用职务便利为自己或者他人谋取属于公司的商业机会，自营或者为他人经营与所任职公司同类的业务。在关于北交所招股说明书的规定中亦明确应披露董事、高管对于规范和避免同业竞争等重要事项的承诺及履行情况。即发行人的董事、高管等若经营或控制的企业也在核查之列，若与发行人构成同业竞争也须清理。

（2）关于“同业”的认定

“同业”是指竞争方从事与发行人主营业务相同或相似业务。根据《国民经济行业分类》（GB/T 4754–2017）关于分类说明，认定是否构成“同业”是可采用以下标准：

①在行业分类中若不属于同一门类，则可认定不属于“同业”。如 A 类和 C 类显然不属于同业。

②在同一门类中，若大类不同则一般可认定不属于“同业”。如同属于 A 类的农林牧副渔，A01（农业）与 A02（林业）不属于“同业”。

③同一门类同一大类中的不同小类，除非有特别区分，否则一般应认定为“同业”。即仅存在细分产品或细分市场的区分则一般无法逃脱“同业”的命运。

（3）关于“竞争”的认定

实务中监管机构在审查相同或者相似业务之间是否构成“竞争”时，采用的是“实质重于形式”的原则进行认定。

①应结合相关企业历史沿革、资产、人员、主营业务（包括但不限于产品服务的具体特点、技术、商标商号、客户、供应商等）等方面与发行人的关系，以及业务是否有替代性和竞争性、是否有利益冲突、是否在同一市场范围内销售等，论证是否与发行人构成竞争。在监管机构看来，“同业”即意味着“竞争”，

甚至表面上的“不同业”也可能被认定为实质上的“竞争”。

②“同业不竞争”在实务中成功的案例很少，监管机构明确“不能简单以产品销售地域不同、产品的档次不同等认定不构成同业竞争”。

3. 如何消除同业竞争

同业竞争是IPO审核红线，申报前应完全消除同业竞争，以降低审核风险。

（1）同一控制下的业务重组

即由上市主体收购与其存在同业竞争的相关企业的股权或者经营性资产，并将相关业务或者资产装入拟上市主体实现集中上市。同一控制下的业务重组有利于解决同业竞争并增强上市主体的独立性，但同时重组行为有可能导致拟上市主体在报告期内资产、收入、利润规模等发生较大变化，甚至可能导致其主营业务发生变化。另外重组行为需要拟上市主体付出一定的重组成本。

（2）将竞争方注销或转让

注销是最彻底的一种解决方式，但该方式仅适合于业务规模小或者盈利情况不佳的企业。转让是指将竞争方转让给无关联关系的第三方，转让是否真实彻底、第三方是否无关联等均是监管机构的核查重点。

（3）解释“同业不竞争”

按照“实质重于形式”的原则，详细解释，但一般很难通过，能够通过的一般都是“形式上同业但实质不同业”。否则大家就都靠解释通过了。

（4）书面承诺和信息披露

不论拟IPO企业是否存在同业竞争，不论对同业竞争采取哪种解决方式以及解决结果如何，控股股东、实际控制人等在申报材料中均需作出消除或避免同业竞争的承诺并应在招股说明书中予以披露。

4. 案例分析：红星美凯龙家具集团股份有限公司（简称红星美凯龙，2017年底通过）

（1）发行人基本情况介绍：

红星美凯龙主营业务为家居装饰及家居商场的经营、管理和专业咨询服务，通过自营和委管两种模式，为“红星美凯龙”家居商场的商户、消费者和合作方提供全方位的服务。据招股书披露，公司实际控制人关系密切之家庭成员控制或施加影响，或担任董事、高级管理人员的其他企业共26家（其中拥有、租赁或在建部分用于经营家居商场物业的企业7家），且上述部分企业仍使用红星美凯龙的名号。

（2）发审会问题

①发行人房地产业务是否实质性剥离；②报告期内发行人与控股股东控制的红星企发、红星商管商业地产运营业务是否构成同业竞争；③发行人与实际控制人近亲属签订的“委托建设和经营合同”的期限，能否彻底解决同业竞争问题，是否存在潜在的同业竞争。

（3）总结分析

从招股说明书披露来看，发行人从以下几个方面对同业竞争进行了解释与处理。

①业务重组：为突出主营业务，转让 12 家拥有附带房地产开发业务的公司或与发行人主营业务无关的公司的股权。为避免同业竞争，回购其中 7 家公司所持有的家居商场资产，招股书中详细披露了回购形式、过程、实施情况等。

②解释“不同业”：对于发行人与红星企发、红星商管之间是否构成同业竞争，从经营范围、业务类型等方面解释发行人与其不存在同业竞争关系，红星企发主营业务为投资咨询业务，红星商管主营业务为非家居管理服务，而发行人主营业务为家居装饰及家具商场的经营、管理和专业咨询服务。对于实际控制人近亲属控制的企业，从历史来源（历史发展同源性，后续发展的独立性以及任职管理上已无任何关联性）说明与关联企业之间竞争业务形成的原因，作出相互之间均独立的判断。

③书面承诺：实际控制人及其关系密切的家庭成员作出避免同业竞争的书面承诺。

（二）关联交易

关联交易是指企业关联方之间的交易，具体包括：购买或销售产品及产品以外的其他资产、提供或接受劳务、对外投资、提供担保、提供财务资助、租赁、研究与开发项目的转移、债权或债务重组、赠与或受赠资产、许可协议、放弃权利等所有经济交易行为。

关联交易在企业日常经营中普遍存在，关联交易具有两面性：一方面，关联交易可降低交易成本且高效稳定；另一方面，关联交易为利润转移、粉饰业绩、不合理的资金往来提供便利。故监管机构对于关联交易的审核态度也具有两面性，不作严格禁止，但必须充分披露。关联交易不是IPO审核红线，但是关联交易必须具备充分的商业合理性及必要性、真实性；不得通过关联交易进行利益输送且不得对关联交易存在重大依赖。

1.法条规定

（1）《监管规则适用指引——发行类第4号》

4-1　1　关联交易

中介机构在尽职调查过程中，应当尊重企业合法合理、正常公允且确实有必要的经营行为，如存在关联交易的，应就交易的合法性、必要性、合理性及公允性，以及关联方认定，关联交易履行的程序等事项，基于谨慎原则进行核查，同时请发行人予以充分信息披露，具体如下：

（1）关于关联方认定。发行人应当按照《公司法》《企业会计准则》和中国证监会、证券交易所的相关规定认定并披露关联方。

（2）关于关联交易的必要性、合理性和公允性。发行人应披露关联交易的交易内容、交易金额、交易背景以及相关交易与发行人主营业务之间的关系；还应结合可比市场公允价格、第三方市场价格、关联方与其他交易方的价格等，说明并摘要披露关联交易的公允性，是否存在对发行人或关联方的利益输送。

对于控股股东、实际控制人与发行人之间关联交易对应的营业收入、成本费用或利润总额占发行人相应指标的比例较高（如达到30%）的，发行人应结合相关关联方的财务状况和经营情况、关联交易产生的营业收入、利润总额合理性等，充分说明并摘要披露关联交易是否影响发行人的经营独立性、是否构成对控股股东或实际控制人的依赖，是否存在通过关联交易调节发行人收入利润或成本费用、对发行人利益输送的情形；此外，发行人还应披露未来减少与控股股东、实际控制人发生关联交易的具体措施。

（3）关于关联交易的决策程序。发行人应当披露章程对关联交易决策程序的规定，已发生关联交易的决策过程是否与章程相符，关联股东或董事在审议相关交易时是否回避，以及独立董事和监事会成员是否发表不同意见等。

（4）关于关联方和关联交易的核查。保荐机构及发行人律师应对发行人的关联方认定，发行人关联交易信息披露的完整性，关联交易的必要性、合理性和公允性，关联交易是否影响发行人的独立性、是否可能对发行人产生重大不利影响，以及是否已履行关联交易决策程序等进行充分核查并发表意见。

（2）《企业会计准则第36号——关联方披露》

第三条　一方控制、共同控制另一方或对另一方施加重大影响，以及两方或两方以上同受一方控制、共同控制或重大影响的，构成关联方。

控制，是指有权决定一个企业的财务和经营政策，并能据以从该企业的经营活动中获取利益。

共同控制，是指按照合同约定对某项经济活动所共有的控制，仅在与该项经济活动相关的重要财务和经营决策需要分享控制权的投资方一致同意时存在。

重大影响，是指对一个企业的财务和经营政策有参与决策的权力，但并不能够控制或者与其他方一起共同控制这些政策的制定。

第四条　下列各方构成企业的关联方：

（一）该企业的母公司。

（二）该企业的子公司。

（三）与该企业受同一母公司控制的其他企业。

（四）对该企业实施共同控制的投资方。

（五）对该企业施加重大影响的投资方。

（六）该企业的合营企业。

（七）该企业的联营企业。

（八）该企业的主要投资者个人及与其关系密切的家庭成员。主要投资者个人，是指能够控制、共同控制一个企业或者对一个企业施加重大影响的个人投资者。

（九）该企业或其母公司的关键管理人员及与其关系密切的家庭成员。关键管理人员，是指有权力并负责计划、指挥和控制企业活动的人员。与主要投资者个人或关键管理人员关系密切的家庭成员，是指在处理与企业的交易时可能影响该个人或受该个人影响的家庭成员。

（十）该企业主要投资者个人、关键管理人员或与其关系密切的家庭成员控制、共同控制或施加重大影响的其他企业。

（3）《非上市公众公司信息披露管理办法》

第六十条　本办法下列用语具有如下含义：

……

关联方包括关联法人和关联自然人。

具有以下情形之一的法人或非法人组织，为挂牌公司的关联法人：

1. 直接或者间接地控制挂牌公司的法人或非法人组织；

2. 由前项所述法人直接或者间接控制的除挂牌公司及其控股子公司以外的法人或非法人组织；

3. 关联自然人直接或者间接控制的或者担任董事、高级管理人员的，除挂牌公司及其控股子公司以外的法人或非法人组织；

4. 直接或间接持有挂牌公司百分之五以上股份的法人或非法人组织；

5. 在过去十二个月内或者根据相关协议安排在未来十二个月内，存在上述情形之一的；

6. 中国证监会、全国股转公司或者挂牌公司根据实质重于形式的原则认定的其他与挂牌公司有特殊关系，可能或者已经造成挂牌公司对其利益倾斜的法人或非法人组织。

具有以下情形之一的自然人，为挂牌公司的关联自然人：

1. 直接或间接持有挂牌公司百分之五以上股份的自然人；

2. 挂牌公司董事、监事及高级管理人员；

3. 直接或者间接地控制挂牌公司的法人的董事、监事及高级管理人员；

4. 上述第 1、2 项所述人士的关系密切的家庭成员，包括配偶、父母、年满十八周岁的子女及其配偶、兄弟姐妹及其配偶，配偶的父母、兄弟姐妹，子女配偶的父母；

5. 在过去十二个月内或者根据相关协议安排在未来十二个月内，存在上述情形之一的；

6. 中国证监会、全国股转公司或者挂牌公司根据实质重于形式的原则认定的其他与挂牌公司有特殊关系，可能或者已经造成挂牌公司对其利益倾斜的自然人。

（4）《北京证券交易所向不特定合格投资者公开发行股票并上市业务规则适用指引第 1 号》1–13

发行人应严格按照《企业会计准则第 36 号——关联方披露》、《上市规则》以及相关业务规则中的有关规定，完整、准确地披露关联方关系及其交易。发行人的控股股东、实际控制人应协助发行人完整、准确地披露关联方关系及其交易。发行人与控股股东、实际控制人及其关联方之间的关联交易应根据业务模式控制在合理范围。

保荐机构、申报会计师及发行人律师应重点关注：关联方的财务状况和经营情况；发行人报告期内关联方注销及非关联化的情况，非关联化后发行人与上述原关联方的后续交易情况；关联交易产生的收入、利润总额合理性，关联交易是否影响发行人的经营独立性、是否构成对控股股东或实际控制人的依赖，是否存在通过关联交易调节发行人收入利润或成本费用、对发行人利益输送的情形；发行人披露的未来减少关联交易的具体措施是否切实可行。

……

保荐机构、申报会计师及发行人律师应对发行人的关联方认定，关联交易信息披露的完整性，关联交易的必要性、合理性和公允性，关联交易是否影响发行人的独立性、是否可能对发行人产生重大不利影响，以及是否已履行关联交易决策程序等进行充分核查并发表意见。

2. 法条解读

（1）关联方如何认定

综合以上相关规定，关联方认定把握以下几条主线。

①关联法人（非法人组织）：发行人母公司（直接或间接持股5%以上的法人股东）、发行人兄弟公司（控股股东、实际控制人控制的其他法人）、发行人子公司。

②关联自然人：发行人自然人股东（直接或间接持股5%以上）及其关系密切的家庭成员（包括配偶、父母、年满十八周岁的子女及其配偶、兄弟姐妹及其配偶，配偶的父母、兄弟姐妹，子女配偶的父母）、发行人“董监高”及其关系密切的家庭成员、发行人母公司“董监高”。

③交叉关联：关联自然人直接或间接控制的兄弟公司。

④时间范围：现在、在过去十二个月内或者根据相关协议安排在未来十二个月内，存在上述情形之一的。

（2）关联交易的核心问题分析

①关联交易的必要性和合理性

关联交易的产生应当符合正常的商业逻辑，即关联方之间的交易相较于非关联方交易更具有经济性和商业合理性，如可降低交易成本、更加稳定高效等；或关联方具有较强的市场地位和话语权，选择关联方交易是一种正常合理的市场化选择。对此发行人应披露关联交易的交易内容、交易金额、交易背景以及相关交易与发行人主营业务之间的关系，以说明关联交易的必要性及合理性。

②关联交易价格的公允性

关联交易的公允性主要体现在与无关联的市场化可比交易相比较其对价是否公允。发行人应结合可比市场公允价格、第三方市场价格、关联方与其他交易方的价格等，说明并摘要披露关联交易的公允性，以及是否存在对发行人或关联方的利益输送。

③关联交易决策程序

关于关联交易决策程序的规定，监管机构关注的主要是发行人章程对关联交易决策程序的规定，已发生关联交易的决策过程是否与章程相符，关联股东或董事在审议相关交易时是否回避，以及独立董事和监事会成员是否发表不同意见等。

（3）关联方依赖分析

若发行人关联交易对应的收入、成本费用或利润总额占发行人相应指标的比例较高(如达到30%)，将会引起监管机构的高度关注。对此发行人应结合相关关联方的财务状况和经营情况、关联交易产生的收入、利润总额合理性等，充分说明并摘要披露关联交易是否影响发行人的经营独立性、是否构成对控股股东或实际控制人的依赖，是否存在通过关联交易调节发行人收入利润或成本费用、对发行人利益输送的情形；此外，发行人还应披露未来减少与控股股东、实际控制人发生关联交易的具体措施。

审核实务中，监管机构对关联方依赖的态度一般取决于“所依赖的关联方”的具体状况。若该关联方属行业龙头且市场地位稳固、商业信誉优异，则指标比例一般都不是问题，反之则否。

（4）如何减少关联交易

①同一控制下的业务重组。即将同一控制下的存在关联交易的关联方资产通过收购的方式并入拟上市主体，但要注意如果是通过股权收购的方式进行重组（关联方成为发行人的子公司）并不能实现减少关联交易的目的，因为发行人与其子公司的关联交易（包括合并报表范围内及合并报表范围外的）同样在监管机构的审核范围内。

②将关联方注销或转让。注销是最为彻底的一种方式，但仅适用于规模较小或者盈利不佳的公司，否则注销成本会很高，另外监管机构对于注销也非常关注，会重点核查注销企业的情况；包括注销企业注销前的生产经营情况、与

发行人之间的关联交易情况、注销后相关人员的去向等。对于将关联方转让给无关联的第三方的情况，监管机构重点核查转让的真实性（是否存在回购安排、抽屉协议等）、转让价格是否合理等。

③将交易转移至无关联关系的可替代客户或供应商。

3. 案例分析

华宝香精股份有限公司（简称华宝香精，2018 年初通过）

（1）发行人情况简介

华宝香精主要从事香精的研发、生产和销售，同时经营少量食品配料业务。公司设立以来，以“美味生活引领者”为发展愿景，为客户提供产品风格系统解决方案和综合技术服务。报告期（2014 年、2015 年、2016 年、2017 年 1—6 月）内，公司营业收入分别为 320948.54 万元、279179.71 万元、261498.60 万元、95365.11 万元；归属于母公司净利润分别为 155330.03 万元、132665.39 万元、126337.31 万元、46230.29 万元。

报告期内，公司向前五大客户销售收入占比分别为 61.95%、58.22% 和 59.67%，均为烟草行业客户；华宝香精重要客户如云南中烟、广东中烟等作为少数股东与发行人共同成立公司，且发行人存在向前述重要子公司的少数股东及其关联方（包括 2016 年的第 1 大客户云南中烟和第 5 大客户广东中烟）销售商品和提供服务的情形，报告期内销售金额分别为 136323.34 万元、101367.26 万元、97706.54 万元，占同期营业收入的比重分别为 42.48%、36.31%、37.36%。

（2）发审委问题

①说明前述重要子公司成立的背景与原因；结合第三方价格，说明相关关联交易的定价依据及公允性，是否对特定客户如云南中烟和广东中烟存在重大依赖，是否存在被替代的风险；说明报告期内相关订单的获取方式，主要业务合同是否需履行公开招投标程序，是否存在应招标未招标的情形，是否存在法律纠纷以及合同无效或被撤销的风险，是否存在商业贿赂、不正当利益交换或不正当竞争的情形。

②说明发行人商标、商号是否存在与关联方共用或授权关联方使用的情况，是否存在潜在风险。请保荐代表人说明核查过程和结论。

（3）总结分析

公司与关联方交易比重较高，报告期内比例在40%左右，但基于关联方客户国企背景的稳定性，且对其子公司仅为参股性质，并且无法对对方造成实质性影响，故相应关联交易的真实性可以得到一定保障。另外，公司招股书从多角度细致分析了与各个关联方之间交易的必要性、合理性以及交易价格的公允性，且部分商品相应价格还将受到烟草专卖局的监督，价格公允性可以得到有效保证。故公司关联交易比例虽然较高，但因为客户及行业的特殊性，关联交易的必要性、合理性、公允性、稳定性、持续性获得了监管机构的认可。

五、重大违法行为分析

根据相关规定，“重大违法行为”是指发行人及其控股股东、实际控制人违反国家法律、行政法规，受到刑事处罚或情节严重行政处罚的行为。即重大违法行为的行为主体为发行人、控股股东、实际控制人，行为方式包括刑事犯罪和情节严重的行政违法行为（重大行政违法行为）。因重大违法行为危害性较大，故在IPO发行条件的负面清单里一般都作为首条列示。

（一）刑事犯罪

根据《中华人民共和国刑法》规定，一切危害国家主权、领土完整和安全，分裂国家、颠覆人民民主专政的政权和推翻社会主义制度，破坏社会秩序和经济秩序，侵犯国有财产或者劳动群众集体所有的财产，侵犯公民私人所有的财产，侵犯公民的人身权利、民主权利和其他权利，以及其他危害社会的行为，依照法律应当受刑罚处罚的，都是犯罪，但是情节显著轻微危害不大的，不认为是犯罪。但在IPO审核中，并非所有刑事犯罪都会被认定为重大违法行为。

1.法条规定

（1）《中华人民共和国证券法》（2019修订）

第十二条　公司首次公开发行新股，应当符合下列条件：

……

（四）发行人及其控股股东、实际控制人最近三年不存在贪污、贿赂、侵占财产、挪用财产或者破坏社会主义市场经济秩序的刑事犯罪；

……

（2）《首次公开发行股票注册管理办法》

第十三条第二款 最近三年内，发行人及其控股股东、实际控制人不存在贪污、贿赂、侵占财产、挪用财产或者破坏社会主义市场经济秩序的刑事犯罪，不存在欺诈发行、重大信息披露违法或者其他涉及国家安全、公共安全、生态安全、生产安全、公众健康安全等领域的重大违法行为。

（3）《北京证券交易所向不特定合格投资者公开发行股票注册管理办法》

第十一条 发行人及其控股股东、实际控制人存在下列情形之一的，发行人不得公开发行股票：

（一）最近三年内存在贪污、贿赂、侵占财产、挪用财产或者破坏社会主义市场经济秩序的刑事犯罪；

……

（4）《北京证券交易所股票上市规则（试行）》

2.1.4 发行人申请公开发行并上市，不得存在下列情形：

（一）最近36个月内，发行人及其控股股东、实际控制人，存在贪污、贿赂、侵占财产、挪用财产或者破坏社会主义市场经济秩序的刑事犯罪……

2. 法条解读

（1）犯罪主体

指发行人、发行人的控股股东、发行人的实际控制人，发行人的董事、监事、高级管理人员并未包括其中。但在实务中，单位犯罪一般都是由自然人实施，且该等自然人一般就可能是公司的董事、监事或者高级管理人员，但此时该等人员均是代表公司或以公司名义实施犯罪行为，最终所形成的亦是单位犯罪。若发行人董事、监事、高级管理人员所实施的行为最终被认定为个人犯罪，则不构成此处所讨论的重大违法行为。另发行人的控股股东、实际控制人可能是自然人，亦可能是法人或其他非法人组织，既可能构成单位犯罪，亦可能构成个人犯罪。

（2）犯罪种类

并非所有刑事犯罪行为都会成为上市监管机构所认定的重大违法行为，根据相关规定，贪污、贿赂、侵占财产、挪用财产或者破坏社会主义市场经济秩序等刑事犯罪原则上被认定为重大违法行为。

贪污贿赂罪规定在《刑法》第八章，主要包括贪污罪、挪用公款罪、受贿罪、单位受贿罪、行贿罪、对单位行贿罪、介绍贿赂罪、单位行贿罪、巨额财产来源不明罪、私分国有资产罪等。

侵占、挪用财产罪主要规定在《刑法》第五章，主要包括侵占罪、职务侵占罪、挪用资金罪、挪用特定款物罪等。

破坏社会主义市场秩序罪主要规定在《刑法》第三章，主要包括生产、销售伪劣商品罪；走私罪；妨害对公司、企业的管理秩序罪；破坏金融管理秩序罪；金融诈骗罪；危害税收征管罪；侵犯知识产权罪；扰乱市场秩序罪。

（3）发行阻却期限

发行前3年之内不得有刑事犯罪行为，按照报告期一般为3年一期分析，即报告期内不得存在刑事犯罪行为。并且，根据规定，不得存在刑事犯罪的起算时点是从刑罚执行完毕之日起计算。即报告期的起算时间不是刑事犯罪发生之日，而是刑罚执行完毕之日；执行完毕之后才可以开始起算报告期，而不是可以申报。例如发行人因为单位行贿罪其直接负责的主管人员被判3年有期徒刑，那么该发行人必须要等到该3年刑罚执行完毕之后才能开始起算报告期，即申报上市时间至少要等到6年以后了。

3. 案例分析：浙江中控技术股份有限公司（简称中控技术，2020年底通过并上市）

（1）发行人情况简介

中控技术是一家面向全球的自动化、数字化与信息化、智能化技术、产品和解决方案的供应商，业务领域涉及工业自动化和智能制造等众多领域。褚健是中控技术控股股东、实际控制人。

2013年10月18日，根据最高人民检察院的决定，浙江省人民检察院对浙江大学原党委常委、副校长褚健涉嫌贪污，挪用公款，行贿，职务侵占，挪用资金，故意销毁会计凭证、会计账簿犯罪一案立案侦查，次日以涉嫌行贿罪对其补充立案，并对褚健采取刑事拘留强制措施。2013年11月5日，褚健被逮捕。2014年8月，浙江省人民检察院移交褚健案至湖州市检察院审查起诉，此后分别于当年9月30日及12月16日两次退回补充侦查。

2015年2月25日，湖州市人民检察院对褚健以涉嫌贪污，挪用公款，职务侵占，故意销毁会计凭证、会计账簿和行贿等罪名向湖州市中级人民法院提起公诉。自 2015 年 2 月褚健被起诉之后，庭审时间连续延期 5 次。直到 2017 年 1 月 16 日，浙江省湖州市中级人民法院一审公开审理并当庭宣判浙江大学原副校长褚健贪污及故意销毁会计凭证、会计账簿案，认定被告人褚健犯贪污罪判处有期徒刑三年，并处罚金人民币四十万元；犯故意销毁会计凭证、会计账簿罪判处有期徒刑一年，并处罚金人民币十万元，决定执行有期徒刑三年三个月，并处罚金人民币五十万元；对褚健贪污所得财物予以追缴。

2017 年 1 月 18 日，褚健刑满释放。因其 2013 年 10 月 19 日被刑事拘留，羁押一天可折抵刑期一天，故宣判后仅过一天刑期已执行完毕。

（2）问询问题

招股说明书披露，公司控股股东、实际控制人褚健于 2017 年 1 月因经济犯罪被判刑罚，并于 2017 年 2 月执行完毕，截至本招股说明书签署日，刑罚执行完毕已满 3 年。除此以外，控股股东、实际控制人报告期内不存在其他重大违法情形。请发行人说明：①发行人实际控制人经济犯罪是否与发行人的历史沿革、生产经营、公司治理等相关，发行人是否据此承担刑事责任或被处以行政处罚；②实际控制人因刑事犯罪无法担任公司董事、监事、高级管理人员对公司的生产经营的影响；③请提供实际控制人经济犯罪的判决书。

（3）案例分析

本案属比较典型的发行人控股股东、实际控制人存在刑事犯罪的重大违法情形，但其申报时间完全符合相关法律法规规定。即在其刑事犯罪刑罚执行完毕之后立即申报，几乎没有耽误任何时间，且最终获得审核通过。之所以能够顺利获得监管机构认可，是因为褚健是个比较有影响力的人物，且其被判有罪在当时司法界的争议也比较大。另外，实际控制人因为服刑完毕仅 3 年，不符合《公司法》规定的董监高任职条件，故实际控制人不能任“董监高”，案例中褚健通过作为公司控股股东、战略顾问，在股东大会、重大战略规划等方面全面参与公司的决策或管理，行使控制权。

一般若发行人及其控股股东、实际控制人存在刑事犯罪类重大违法行为，即使相关期限已经符合相关规定，监管机构亦会严加审核，审核过程可能会一波三折，发行人对此一定要做好心理准备。

（二）重大行政违法行为

1. 法条规定

（1）《首次公开发行股票注册管理办法》

第13条第2款　最近三年内，发行人及其控股股东、实际控制人不存在贪污、贿赂、侵占财产、挪用财产或者破坏社会主义市场经济秩序的刑事犯罪，不存在欺诈发行、重大信息披露违法或者其他涉及国家安全、公共安全、生态安全、生产安全、公众健康安全等领域的重大违法行为。

（2）《北京证券交易所向不特定合格投资者公开发行股票注册管理办法（试行）》

第十一条：发行人及其控股股东、实际控制人存在下列情形之一的，发行人不得公开发行股票：

……

（二）最近三年内存在欺诈发行、重大信息披露违法或者其他涉及国家安全、公共安全、生态安全、生产安全、公众健康安全等领域的重大违法行为；

（三）最近一年内受到中国证监会行政处罚。

（3）《北京证券交易所股票上市规则（试行）》

2.1.4　发行人申请公开发行并上市，不得存在下列情形：

（一）……存在欺诈发行、重大信息披露违法或者其他涉及国家安全、公共安全、生态安全、生产安全、公众健康安全等领域的重大违法行为；

……

（3）《北京证券交易所向不特定合格投资者公开发行股票并上市业务规则适用指引第1号》1-7（重大违法行为）

《上市规则》第2.1.4条第（一）项规定了发行人及其控股股东、实际控制人最近三年内不得存在重大违法行为。

最近36个月内，发行人及其控股股东、实际控制人在国家安全、公共安全、生态安全、生产安全、公众健康安全等领域，存在以下违法行为之一的，原则上视为重大违法行为：被处以罚款等处罚且情节严重；导致严重环境污染、重大人员伤亡、社会影响恶劣等。

有以下情形之一且保荐机构及发行人律师出具明确核查结论的，可以不认定为重大违法：违法行为显著轻微、罚款数额较小；相关规定或处罚决定未认定该行为属于情节严重；有权机关证明该行为不属于重大违法。但违法行为导致严重环境污染、重大人员伤亡、社会影响恶劣等并被处以罚款等处罚的，不适用上述情形。

2. 法条解读

（1）重大行政违法的构成要件。第一，主体为发行人、发行人控股股东、发行人实际控制人；第二，一般认为行政违法行为应当发生在国家安全、公共安全、生态安全、生产安全、公众健康安全等领域；第三，该行政违法行为被处以罚款等触发且情节严重，或者导致严重环境污染、重大人员伤亡、社会影响恶劣等。

（2）重大行政违法行为的除外情形。第一，违法行为显著轻微、罚款数额较小；第二，相关规定或处罚决定未认定该行为属于情节严重；第三，有权机关证明该行为不属于重大违法。

但违法行为导致严重环境污染、重大人员伤亡、社会影响恶劣等并被处以罚款等处罚的，不适用上述除外情形。

3. 案例分析：山东同成医药股份有限公司（简称同成医药，2021 年 1 月撤回材料，终止精选层挂牌申请）

（1）发行人情况简介

同成医药于 2016 年 6 月 13 日挂牌新三板，主营业务为精细化工产品的研发、生产和销售，主要产品为溴系列产品与氯系列产品。该公司于 2020 年 5 月 21 日向全国股转公司提交了精选层小 IPO 的申报材料，5 月 25 日获全国股转公司受理，并于 11 月 27 日通过全国股转公司挂牌委审议通过。

（2）过会后被多次追问

实际上，同成医药的公开发行说明书的重大事项提示中，该公司已经多次提及曾存在的规范性问题。报告期内，发行人曾存在未严格执行相关制度而违法占用土地、擅自开工建设、生产危险化学品超出许可产量、超范围生产和经营危险化学品等相关规范性问题。

对上述问题，同成医药也披露了相应的整改措施，包括不再超范围生产危险化学产品，以及通过同成医药对同信精化的收购等举动来解决同业竞争、关联交易等相关问题。

就在同成医药精选层小IPO申请过会后，据全国股转公司官网披露，2019年12月17日，股转公司对同成医药及其保荐机构天风证券提出补充问询意见。公告显示，监管层要求补充说明的主要问题在于，收购同信精化的商业目的及价格公允性和违规事项的整改及核查情况。随后的2020年12月30日，股转公司再度发函，要求同成医药就整改措施对持续经营能力的影响、核查整改执行情况等进行回复，并要求中介机构全面梳理核查，公司是否还存在其他重大事项。

（3）案例分析

发行人报告期内存在未严格执行相关制度而违法占用土地、擅自开工建设、生产危险化学品超出许可产量、超范围生产和经营危险化学品等相关规范性问题。从表述情况分析，请行政违法行为很可能已经达到“重大”标准，但发行人并未被行政处罚；且其竟然还能够在精选层审核中“过会”，实在让人匪夷所思。当然，其过会后在股转公司一再追问相关问题的情况下，不堪压力重负，自行撤回材料终止挂牌，亦属无奈之下明智之选。

第四篇

财税篇：备战 IPO

一、北交所上市财务方面的要求

（一）整体发行上市条件要求

根据《北京证券交易所股票上市规则（试行）》第二章的相关条款规定，本节特总结发行人整体发行上市条件如下。

（一）发行人申请公开发行并上市，应当符合下列条件：

1. 发行人为在全国股转系统连续挂牌满 12 个月的创新层挂牌公司；

2. 符合中国证券监督管理委员会（以下简称中国证监会）规定的发行条件；

3. 市值及财务指标符合本规则规定的标准；

4. 本所规定的其他上市条件。

本所可以根据市场情况，经中国证监会批准，对上市条件和具体标准进行调整。

（二）发行人申请公开发行股票，应当符合下列规定：

1. 具备健全且运行良好的组织机构；

2. 具有持续经营能力，财务状况良好；

3. 最近三年财务会计报告无虚假记载，被出具无保留意见审计报告；

4. 依法规范经营。

（三）发行人申请公开发行并上市，不得存在下列情形：

1. 最近 36 个月内，发行人及其控股股东、实际控制人，存在贪污、贿赂、侵占财产、挪用财产或者破坏社会主义市场经济秩序的刑事犯罪，存在欺诈发行、重大信息披露违法或者其他涉及国家安全、公共安全、生态安全、生产安全、公众健康安全等领域的重大违法行为；

2. 最近 12 个月内，发行人及其控股股东、实际控制人、董事、监事、高级管理人员受到中国证监会及其派出机构行政处罚，或因证券市场违法违规行为受到全国中小企业股份转让系统有限责任公司（以下简称全国股转公司）、证券交易所等自律监管机构公开谴责；

3. 发行人及其控股股东、实际控制人、董事、监事、高级管理人员因涉嫌犯罪正被司法机关立案侦查或涉嫌违法违规正被中国证监会及其派出机构立案调查，尚未有明确结论意见；

4. 发行人及其控股股东、实际控制人被列入失信被执行人名单且情形尚未消除；

5. 最近36个月内，未按照《证券法》和中国证监会的相关规定在每个会计年度结束之日起4个月内编制并披露年度报告，或者未在每个会计年度的上半年结束之日起2个月内编制并披露中期报告；

6. 中国证监会和本所规定的，对发行人经营稳定性、直接面向市场独立持续经营的能力具有重大不利影响，或者存在发行人利益受到损害等其他情形。

（四）发行人具有表决权差异安排的，该安排应当平稳运行至少一个完整会计年度，且相关信息披露和公司治理应当符合中国证监会及全国股转公司相关规定。

（五）发行人公开发行股票经中国证监会注册并完成发行后，应当提交下列文件，向本所提出股票上市申请：

1. 上市申请书；

2. 中国证监会同意注册的决定；

3. 公开发行结束后，符合《证券法》规定的会计师事务所出具的验资报告；

4. 中国证券登记结算有限责任公司北京分公司出具的股票登记相关文件；

5. 保荐机构关于办理完成限售登记及符合相关规定的承诺；

6. 公开发行后至上市前，按规定新增的财务资料和有关重大事项的说明（如适用）；

7. 本所要求的其他文件。

（六）发行人及其董事、监事、高级管理人员应当保证上市申请文件真实、准确、完整，不存在虚假记载、误导性陈述或者重大遗漏。

（七）本所收到发行人完备的上市申请文件后5个交易日内，作出是否同意上市的决定。发行人发生对是否符合上市条件和信息披露要求产生重大影响的重大事项，本所可提请上市委员会进行审议，审议时间不计入前款规定期限。

（八）发行人应当于股票上市前3个交易日内，在符合《证券法》规定的信息披露平台（以下简称规定信息披露平台）披露下列文件：

1. 上市公告书；

2. 公司章程；

3. 本所要求的其他文件。

（二）发行上市财务条件要求

根据《北京证券交易所股票上市规则（试行）》第二章第一节 2.1.3 的相关条款规定，本节特总结发行人申请公开发行上市，市值及财务指标应当至少符合下列标准中的一项：

（一）预计市值不低于 2 亿元，最近两年净利润均不低于 1500 万元且加权平均净资产收益率平均不低于 8%，或者最近一年净利润不低于 2500 万元且加权平均净资产收益率不低于 8%；

（二）预计市值不低于 4 亿元，最近两年营业收入平均不低于 1 亿元，且最近一年营业收入增长率不低于 30%，最近一年经营活动产生的现金流量净额为正；

（三）预计市值不低于 8 亿元，最近一年营业收入不低于 2 亿元，最近两年研发投入合计占最近两年营业收入合计比例不低于 8%；

（四）预计市值不低于 15 亿元，最近两年研发投入合计不低于 5000 万元。

特别提请读者注意，上述所称预计市值是指以发行人公开发行价格计算的股票市值。

（三）公开发行之公众性要求

根据《北京证券交易所股票上市规则（试行）》第二章及第十二章相关条款规定，本部分特总结发行人申请公开发行并上市，应当符合下列公众性条件：

1. 最近一年期末净资产不低于 5000 万元；

2. 向不特定合格投资者公开发行（以下简称公开发行）的股份不少于 100 万股，发行对象不少于 100 人；

3. 公开发行后，公司股本总额不少于 3000 万元；

4. 公开发行后，公司股东人数不少于 200 人，公众股东持股比例不低于公司股本总额的 25%；公司股本总额超过 4 亿元的，公众股东持股比例不低于公司股本总额的 10%。

此外，公众股东是指除以下股东之外的发行人股东：

1. 持有发行人 10% 以上股份的股东及其一致行动人；

2. 发行人董事、监事、高级管理人员及其关系密切的家庭成员，发行人董事、监事、高级管理人员直接或间接控制的法人或者其他组织。关系密切的家庭成员，包括配偶、子女及其配偶、父母及配偶的父母、兄弟姐妹及其配偶、配偶的兄弟姐妹、子女配偶的父母。

二、北交所再融资财务方面要求

根据北京证券交易所的相关规定，本部分特总结上市企业在北交所再融资需满足的要求，具体如下。

（一）再融资一般性要求

1. 对再融资人持续经营能力及内控、财务规范方面的要求：

（1）具备健全且运行良好的组织机构；

（2）具有独立、稳定经营能力，不存在对持续经营有重大不利影响的情形；

（3）最近 1 年未被出具否定或无法表示意见的审计报告；

（4）最近 1 年财务报告被出具保留意见的，所涉事项的重大不利影响已消除。

2. 对再融资人持续合规的要求

（1）上市公司及控股股东、实际控制人最近 3 年无重大违法行为；

（2）上市公司及控股股东、实际控制人、“董监高”最近 1 年未受到行政处罚、公开谴责或被立案侦查，立案调查尚无明确结论的；

（3）不存在擅自改变募集资金用途，且作纠正或未经股东大会认可的情形；

（4）上市公司或其控股股东、实际控制人未被列入失信被执行人名单。

3. 禁止再融资人保底承诺

上市公司及其控股股东、实际控制人、主要股东不得向发行对象作出保底保收益或者变相保底保收益承诺，也不得直接或者通过利益相关方向发行对象提供财务资助或者其他补偿。

4. 对再融资人募集资金必要性的要求

最近一期末存在持有金额较大的财务性投资的，保荐机构应当对本次募集资金的必要性和合理性审慎发表核查意见。

（二）再融资特殊性要求

1. 向不特定对象发行股票

除前述一般要求外，还应当符合《北京证券交易所向不特定合格投资者公开发行股票注册管理办法》规定的发行条件。

2. 发行可转债

（1）上市公司发行可转债，应当符合下列规定：

①具备健全且运行良好的组织机构；

②最近三年平均可分配利润足以支付公司债券一年的利息；

③具有合理的资产负债结构和正常的现金流量。

（2）上市公司存在下列情形之一的，不得发行可转债：

①对已公开发行的公司债券或者其他债务有违约或者延迟支付本息的事实，仍处于继续状态；

②违反《证券法》规定，改变公开发行公司债券所募资金用途。

三、北交所上市之难点财务问题

（一）股权投资

发行人具有对外股权投资是非常普遍的，而如何核算股权投资是一个较难及较复杂的会计问题，因此，以下介绍股权投资的会计核算问题。

根据会计准则的规定，股权投资又称权益性投资，是指通过付出现金和非现金资产等取得被投资单位的股份或股权，享有一定比例的权益份额代表的资产。在核算股权投资时，建议按照如下步骤进行。

1. 需明确长期股权投资的核算范围

长期股权投资核算投资方对被投资单位实施控制、重大影响、共同控制的权益性投资。相应地，金融工具确认和计量准则核算对被投资单位不具有控制、共同控制或重大影响的权益性投资。

2. 需确定长期股权投资的投资成本

在确定投资成本时，需按照长期股权投资的不同形成类型进行确定，具体如下。

对于同一控制下的企业合并取得的长期股权投资，在合并日应以持有的被合并方股东权益或所有者权益的份额在最终控制方合并财务报表中的账面价值，作为长期股权投资的初始投资成本。

对于非同一控制下的企业合并取得的长期股权投资，在购买日应按照合并成本作为长期股权投资的初始投资成本。合并成本具体包括购买方付出的资产、发生或承担的负债、发行的权益性证券的公允价值之和。特别地，合并方或购买方为企业合并发生的法律服务、审计、评估咨询等中介费用以及其他相关管理费用，应于发生时计入当期损益。

除企业合并形成的长期股权投资外的其他股权投资，按成本进行初始计量，该成本视长期股权投资取得方式的不同，分别按照投资方实际支付的现金价款、发行的权益性证券的公允价值、投资合同或协议约定的价值、非货币性资产交换交易中换出资产的公允价值或原账面价值、该项长期股权投资自身的公允价值等方式确定。特别地，与取得长期股权投资直接相关的费用、税金及其他必要支出计入投资成本。

3. 需明确长期股权投资后续计量方法

对被投资单位具有共同控制或重大影响的长期股权投资，应采用权益法核算。对被投资单位能够实施控制的长期股权投资，应采用成本法核算。特别地，采用权益法核算时，被投资单位采用的会计政策及会计期间与投资方不一致时，需按照投资方的会计政策及会计期间对被投资单位的相关政策及财务报表进行调整，并相应确认投资收益和其他综合收益。

4. 需正确核算长期股权投资处置

投资方处置长期股权投资，被处置部分长期股权投资的账面价值与实际取得处置价款之间的差额，应当计入当期损益。对采用权益法核算的长期股权投资,在处置该项投资时,采用与被投资单位直接处置相关资产或负债相同的基础,按相应比例对原计入其他综合收益的部分进行会计处理。

（二）企业合并

上一问题已提到发行人具有对外股权投资是非常普遍的情况，而股权投资后如形成被控制主体，则发行人需要对被控制主体进行合并及编制合并财务报表。居于企业合并及合并报表编制是很难及很复杂的会计问题，以下特别介绍企业合并及合并报表编制相关会计核算问题。

1. 企业合并

根据企业会计准则，企业合并是指将两个或两个以上单独的企业合并形成一个报告主体的交易或事项。企业合并分为同一控制下企业合并和非同一控制下企业合并，以下分别具体介绍。

（1）同一控制下企业合并

同一控制下的企业合并是指参与合并的企业在合并前后均受同一方或相同的多方最终控制，且该控制并非是暂时性的合并。

对同一控制下的企业合并而言，在合并日取得对其他参与合并企业控制权的一方为合并方，参与合并的其他企业为被合并方。合并日是指合并方实际取得对被合并方控制权的日期。

合并方取得的资产和负债需按照合并日在被合并方的账面价值计量。合并方取得的净资产账面价值与支付的合并对价账面价值的差额，需调整资本公积；资本公积不足以冲减的，需调整留存收益。

（2）非同一控制下企业合并

非同一控制下的企业合并是指参与合并的企业在合并前后不受同一方或相同的多方最终控制的合并。购买方为在购买日取得对其他参与合并企业控制权的一方，被购买方为参与合并的其他企业。购买日，是指购买方实际取得对被购买方控制权的日期。

对于非同一控制下的企业合并，合并成本包含购买方于购买日为取得对被购买方的控制权而付出的资产、发生或承担的负债以及发行的权益性证券的公允价值。特别地，为企业合并发生的审计、法律服务、评估咨询等中介费用以及其他管理费用于发生时计入当期损益。购买方为支付合并对价所发行的权益性证券或债务性证券产生的交易费用，计入权益性证券或债务性证券的初始确认成本。

购买方发生的合并成本及在合并中取得的可辨认净资产按购买日的公允价值计量。合并成本大于合并中取得的被购买方于购买日可辨认净资产公允价值份额的差额，确认为商誉。合并成本小于合并中取得的被购买方可辨认净资产公允价值份额的，首先需对取得的被购买方各项可辨认资产、负债及或有负债的公允价值以及合并成本的计量进行复核，复核后合并成本确实小于合并中取得的被购买方可辨认净资产公允价值份额的，其差额计入当期损益。

2. 合并财务报表编制

（1）确定合并财务报表的范围

《企业会计准则第 33 号——合并财务报表》（简称《合并财务报表准则》）规定“合并财务报表的合并范围应当以控制为基础予以确定”。根据该准则，投资方是否控制被投资方的维度为：拥有对被投资方的权力；通过参与被投资方的相关活动而享有可变回报；有能力运用对被投资方的权力影响其回报金额。而在对这些方面进行判断时需要先明确如下核心问题：

①识别“最重大相关活动”

虽然《合并财务报表准则》对“相关活动”有明确的定义，但是有些被投资方常存在多个投资方，不同的投资方对不同的相关活动拥有决策权，如何判断哪一个投资方才是最终的控制方是实务中较为困难的问题。对于此种情况，《合并财务报表准则》给出的规定是能够主导对被投资方回报产生最重大影响的活动的一方拥有对被投资方的权力。

因此，对具有多个投资方的被投资方而言，需要首先明确被投资方的存续期限及设立目的，再次判断就被投资方而言哪些活动将对可变回报产生最重大影响，从而才能确定哪个投资方在控制这些重大活动。

②明确各投资方的会计身份

《合并财务报表准则》就投资方判断是否控制被投资方时，规定首先需要确定投资方自身的身份，其是主要责任人还是代理人的身份。同时该准则对如何判断代理人给出了判断原则，具体需要综合考虑该决策者与被投资方以及其他投资方之间的关系。

③分析享有的权利

《合并财务报表准则》就投资方对被投资方是否享有权利时，特别强调了要考虑投资方对被投资方所具有的实质性权利。特别地，《合并财务报表准则》还从表决权的角度对投资方是否拥有对被投资方的权力进行了规定，一般投资方拥有被投资方一半以上的表决权就会享有对被投资方的控制权。而对于当表决权不能对被投资方的回报产生重大影响时，《合并财务报表准则》又进一步指明需要评估决定被投资方重大相关活动运行的相关合同，关注合同安排，从交易实质上判断投资方是否有足够的权利使其享有对被投资方的权利。

④界定可变回报

《合并财务报表准则》中对合并范围判断时一个很重要的维度即投资方对被投资方的投资所获取的回报是否是变动的，如果取得的回报可能随着被投资方的业绩而变动的，则其获取的为可变回报。同时《合并财务报表准则》特别强调要从交易实质而不是简单从回报的法律形式对可变性进行判断。

一般情况下，投资方的收益是和其承担的风险相匹配的，收益越高其承担的风险也就越大，反之相反。投资方所享有的可变回报的程度越高，其就越有可能对被投资方施加控制。

现实项目中，可变回报的形式多种多样，既有以股东身份的出资和分红，也有提供给被投资方的债性本金及利息，甚至还包括各种交易合同对价，所以需要先界定清楚可变回报。

（2）合并财务报表编制的方法

投资方需从取得子公司的净资产和生产经营决策的实际控制权之日起，开始将子公司纳入合并范围。投资方需从丧失实际控制权之日起停止将子公司纳入合并范围。

①取得子公司

在编制合并财务报表时，如果子公司与投资方拟采用的会计政策或会计期间不一致的，首先需按照投资方的会计政策和会计期间对子公司财务报表进行必要的调整。

对于增加的子公司，根据获得方式不同会计核算也不同。以同一控制下企业合并方式增加的子公司及吸收合并下的被合并方，其自合并当期期初至合并日的经营成果和现金流量需包括在合并利润表和合并现金流量表中，同时调整合并财务报表的对比数。

以非同一控制下企业合并方式增加的子公司，其购买日后的经营成果及现金流量应包括在合并利润表和合并现金流量表中，不调整合并财务报表的期初数和对比数。同时需以购买日可辨认净资产公允价值为基础对子公司财务报表进行调整。

子公司的股东权益及当期净损益中不属于母公司所拥有的部分分别作为少数股东权益及少数股东损益在合并财务报表中股东权益及净利润项下单独列示。子公司当期净损益中属于少数股东权益的份额，在合并利润表中净利润项目下以“少数股东损益”项目列示。少数股东分担的子公司的亏损超过了少数股东在该子公司期初股东权益中所享有的份额，仍冲减少数股东权益。

最后，集团内所有重大往来余额、交易及未实现利润在合并财务报表编制时应予以抵销。

②处置子公司

对于处置的子公司，处置日前的经营成果和现金流量需包括在合并利润表和合并现金流量表中；当期处置的子公司，不需调整合并资产负债表的期初数。

当因处置部分股权投资或其他原因丧失了对原有子公司的控制权时，对于剩余股权，应按照其在丧失控制权日的公允价值进行重新计量。处置股权取得的对价与剩余股权公允价值之和，减去按原持股比例计算应享有原有子公司自购买日开始持续计算的净资产的份额之间的差额，计入丧失控制权当期的投资收益。与原有子公司股权投资相关的其他综合收益，在丧失控制权时采用与该子公司直接处置相关资产或负债相同的基础进行会计处理。其后，对该部分剩余股权按照《企业会计准则第 2 号——长期股权投资》或《企业会计准则第 22 号——金融工具确认和计量》等相关规定进行后续计量。

（三）收入确认

收入为每一个拟在北交所上市的发行人最重要的也是最核心的业务活动，而收入确认也是最重要的会计核算问题之一，同时也是在北交所发行上市时监管高度关注的问题，因此以下特对收入确认的会计核算问题进行介绍。

财政部为解决现行会计准则实施中存在的具体问题，进一步规范我国收入确认、计量和相关信息披露，同时保持我国企业会计准则与国际财务报告准则的持续趋同，于 2017 年修订起草并颁布了《企业会计准则第 14 号——收入》（简称《新收入准则》）。《新收入准则》的核心原则为：企业确认收入的方式应当反映其向客户转让商品或提供服务的业务模式，收入的金额应当反映企业因转让这些商品或提供这些服务而预期有权收到的对价金额。

《新收入准则》规定企业在确认收入时应采用以下五步法模型：第一步识别合同；第二步识别履约义务；第三步确定交易价格；第四步分摊交易价格；第五步确认收入。以下对收入确认五步法具体运用进行介绍。

1. 识别合同

《新收入准则》下“确认收入五步法”的第一步是识别企业与其客户之间是否存在合同。合同是指双方或多方之间订立的有法律约束力的权利义务协议。合同并不必然是书面的，还包含口头形式以及其他商业惯例等形式，但需包含有法律约束力的权利义务。

根据《新收入准则》规定，企业与客户之间的合同同时满足下列五项条件的，企业应当在完成了合同中的履约义务，即在客户取得相关商品控制权时确认收入：

（1）合同各方已批准合同；

（2）合同明确各方权利义务；

（3）合同明确支付条款；

（4）合同具有商业实质；

（5）有权取得的对价很可能收回。

2. 识别履约义务

《新收入准则》下“确认收入五步法”的第二步是识别履约义务。合同开始日，企业应当对合同进行评估，识别该合同所包含的各单项履约义务，并确定各单项履约义务是在某一时段内履行，还是在某一时点履行，然后，在履行了各单项履约义务时分别确认收入。

履约义务是指企业按照合同向客户转让可明确区分的商品或服务的承诺。可明确区分的商品或服务应作为单独的会计核算单元。企业应确定转让商品或服务的承诺与合同中其他商品或服务可单独区分。一系列实质相同且转让模式相同的、可明确区分的商品的承诺应作为单独履约义务。

企业向客户承诺的商品或服务同时满足下列两项条件的，应当作为可明确区分的商品或服务：

（1）客户能够从该商品或服务本身或从该商品或服务与其他易于获得的资源一起使用中受益，即该商品本身能够明确区分；

（2）企业向客户转让该商品或服务的承诺与合同中其他承诺可单独区分，即转让该商品的承诺在合同范围内可明确区分。

评价企业向客户承诺交付的商品或服务是否属于在合同范围内可明确区分的，目的是确定该承诺的性质：该承诺是在合同范围内将各项商品或服务单独交付的，还是将多个项目合并进行交付的。有可能表明企业向客户交付的多项商品或服务的承诺不是可明确区分的因素，主要为下列各项：

（1）企业提供了任何重大服务，以将该商品或服务与合同承诺的其他商品或服务整合为一揽子商品或服务，该一揽子商品或服务代表客户订立合同所要求的一个组合产出或多个产出。

（2）一项或多项商品或服务使合同承诺的另一商品或服务发生重大修改或定制，或者被其他商品或服务进行了重大修改或定制。

（3）各商品或服务之间高度相互依赖或高度关联。

3. 确定交易价格

《新收入准则》下“确认收入五步法”的第三步是确定交易价格。交易价格是指企业因向客户转让商品或服务而预期有权收取的对价金额。企业代第三方收取的款项（例如增值税）以及企业预期将退还给客户的款项，应当作为负债进行会计处理，不计入交易价格。交易价格可能是固定的，也可能是变动的，或两者兼有。在确定交易价格时，企业应考虑以下因素的影响：

（1）可变对价；

（2）可变对价估计值的限制；

（3）重大融资成分；

（4）非现金对价；

（5）应付客户对价。

确定交易价格是新收入确认模型的一个重要步骤，因为交易价格是企业分摊至合同中已识别的履约义务并在或随着这些履约义务履行时最终确认为收入。在许多情况下，由于企业转让承诺的商品或服务时收到款项且价格固定，因此交易价格易于确定。在其他情况下，当交易价格可变，或企业提供商品或服务的时间与收款时间不同或客户采用非现金支付方式时，交易价格的确定相对较难。此外，企业已支付或应付客户对价也可能影响交易价格的确定。

4. 分摊交易价格

《新收入准则》下“确认收入五步法”的第四步是将交易价格分摊至每项已识别的履约义务。具体而言，是将第 3 步确定的交易价格分摊至第 2 步识别出的各单项履约义务。基于各业务的事实和情况，企业可运用下列方法之一将交易价格分摊至履约义务：

（1）包含两项或多项履约义务的合同，按照各单项履约义务所承诺商品的单独售价的相对比例，将交易价格分摊至各单项履约义务；

（2）满足特定条件的，将合同折扣或可变对价分摊至特定履约义务或一系列履约义务。

5. 确认收入

《新收入准则》下“确认收入五步法”的第五步是根据上述步骤的结果确认收入。《新收入准则》要求企业在合同开始时首先确定对商品或服务的控制权是否在某一时段内转移。如是，企业将在某一时段内以与向客户转移商品或服务一致的方式确认相关收入，此方法类似于传统实务中的完工百分比法。如果企业不是在某一时段内转移商品或服务的控制权，则属于在某一时点转移。

满足下列条件之一的，属于在某一时段内履行履约义务，相关收入应当在该履约义务履行的期间内确认：一是客户在企业履约的同时即取得并消耗企业履约所带来的经济利益；二是客户能够控制企业履约过程中在建的商品；三是企业履约过程中所产出的商品具有不可替代用途，且该企业在整个合同期间内有权就累计至今已完成的履约部分收取款项。

特别地，在确认收入时需考虑以下因素：一是在或随着商品或服务的控制权转移给客户时确认收入；二是满足在某一时段内确认收入的三个条件；三是计量履约义务的进度，以确定在某一时段内确认收入的模式，进而确定是在时点确认收入还是在时段内确认收入。

针对特定交易事项，《新收入准则》还专门提供了相应的会计处理指引，这些特定交易包含附有销售退回条款的销售、附有质量保证条款的销售、主要责任人和代理人、附有客户额外购买选择权的销售、授予知识产权许可、售后回购、客户未行使的权利及无须退回的初始费等。

《新收入准则》还提供了明确的列报和披露规定，且较现行准则更详细，包括更多企业前期未披露的信息。建议企业在遇到具体问题时参照收入准则相关规定进行会计处理。特别地，对有关收入政策披露常见的几个问题总结如下，提请注意：

（1）收入政策仅披露准则规定原文，未结合企业具体业务披露企业的收入确认会计政策；

（2）错误地将租金收入、利息收入、现金股利收入适用《新收入准则》并在收入确认政策中进行披露；

（3）企业从事代理类业务，未披露对其身份是主要责任人还是代理人进行分析判断的信息；

（4）变更收入确认时点时，未对商品控制权转移时点的相关判断依据以及变化原因进行具体说明。

（四）金融工具

发行人及拟发行人都持有金融工具，因金融工具涉及面广泛，对金融工具进行正确的会计核算及信息披露是非常重要的。同时与金融工具相关的会计准则十分复杂，故以下特对金融工具的会计处理进行介绍。

1. 金融工具的含义

根据企业会计准则的规定，金融工具是指形成一个企业的金融资产，并形成其他单位的金融负债或权益工具的合同。

（1）金融资产

金融资产，是指企业持有的现金、其他方的权益工具以及符合下列条件之一的资产：

①从其他方收取现金或其他金融资产的合同权利。

②在潜在有利条件下，与其他方交换金融资产或金融负债的合同权利。

③将来须用或可用企业自身权益工具进行结算的非衍生工具合同，且企业根据该合同将收到可变数量的自身权益工具。

④将来须用或可用企业自身权益工具进行结算的衍生工具合同，但以固定数量的自身权益工具交换固定金额的现金或其他金融资产的衍生工具合同除外。其中，企业自身权益工具不包括应当按照《企业会计准则第 37 号——金融工具列报》分类为权益工具的可回售工具或发行方仅在清算时才有义务向另一方按比例交付其净资产的金融工具，也不包括本身就要求在未来收取或交付企业自身权益工具的合同。

（2）金融负债

金融负债，是指企业符合下列条件之一的负债：

①向其他方交付现金或其他金融资产的合同义务。

②在潜在不利条件下，与其他方交换金融资产或金融负债的合同义务。

③将来须用或可用企业自身权益工具进行结算的非衍生工具合同，且企业根据该合同将交付可变数量的自身权益工具。

④将来须用或可用企业自身权益工具进行结算的衍生工具合同，但以固定数量的自身权益工具交换固定金额的现金或其他金融资产的衍生工具合同除外。

企业对全部现有同类别非衍生自身权益工具的持有方同比例发行配股权、期权或认股权证，使之有权按比例以固定金额的任何货币换取固定数量的该企业自身权益工具的，该类配股权、期权或认股权证应当分类为权益工具。其中，企业自身权益工具不包括应当按照《企业会计准则第 37 号——金融工具列报》分类为权益工具的可回售工具或发行方仅在清算时才有义务向另一方按比例交付其净资产的金融工具，也不包括本身就要求在未来收取或交付企业自身权益工具的合同。

（3）衍生工具

衍生工具，是指属于金融工具准则范围并同时具备下列特征的金融工具或其他合同，常见的衍生工具包括远期合同、期货合同、互换合同和期权合同等。

①其价值随特定利率、金融工具价格、商品价格、汇率、价格指数、费率指数、信用等级、信用指数或其他变量的变动而变动，变量为非金融变量的，该变量不应与合同的任何一方存在特定关系。

②不要求初始净投资，或者与对市场因素变化预期有类似反应的其他合同相比，要求较少的初始净投资。

③在未来某一日期结算。

（4）贷款承诺

贷款承诺，是指按照预先规定的条款和条件提供信用的确定性承诺，具体包括以下类型：

①企业指定为以公允价值计量且其变动计入当期损益的金融负债的贷款承诺。

②能够以现金或者通过交付或发行其他金融工具净额结算的贷款承诺。

③以低于市场利率贷款的贷款承诺。

（5）其他金融工具合同

对于能够以现金或其他金融工具净额结算，或者通过交换金融工具结算的买入或卖出非金融项目的合同，除了企业按照预定的购买、销售或使用要求签订并持有旨在收取或交付非金融项目的合同适用其他相关会计准则外，企业应当将该合同视同金融工具。

2. 金融工具的确认和终止确认

（1）金融工具确认

企业成为金融工具合同的一方时，应当确认一项金融资产或金融负债。

对于以常规方式购买或出售金融资产的，企业应当在交易日确认将收到的资产和为此将承担的负债，或者在交易日终止确认已出售的资产，同时确认处置利得或损失以及应向买方收取的应收款项。以常规方式购买或出售金融资产，是指企业按照合同规定购买或出售金融资产，并且该合同条款规定，企业应当根据通常由法规或市场惯例所确定的时间安排来交付金融资产。

（2）金融工具终止确认

金融资产或金融负债终止确认，是指企业将之前确认的金融资产或金融负债从其资产负债表中予以转出。

金融资产满足下列条件之一的，应当终止确认：

①收取该金融资产现金流量的合同权利终止。

②该金融资产已转移，且该转移满足《企业会计准则第 23 号——金融资产转移》关于金融资产终止确认的规定。

金融负债或其一部分的现时义务已经解除的，企业应当终止确认该金融负债或该部分金融负债。金融负债或其一部分终止确认的，企业应当将其账面价值与支付的对价之间的差额计入当期损益。

企业作为借入方与借出方之间签订协议，以承担新金融负债方式替换原金融负债，且新金融负债与原金融负债的合同条款实质上不同的，企业应当终止确认原金融负债，同时确认一项新金融负债。

企业对原金融负债或其一部分的合同条款作出实质性修改的，应当终止确认原金融负债，同时按照修改后的条款确认一项新金融负债。

企业回购金融负债一部分的，应当按照继续确认部分和终止确认部分在回购日各自的公允价值占整体公允价值的比例，对该金融负债整体的账面价值进行分配。分配给终止确认部分的账面价值与支付的对价之间的差额，应当计入当期损益。

3. 金融资产的分类

企业应当根据其管理金融资产的业务模式和金融资产的合同现金流量特征，将金融资产划分为以下三类：

（1）以摊余成本计量的金融资产。

（2）以公允价值计量且其变动计入其他综合收益的金融资产。

（3）以公允价值计量且其变动计入当期损益的金融资产。

企业管理金融资产的业务模式，是指企业如何管理其金融资产以产生现金流量。业务模式决定企业所管理金融资产现金流量的来源是收取合同现金流量、出售金融资产还是两者兼有。企业管理金融资产的业务模式，应当以企业关键管理人员决定的对金融资产进行管理的特定业务目标为基础确定。企业确定管理金融资产的业务模式，应当以客观事实为依据，不得以按照合理预期不会发生的情形为基础确定。

金融资产的合同现金流量特征，是指金融工具合同约定的、反映相关金融资产经济特征的现金流量属性。企业分类为以摊余成本计量的金融资产和以公允价值计量且其变动计入其他综合收益的金融资产规范的金融资产，其合同现金流量特征，应当与基本借贷安排相一致。即相关金融资产在特定日期产生的合同现金流量仅为对本金和以未偿付本金金额为基础的利息的支付，其中，本金是指金融资产在初始确认时的公允价值，本金金额可能因提前偿付等原因在金融资产的存续期内发生变动；利息包括对货币时间价值、与特定时期未偿付本金金额相关的信用风险，以及其他基本借贷风险、成本和利润的对价。其中，货币时间价值是利息要素中仅因为时间流逝而提供对价的部分，不包括为所持有金融资产的其他风险或成本提供的对价，但货币时间价值要素有时可能存在修正。在货币时间价值要素存在修正的情况下，企业应当对相关修正进行评估，以确定其是否满足上述合同现金流量特征的要求。此外，金融资产包含可能导致其合同现金流量的时间分布或金额发生变更的合同条款的，企业应当对相关条款进行评估，以确定其是否满足上述合同现金流量特征的要求。

金融资产同时符合下列条件的，应当分类为以摊余成本计量的金融资产：

（1）企业管理该金融资产的业务模式是以收取合同现金流量为目标。

（2）该金融资产的合同条款规定，在特定日期产生的现金流量，仅为对本金和以未偿付本金金额为基础的利息的支付。

金融资产同时符合下列条件的，应当分类为以公允价值计量且其变动计入其他综合收益的金融资产：

（1）企业管理该金融资产的业务模式既以收取合同现金流量为目标，又以出售该金融资产为目标。

（2）该金融资产的合同条款规定，在特定日期产生的现金流量，仅为对本金和以未偿付本金金额为基础的利息的支付。

按照分类为以摊余成本计量的金融资产和按照分类为以公允价值计量且其变动计入其他综合收益的金融资产之外的金融资产，企业应当将其分类为以公允价值计量且其变动计入当期损益的金融资产。

在初始确认时，企业可以将非交易性权益工具投资指定为以公允价值计量且其变动计入其他综合收益的金融资产，并按照规定确认股利收入。该指定一经作出，不得撤销。企业在非同一控制下的企业合并中确认的或有对价构成金融资产的，该金融资产应当分类为以公允价值计量且其变动计入当期损益的金融资产，不得指定为以公允价值计量且其变动计入其他综合收益的金融资产。

在初始确认时，如果能够消除或显著减少会计错配，企业可以将金融资产指定为以公允价值计量且其变动计入当期损益的金融资产。该指定一经作出，不得撤销。

4. 金融负债的分类

除下列各项外，企业应当将金融负债分类为以摊余成本计量的金融负债：

（1）以公允价值计量且其变动计入当期损益的金融负债，包括交易性金融负债和指定为以公允价值计量且其变动计入当期损益的金融负债。

（2）金融资产转移不符合终止确认条件或继续涉入被转移金融资产所形成的金融负债。对此类金融负债，企业应当按照《企业会计准则第 23 号——金融资产转移》相关规定进行计量。

（3）部分财务担保合同以及不属于以低于市场利率贷款的贷款承诺。对此类金融负债，企业应当在初始确认后按照依据确定的损失准备金额以及初始确认金额扣除依据《企业会计准则第 14 号——收入》相关规定所确定的累计摊销额后的余额孰高进行计量。

在非同一控制下的企业合并中，企业作为购买方确认的或有对价形成金融负债的，该金融负债应当按照以公允价值计量且其变动计入当期损益进行会计处理。

在初始确认时，为了提供更相关的会计信息，企业可以将金融负债指定为以公允价值计量且其变动计入当期损益的金融负债，但该指定应当满足下列条件之一：

（1）能够消除或显著减少会计错配。

（2）根据正式书面文件载明的企业风险管理或投资策略，以公允价值为基础对金融负债组合或金融资产和金融负债组合进行管理和绩效考核，并在企业内部以此为基础向关键管理人员报告。

该指定一经作出，不得撤销。

5. 金融工具的重分类

企业改变其管理金融资产的业务模式时，应当按照规定对所有受影响的相关金融资产进行重分类。企业对所有金融负债均不得进行重分类。

企业发生下列情况的，不属于金融资产或金融负债的重分类：

（1）按照《企业会计准则第 24 号——套期会计》相关规定，某金融工具以前被指定并成为现金流量套期或境外经营净投资套期中的有效套期工具，但已不再满足运用该套期会计方法的条件。

（2）按照《企业会计准则第 24 号——套期会计》相关规定，某金融工具被指定并成为现金流量套期或境外经营净投资套期中的有效套期工具。

（3）按照《企业会计准则第 24 号——套期会计》相关规定，运用信用风险敞口公允价值选择权所引起的计量变动。

企业对金融资产进行重分类，应当自重分类日起采用未来适用法进行相关会计处理，不得对以前已经确认的利得、损失或利息进行追溯调整。重分类日，是指导致企业对金融资产进行重分类的业务模式发生变更后的首个报告期间的第一天。

企业将一项以摊余成本计量的金融资产重分类为以公允价值计量且其变动计入当期损益的金融资产的，应当按照该资产在重分类日的公允价值进行计量。原账面价值与公允价值之间的差额计入当期损益。

企业将一项以摊余成本计量的金融资产重分类为以公允价值计量且其变动计入其他综合收益的金融资产的，应当按照该金融资产在重分类日的公允价值进行计量。原账面价值与公允价值之间的差额计入其他综合收益。该金融资产重分类不影响其实际利率和预期信用损失的计量。

企业将一项以公允价值计量且其变动计入其他综合收益的金融资产重分类为以摊余成本计量的金融资产的，应当将之前计入其他综合收益的累计利得或损失转出，调整该金融资产在重分类日的公允价值，并以调整后的金额作为新的账面价值，即视同该金融资产一直以摊余成本计量。该金融资产重分类不影响其实际利率和预期信用损失的计量。

企业将一项以公允价值计量且其变动计入其他综合收益的金融资产重分类为以公允价值计量且其变动计入当期损益的金融资产的，应当继续以公允价值计量该金融资产。同时，企业应当将之前计入其他综合收益的累计利得或损失从其他综合收益转入当期损益。

企业将一项以公允价值计量且其变动计入当期损益的金融资产重分类为以摊余成本计量的金融资产的，应当以其在重分类日的公允价值作为新的账面余额。

企业将一项以公允价值计量且其变动计入当期损益的金融资产重分类为以公允价值计量且其变动计入其他综合收益的金融资产的，应当继续以公允价值计量该金融资产。

6. 金融工具的计量

（1）初始确认

企业初始确认金融资产或金融负债，应当按照公允价值计量。对于以公允价值计量且其变动计入当期损益的金融资产和金融负债，相关交易费用应当直接计入当期损益；对于其他类别的金融资产或金融负债，相关交易费用应当计入初始确认金额。但是，企业初始确认的应收账款未包含《企业会计准则第 14 号——收入》所定义的重大融资成分或根据《企业会计准则第 14 号——收入》规定不考虑不超过一年的合同中的融资成分的，应当按照该准则定义的交易价格进行初始计量。

企业应当根据《企业会计准则第 39 号——公允价值计量》的规定，确定金融资产和金融负债在初始确认时的公允价值。公允价值通常为相关金融资产或金融负债的交易价格。金融资产或金融负债公允价值与交易价格存在差异的，企业应当区别下列情况进行处理：

①在初始确认时，金融资产或金融负债的公允价值依据相同资产或负债在活跃市场上的报价或者以仅使用可观察市场数据的估值技术确定的，企业应当将该公允价值与交易价格之间的差额确认为一项利得或损失。

②在初始确认时，金融资产或金融负债的公允价值以其他方式确定的，企

业应当将该公允价值与交易价格之间的差额递延。初始确认后，企业应当根据某一因素在相应会计期间的变动程度将该递延差额确认为相应会计期间的利得或损失。该因素应当仅限于市场参与者对该金融工具定价时将予考虑的因素，包括时间等。

（2）后续计量

初始确认后，企业应当对不同类别的金融资产，分别以摊余成本、以公允价值计量且其变动计入其他综合收益或以公允价值计量且其变动计入当期损益进行后续计量。

初始确认后，企业应当对不同类别的金融负债，分别以摊余成本、以公允价值计量且其变动计入当期损益或以规定的其他适当方法进行后续计量。

金融资产或金融负债被指定为被套期项目的，企业应当根据《企业会计准则第 24 号——套期会计》规定进行后续计量。

7. 金融工具的减值

（1）适用范围

企业应当按照规定，以预期信用损失为基础，对下列项目进行减值会计处理并确认损失准备：

①按照分类为以摊余成本计量的金融资产和按照为以公允价值计量且其变动计入其他综合收益的金融资产。

②租赁应收款。

③合同资产。合同资产是指《企业会计准则第 14 号——收入》定义的合同资产。

④企业发行的分类为以公允价值计量且其变动计入当期损益的金融负债以外的贷款承诺和财务担保合同。

（2）几个基本概念

损失准备，是指针对以摊余成本计量的金融资产、租赁应收款和合同资产的预期信用损失计提的准备，以公允价值计量且其变动计入其他综合收益的金融资产的累计减值金额以及针对贷款承诺和财务担保合同的预期信用损失计提的准备。

预期信用损失，是指以发生违约的风险为权重的金融工具信用损失的加权平均值。

信用损失，是指企业按照原实际利率折现的、根据合同应收的所有合同现金流量与预期收取的所有现金流量之间的差额，即全部现金短缺的现值。其中，对于企业购买或源生的已发生信用减值的金融资产，应按照该金融资产经信用调整的实际利率折现。由于预期信用损失考虑付款的金额和时间分布，因此，即使企业预计可以全额收款但收款时间晚于合同规定的到期期限，也会产生信用损失。

预计存续期，在估计现金流量时，企业应当考虑金融工具在整个预计存续期的所有合同条款。企业所考虑的现金流量应当包括出售所持担保品获得的现金流量，以及属于合同条款组成部分的其他信用增级所产生的现金流量。

企业通常能够可靠估计金融工具的预计存续期。在极少数情况下，金融工具预计存续期无法可靠估计的，企业在计算确定预期信用损失时，应当基于该金融工具的剩余合同期间。

（3）信用减值征兆

当对金融资产预期未来现金流量具有不利影响的一项或多项事件发生时，该金融资产成为已发生信用减值的金融资产。金融资产已发生信用减值的证据包括下列可观察信息：

①发行方或债务人发生重大财务困难；

②债务人违反合同，如偿付利息或本金违约或逾期等；

③债权人出于与债务人财务困难有关的经济或合同考虑，给予债务人在任何其他情况下都不会作出的让步；

④债务人很可能破产或进行其他财务重组；

⑤发行方或债务人财务困难导致该金融资产的活跃市场消失；

⑥以大幅折扣购买或源生一项金融资产，该折扣反映了发生信用损失的事实。

（4）减值金额确定

对于适用金融工具减值规定的各类金融工具，企业应当按照下列方法确定其信用损失：

①对于金融资产，信用损失应为企业应收取的合同现金流量与预期收取的现金流量之间差额的现值。

②对于租赁应收款项，信用损失应为企业应收取的合同现金流量与预期收

取的现金流量之间差额的现值。其中，用于确定预期信用损失的现金流量，应与按照《企业会计准则第 21 号——租赁》用于计量租赁应收款项的现金流量保持一致。

③对于未提用的贷款承诺，信用损失应为在贷款承诺持有人提用相应贷款的情况下，企业应收取的合同现金流量与预期收取的现金流量之间差额的现值。企业对贷款承诺预期信用损失的估计，应当与其对该贷款承诺提用情况的预期保持一致。

④对于财务担保合同，信用损失应为企业就该合同持有人发生的信用损失向其作出赔付的预计付款额，减去企业预期向该合同持有人、债务人或任何其他方收取的金额之间差额的现值。

⑤对于资产负债表日已发生信用减值但并非购买或源生已发生信用减值的金融资产，信用损失应为该金融资产账面余额与按原实际利率折现的估计未来现金流量的现值之间的差额。

企业应当以概率加权平均为基础对预期信用损失进行计量。企业对预期信用损失的计量应当反映发生信用损失的各种可能性，但不必识别所有可能的情形。

如果金融工具同时包含贷款和未提用的承诺，且企业根据合同规定要求还款或取消未提用承诺的能力并未将企业面临信用损失的期间限定在合同通知期内的，企业对于此类金融工具确认预期信用损失的期间，应当为其面临信用风险且无法用信用风险管理措施予以缓释的期间，即使该期间超过了最长合同期限。

对于下列各项目，企业应当始终按照相当于整个存续期内预期信用损失的金额计量其损失准备：

①由《企业会计准则第 14 号——收入》规范的交易形成的应收款项或合同资产，且符合下列条件之一：该项目未包含《企业会计准则第 14 号——收入》所定义的重大融资成分，或企业根据《企业会计准则第 14 号——收入》规定不考虑不超过一年的合同中的融资成分；该项目包含《企业会计准则第 14 号——收入》所定义的重大融资成分，同时企业作出会计政策选择，按照相当于整个存续期内预期信用损失的金额计量损失准备。企业应当将该会计政策选择适用于所有此类应收款项和合同资产，但可对应收款项类和合同资产类分别作出会

计政策选择。

②由《企业会计准则第 21 号——租赁》规范的交易形成的租赁应收款，同时企业作出会计政策选择，按照相当于整个存续期内预期信用损失的金额计量损失准备。企业应当将该会计政策选择适用于所有租赁应收款，但可对应收融资租赁款和应收经营租赁款分别作出会计政策选择。

8. 新金融工具准则的披露问题

根据新金融工具准则，企业应当披露信用风险相关定性及定量的信息，如风险管理实务、信用风险是否显著增加的判断标准、确定已发生信用减值的依据、如何考虑前瞻性信息、金融工具减值相关的输入值、假设和估值技术、预期信用损失三阶段的情况等。在首次执行当年，企业还应当按照准则的衔接规定披露相关信息。根据研究分析，目前部分上市公司执行新金融工具准则存在披露不充分的问题，例如对于金融资产的预期信用损失没有充分披露具体参数的确定方法，前瞻性信息的考虑因素，预期信用损失三阶段的情况以及准则规定的其他关键定性和定量信息。在披露首次执行新金融工具准则对当年年初财务报表的影响时，仅列示影响的相关项目和金额，未披露调整性质及原因以及准则规定的其他信息。

（五）股份支付

对于拟在北交所上市的发行人，很多企业都会采用向员工支付股份期权等方式对员工进行激励，同时股份支付的会计处理较复杂，因此以下具体介绍股份支付相关会计核算问题。

1. 我国股份支付制度相关规定

近年来，随着我国经济体制改革的不断深化，员工股份期权激励等股份支付活动逐渐增多。2005 年国务院明确指出鼓励上市公司探索与股份支付相关的激励机制并进行规范使用，以加强对企业高管及职工的激励，继而又先后发布了相关规范性文件。2005 年 12 月 31 日，中国证监会发布了《上市公司股权激励管理办法（试行）》；2006 年 9 月 30 日，国务院国有资产监督管理委员会和财政部发布《国有控股上市公司（境内）实施股权激励试行办法》。

2016 年证监会也出台了《上市公司股权激励管理办法（试行）》，明确规定了上市公司关于以本公司股票为标的进行长期激励行为的规范。除了证监会的相关规定以外，上交所、深交所、国资委、财政部、国家税务总局都对股权激励的各个方面作出了相关规定。这些规定的出台旨在规范上市公司股权激励机制，促进上市公司规范运作与持续发展。

2. 我国股份支付准则的发展概况

2006 年我国制定了《企业会计准则第 11 号——股份支付》，同时发布了《企业会计准则第 11 号——股份支付》应用指南，并规定该准则于 2007 年 1 月 1 日开始执行，从而股份支付有了统一的会计处理方法。财政部于 2009 年印发《企业会计准则解释第 3 号》，其中规定应当正确运用可行权条件和非可行权条件对股份支付进行确认和计量，企业取消所授予的权益工具应作加速行权处理。财政部于 2010 年印发《企业会计准则解释第 4 号》，对企业集团内发生的股份支付交易作出规范，从而规范了企业的大股东向高管或核心技术人员低价转让股票的会计处理。财政部于 2015 年印发《企业会计准则解释第 7 号》，规范了授予限制性股票的会计处理。

3. 股份支付的内涵

（1）股份支付的定义及特点

股份支付是指企业为获取职工和其他方提供服务而授予权益工具或者承担以权益工具为基础确定的负债的交易。股份支付分为以权益结算的股份支付和以现金结算的股份支付。以权益结算的股份支付，是指企业为获取服务以股份或其他权益工具作为对价进行结算的交易。以现金结算的股份支付，是指企业为获取服务承担以股份或其他权益工具为基础计算确定的交付现金或其他资产义务的交易。

一般而言，股份支付具有以下特点。

①股份支付是企业与职工或其他方之间发生的交易。以股份为基础的支付可能发生在企业与股东之间、合并交易中的合并方与被合并方之间或者企业与其职工之间，其中，只有发生在企业与其职工或向企业提供服务的其他方之间的交易，才可能符合股份支付的准则定义。

②股份支付是以获取职工或其他方服务为目的的交易。企业在股份支付交易中意在获取其职工或其他方提供的服务（费用）或取得这些服务的权利（资产）。企业获取这些服务或权利的目的在于激励企业职工更好地从事生产经营以达到业绩条件，而非为转手获利等。

③股份支付交易的对价或其定价与企业自身权益工具未来的价值密切相关。股份支付交易同企业与其职工间其他类型交易相比，最大的不同是交易对价或其定价与企业自身权益工具未来的价值密切相关。在股份支付中，企业要么向职工支付其自身权益工具，要么向职工支付一笔现金，而其金额高低取决于结算时该企业自身权益工具的公允价值。

（2）股份支付与几个概念的区别

在实务中，股份支付与其他几个概念较易混淆，特将相关区别解释如下：

①股份支付与职工薪酬的区分

职工薪酬，是指企业为获得职工提供的服务或解除劳动关系而给予的各种形式的报酬或补偿。因此，对于为换取职工服务而承担的以股份为基础的支付交易，在广义上，也属于职工薪酬的一部分。但是，股份支付从涉及的职工对象、支付对价、支付条件、支付金额的计算依据等方面都具有更加复杂的要求，因此，采用了有别于一般职工薪酬的会计处理方法。

②股份支付与金融工具的区分

股份支付与金融工具分别属于两种不同性质的交易。根据股份支付的定义，股份支付是为换取职工或其他方提供的商品或服务而向职工或其他方发行的权益工具，即将自身权益工具作为一项支付工具。而金融工具列报准则是将权益工具作为一项结算工具，并没有以换取其他商品或服务作为目的。对于股份支付安排中涉及买入或卖出非金融项目的合同，如果该合同能够以现金或其他金融工具净额结算，或通过交换金融工具结算，而且企业不是按照预定的购买、销售或使用要求签订并旨在收取或交付非金融项目而持有，则该买入或卖出非金融项目合同的列报适用金融工具列报准则。而对于股份支付安排中涉及企业发行、回购、出售或注销库存股的，相关业务的会计处理适用金融工具列报准则。

③股份支付与权益性交易的区分

对于针对职工发行权益工具的股份支付，与针对股东发行权益工具的权益性交易，可从定义维度进行区分。对职工的股份支付，是为了换取职工的服务而向其发行权益工具，此时，权益工具为一项支付工具；而针对股东发行的权益工具，并非为换取股东的商品或服务，而是授予股东一项企业的剩余分配权，此时，权益工具为一项筹资工具。

4. 股份支付的确认和计量原则

（1）权益结算的股份支付的确认和计量原则

①换取职工服务的股份支付的确认和计量原则

对于换取职工服务的股份支付需以股份支付所授予的权益工具的公允价值计量。企业应当在等待期内的每个资产负债表日，以可行权权益工具数量的最佳估计数为基础，按照权益工具在授予日的公允价值，将当期取得的服务收入计入相关资产成本或当期费用，同时计入资本公积中的其他资本公积。

对于授权后立即可行权的换取职工提供服务的权益结算的股份支付，应在授予日按照权益工具的公允价值，将取得的服务收入计入相关资产成本或当期费用，同时计入资本公积中的股本溢价。

②换取其他方服务的股份支付的确认和计量原则

换取其他方服务的股份支付，企业应当以股份支付所换取的服务的公允价值计量。其他方服务的公允价值不能可靠计量，但权益工具的公允价值能够可靠计量的，应当按照权益工具在服务取得日的公允价值计量。

③权益工具公允价值无法可靠确定时的处理原则

权益工具公允价值无法可靠确定时，企业应当在获取对方提供服务的时点、后续的每个报告日以及结算日，以内在价值计量该权益工具，内在价值变动计入当期损益。同时，企业应当以最终可行权或实际行权的权益工具数量为基础，确认取得服务的金额。

（2）现金结算的股份支付的确认和计量原则

企业应当在等待期的每个资产负债表日，对当日权益工具的公允价值重新计量，确认成本费用和相应的应付职工薪酬，每期权益工具公允价值变动计入当期损益。

（六）非经常性损益及其他

非经常性损益因其构成内容较多，同时该项目会影响公司的盈利能力，也是发行监管机构非常关注的一个会计科目，因此以下特对非经常性损益科目的会计处理进行介绍。

1. 非经常性损益的内涵

非经常性损益是指公司发生的与经营业务无直接关系，以及虽与经营业务相关，但由于其性质、金额或发生频率，影响了真实、公允地反映公司正常盈利能力的各项收入、支出。特别地，即使不是公司“一次性或偶发性”的收支，但只要被中国证监会认定“影响了真实公允地反映公司的盈利能力”，均可归为非经常性损益，但证监会并未给出明确的标准，对于哪些属于非经常性损益的项目，难以进行穷举，只能依据会计准则进行实质性判断。

根据证监会“公开发行证券的公司信息披露解释性公告”，非经常性损益包括21条，具体内容如下：

1. 非流动性资产处置损益，包括已计提资产减值准备的冲销部分；

2. 越权审批，或无正式批准文件，或偶发性的税收返还、减免；

3. 计入当期损益的政府补助，但与公司正常经营业务密切相关，符合国家政策规定、按照一定标准定额或定量持续享受的政府补助除外；

4. 计入当期损益的对非金融企业收取的资金占用费；

5. 企业取得子公司、联营企业及合营企业的投资成本小于取得投资时应享有被投资单位可辨认净资产公允价值产生的收益；

6. 非货币性资产交换损益；

7. 委托他人投资或管理资产的损益；

8. 因不可抗力因素，如遭受自然灾害而计提的各项资产减值准备；

9. 债务重组损益；

10. 企业重组费用，如安置职工的支出、整合费用等；

11. 交易价格显失公允的交易产生的超过公允价值部分的损益；

12. 同一控制下企业合并产生的子公司期初至合并日的当期净损益；

13. 与公司正常经营业务无关的或有事项产生的损益；

14. 除同公司正常经营业务相关的有效套期保值业务外，持有交易性金融资产、交易性金融负债产生的公允价值变动损益，以及处置交易性金融资产、交易性金融负债和可供出售金融资产取得的投资收益；

15. 单独进行减值测试的应收款项减值准备转回；

16. 对外委托贷款取得的损益；

17. 采用公允价值模式进行后续计量的投资性房地产公允价值变动产生的损益；

18. 根据税收、会计等法律、法规的要求对当期损益进行一次性调整对当期损益的影响；

19. 受托经营取得的托管费收入；

20. 除上述各项之外的其他营业外收入和支出；

21. 其他符合非经常性损益定义的损益项目。

2. 几个重点问题

在理解非经常性损益时，应注意以下几点。

（1）利得和损失

公司如果发生非经常性收益，则会导致公司经常性活动产生的净利润要低于利润表中所反映的当期净利润，从而在扣除非经常性损益后，公司的净资产收益率和每股收益等盈利指标就会小于按照当期净利润计算所得出的结果；如果发生非经常性损失，则会导致公司经常性活动产生的净利润要高于利润表中所反映的当期净利润，公司的净资产收益率和每股收益等盈利指标就会高于按照当期净利润计算所得出的结果。

（2）相关领域

非经常性损益主要发生于与公司生产经营无直接联系的相关领域。比如，公司出售分部或子公司所取得的投资收益在很多公司是其利润的主要来源，但是，也需注意非经常性损益也有可能与生产经营活动有关。

因此，在确定非经常性损益项目时，切记非经常性损益与非经营性损益是不同的两个概念。公司完整的经济活动应该包括生产经营活动、投资活动和筹资活动三部分，除了产品的生产、加工和销售等商品生产经营活动外，还应该包括企业基于各种战略考虑所进行的对外长期投资活动等资本经营活动，也应该包括公司利用暂时闲置的资金自行进行的短期投资活动和相关的筹资行为。因此，我们不能根据损益是否来源于商品生产经营活动作为判断该收益是否为非经常性损益的唯一标准。

（3）判断是否为非经常性损益

判断某项损益是否为非经常性损益时，除了应该考虑该项损益与生产经营活动的联系外，更重要的是应该考虑该项损益的性质、金额或发生频率的大小。

①判断某项损益的性质，应主要分析产生该项损益的事项或业务是否为公司持续经营所必需，是否为公司发生的特殊业务。从公司所处的经营环境看，

特殊性的事项或业务具有高度的反常性，而且与企业正常典型的活动明显地不相关或仅仅偶然相关。如果产生某项损益的事项或业务是公司持续经营不可或缺的，则该项损益就不能作为非经常性损益来处理。

②判断某项损益是否为非经常性损益时，还应该考虑损益金额的大小。根据会计中的重要性原则，对于一些金额较小的非经常性损益即使将其视为经常性损益，也不会对投资者的投资决策分析产生实质性的影响。因此，对于一些明显可归于非经常性项目但金额较小的损益，为了简化起见，在一般情况下可以将其视为经常性损益处理。但是，如果这些损益对公司的主要财务指标将会产生实质性的影响时，仍然将其视为经常性损益就不恰当了。

③除了考虑损益的性质和金额外，还必须考虑其发生的频率。产生非经常性损益的事项或业务应该是公司发生的偶发性事项或业务，也就是公司在可以预见的将来不能合理预计是否会发生的业务。正是因为这些事项或业务发生的偶然性，由此而产生的损益就应该归属于公司的非经常性损益。

3. 披露相关问题

整体来说，公司除应披露非经常性损益项目和金额外，还应当对重大非经常性损益项目的内容增加必要的附注说明。公司对“其他符合非经常性损益定义的损益项目”以及根据自身正常经营业务的性质和特点将本规定列举的非经常性损益项目界定为经常性损益的项目，应当在附注中单独作出说明。

根据财政部和中国证监会的现行规定，公司在对非经常性损益项目进行信息披露时，应该在利润表下面以补充资料的形式，同时在披露公司的净资产收益率和每股收益财务指标时，应该在主营业务利润、营业利润和净利润的基础上，以扣除非经常性损益后的净利润披露以上两个指标。

4. 北交所相关规定

《北京证券交易所股票上市规则（试行）》中对非经常性损益有如下规定：

6.2.3 规定：“上市公司因本规则第 10.3.1 条规定的情形，其股票被实施退市风险警示的，应当在会计年度结束之日起两个月内预告全年营业收入、净利润、扣除非经常性损益后的净利润和净资产。”

10.3.1 中规定：“本节所述净利润以扣除非经常性损益前后孰低者为准，营业收入应当扣除不具备商业实质的收入。负责审计的会计师事务所应当就公司营业收入扣除事项是否符合前述规定及扣除后的营业收入金额出具专项核查意见。”

12.1 中规定：“净利润是指归属于上市公司股东的净利润，不包括少数股东损益，并以扣除非经常性损益前后孰低者为计算依据。加权平均净资产收益率，以扣除非经常性损益前后孰低者为计算依据，并根据中国证监会发布的《公开发行证券的公司信息披露编报规则第 9 号—净资产收益率和每股收益的计算及披露》规定计算。”

最后，特别提请发行人注意公允价值还原于非经常性损益的新规，也有可能影响到一些准备再融资的上市公司，对准备再融资的上市公司的盈利能力是否真正具有可持续性，将会成为较大的考验。

四、北交所上市监管审核财务相关案例

（一）成功案例借鉴

案例 1：客户集中度过高

A 公司主要从事某类汽车发动机零部件生产、销售，报告期内对某大型汽车制造企业集团 X 客户销售占比超过 90%。发行审核时监管重点关注了 A 公司与 X 客户合作的稳定性与业务持续性，相关信息披露是否充分。

分析：根据《北京证券交易所向不特定合格投资者公开发行股票并上市业务规则适用指引第 1 号》1–14 的规定，当发行人存在客户集中度较高情形的，中介机构应重点关注该情形的合理性、客户的稳定性和业务的持续性以及信息披露。

反馈信息：A 公司下游行业为整车制造行业，集中度本身较高，汽车零部件行业企业客户集中度较高具有普遍性。

A 公司在当前人力、资金等资源和产能规模下，集中资源服务好 X 客户，符合其经营战略，在技术、产能规模等方面具备竞争优势。A 公司自 2005 年与 X 客户建立合作关系以来，伴随着 X 客户的成长实现了自身的快速发展，从服务单一客户 X，供应单一型号产品，发展到与越来越多的 X 客户旗下主体合作，供应多种型号产品；目前已陆续获得 X 客户发动机更新换代后新的项目订单，向 X 客户销售具有持续性及增长性，不存在被替代风险。A 公司已充分披露客户依赖相关情况，并进行针对性风险揭示。

（来源：北交所发行上市审核动态 2022 年第 1 期）

案例 2：同业竞争

B 公司主要从事连接器等产品的研发、生产和销售。B 公司与其控股股东 Y 公司存在经营同类业务的情形，报告期内 Y 公司同类业务收入占 B 公司营业收入的 11%—14%。

发行审核时监管重点关注了 B 公司与其控股股东 Y 公司之间存在同业竞争的合理性，经营地域、产品定位等方面的差异，同业竞争是否导致非公平竞争、利益输送、相互或者单方让渡商业机会以及对公司未来发展的潜在影响等，监管提出同业竞争对 B 公司是否构成重大不利影响。

分析：《北京证券交易所股票上市规则（试行）》《北京证券交易所向不特定合格投资者公开发行股票并上市业务规则适用指引第 1 号》要求不存在对发行人直接面向市场独立持续经营的能力具有重大不利影响的情形，不存在对发行人构成重大不利影响的同业竞争。《公开发行证券的公司信息披露内容与格式准则第 46 号——北京证券交易所公司招股说明书》规定，发行人应对不存在对发行人构成重大不利影响的同业竞争作出合理解释，并披露发行人防范利益输送、利益冲突及保持独立性的具体安排。

反馈信息：Y 公司存在少量射频连接器业务对 B 公司不构成重大不利影响。具体而言，一是 Y 公司的产品客户属性和资质要求特殊，少量经营同类业务存在合理性。二是业务定位和主要产品区别明显。B 公司定位于射频连接器业务，Y 公司主要专注于光连接器、低频连接器业务；二者主要产品在技术原理、产品设计及发展方向、应用专利、核心工艺、关键设备具有明显区别。三是存在同类业务对 B 公司无重大不利影响。Y 公司连接器收入占其收入不到 1%，占 B 公司收入比重在 11%—14% 之间。四是未导致非公平竞争，不存在利益输送、利益冲突以及相互或者单方让渡商业机会情形。就射频连接器业务而言，Y 公司与 B 公司不存在共同客户，不存在竞争客户资源。

（来源：北交所发行上市审核动态 2022 年第 1 期）

案例 3：关联交易占比较高

发行人 B 公司面向光伏及半导体行业客户提供晶硅制造和硅片处理等生产设备，共同实际控制人为 C 公司的第二、第三大股东。B 公司报告期各期来自关联方 C 公司的收入占比分别为 69.12%、83.40% 和 67.84%。

发行审核时监管重点关注了关联交易的真实性、合理性，关联交易价格公允、程序合规性，合作稳定的持续性以及发行人独立面向市场的持续经营能力。

分析：按照《北京证券交易所向不特定合格投资者公开发行股票并上市业务规则适用指引第 1 号》1–6 和 1–13 的规定，发行人应不存在严重影响发行人独立性或者显失公平的关联交易。中介机构及发行人应对关联交易的必要性、合理性和公允性，关联交易是否影响发行人的独立性、是否可能对发行人产生重大不利影响等进行充分核查并发表意见。

反馈信息：

第一，关联交易占比较高具有商业合理性。在单晶硅产业链中，发行人属于上游设备提供商，C 公司属于下游单晶硅棒、硅片、单晶电池片、组件生产商及光伏电站开发商。近年来单晶硅产能扩张迅速，C 公司与另一家企业共同成为下游单晶硅行业双寡头，受此影响，C 公司等占据市场份额较高的主要单晶硅制造企业与其设备供应商形成一种长期稳定的合作关系，发行人等单晶硅设备企业的客户集中度较高具有行业普遍性。

第二，关联交易价格公允、程序合规。发行人对 C 公司及下属公司销售定价政策与对其他客户基本一致，销售价格与对其他客户相比亦无明显差异。C 公司向发行人的采购价格与向第三方供应商的采购产品类型一致、价格无明显差异。发行人与 C 公司的关联交易依据公司章程等相关规定均履行了必要的决策程序。

第三，关联交易真实。中介机构通过检查每笔交易合同、查验 B 公司的采购生产销售信息、物流运输记录、发货验收单据、对应资金流转情况等方式，对报告期发行人与 C 公司的关联交易进行了核查，认为关联交易真实，不存在通过关联交易虚增业绩的情形。

第四，合作稳定可持续。发行人与 C 公司于 2009 年正式建立业务合作关系，合作深度不断提升，合作范围不断扩大，双方合作具有较强的持续性、稳定性。

第五，具备独立面向市场的持续经营能力。发行人与 C 公司不存在资产混同、人员共用，采购、销售渠道相同，商标、专利、技术等混用的情形。发行人同国内外众多知名光伏企业保持持续合作，不存在被限制向其他客户供货的情况，具备服务其他行业内主要客户的能力。

（来源：北交所发行上市审核动态 2022 年第 2 期）

案例 4：股东提供无息资金支持相关会计处理不规范

D 公司报告期内接受公司控股股东及其一致行动人提供的无息资金支持，因无实际利息支出，未计提财务费用。

发行审核时监管重点关注了上述行为的经济实质是否属于股东对企业的资本性投入，相关会计处理是否符合《企业会计准则》等规定。

分析：公司向控股股东的一致行动人进行资金拆借，其向公司借款而不收取利息的行为属于间接对公司的捐赠，经济实质上属于非控股股东对企业的资本性投入，应计入资本公积。因此，公司报告期内接受公司控股股东及其一致行动人提供的无息资金支持，未计提相应利息，相关会计处理不符合《企业会计准则》的规定。

反馈信息：

第一，按照财政部《关于做好执行会计准则企业 2008 年年报工作的通知》中规定，“如果接受控股股东或控股股东的子公司直接或间接的捐赠，从经济实质上判断属于控股股东对企业的资本性投入，应作为权益性交易，相关利得计入所有者权益（资本公积）”。公司控股股东与公司签订的《资金拆借协议》，约定其向公司无息提供资金支持，该经济行为属于间接对公司的捐赠，经济实质上属于控股股东对企业的资本性投入，应计入资本公积。

第二，根据《企业会计准则解释第 5 号》规定，“企业接受非控股股东（或非控股股东的子公司）直接或间接代为偿债、债务豁免或捐赠，经济实质表明属于非控股股东对企业的资本性投入，应当将相关利得计入所有者权益（资本公积）”。公司向控股股东的一致行动人进行资金拆借，其向公司借款而不收取利息的行为属于间接对公司的捐赠，经济实质上属于非控股股东对企业的资本性投入，应计入资本公积。因此，公司报告期内接受公司控股股东及其一致行动人提供的无息资金支持，未计提相应利息，相关会计处理不符合《企业会计准则》的规定。为了使财务报表公允反映经营成果，公司对相关事项进行了会计差错更正，按照占用资金金额、占用资金时间和同期贷款利率计提了相应利息，并计入当期财务费用。

（来源：北交所发行上市审核动态 2022 年第 2 期）

（二）终止审核案例

1. 关于财务及内控合规性方面的问题

财务及内控的合规对于拟上市公司的重要性不言而喻，对于拟上市公司来说，财务及内控合规是其上市之前的首要关注点，财务状况与发行人实际业务情况密切相关，财务状况是反映发行人经营状况的最直观体现，对于拟进行北交所 IPO 的企业来说，财务及内控的合规性是审核中重点关注的问题。

案例 1

北京某光电科技股份有限公司于 2022 年 7 月 21 日终止审核，该公司仅收到一轮审核问询即撤回北交所 IPO 申请材料，在北交所的审核问询函中要求补充披露“收入、成本核算准确性与毛利率高于行业均值的合理性、应收账款坏账计提政策的准确性、会计差错更正及财务内控有效性”等财务合规问题。

（来源：北交所网站发行上市－审核动态－公开发行并上市－状态－终止）

案例 2

广东某科技股份有限公司于 2022 年 3 月 25 日终止审核，在北交所两轮审核问询函中，均被关注到“受托代加工、贸易类收入确认的合规性、开展某业务的真实性和合理性、原材料采购的真实性”“成本核算完整性及准确性”等财务问题。

（来源：北交所网站发行上市－审核动态－公开发行并上市－状态）

案例 3

杭州某软件股份有限公司于 2022 年 8 月 26 日终止审核，北交所的审核问询函中明确要求中介机构补充对于公司内控有效性的核查，包括大额现金额的支取、股东、董监高等人员个人银行卡的核查等程序的补充。

（来源：北交所网站发行上市－审核动态－公开发行并上市－状态）

2. 关于关联交易的问题

根据《北京证券交易所股票上市规则（试行）》规定，上市公司的关联交易，是指上市公司或者其控股子公司等其他主体与上市公司关联方发生规定的交易和日常经营范围内发生的可能引致资源或者义务转移的事项。规定的交易如对外投资（含委托理财、对子公司投资等，设立或者增资全资子公司及购买银行理财产品除外）、提供担保（即上市公司为他人提供的担保，含对控股子公司的担保）、赠与或者受赠资产等。不正当的关联交易会导致利益输送，进而损害公司和股东的权益。因此，发行人与控股股东、实际控制人及其关联方之间的关联交易应根据业务模式控制在合理范围且发行人必须完整、准确地披露关联方关系及其交易。

案例

杭州某软件股份有限公司于 2022 年 8 月 26 日终止审核，在审核期内的三轮问询中，北交所均针对其关联交易问题进行了重点关注。

首轮问询中，北交所要求发行人说明与某关联公司的关联交易的合理性、合规性。发行人与其关联公司之间存在关联租赁、关联借款、关联担保。因此，北交所要求发行人补充披露过去几起关联交易的原因、公允性、合规性，说明是否存在损害发行人利益或中小股东利益的风险，以及公司对于关联交易的审核程序是否反映了公司治理机制不健全且缺乏独立性。同时要求发行人进一步说明规范关联交易的具体措施及有效性，并说明申请文件是否已经完整披露关联方、关联交易。

第二轮问询中，北交所根据首轮问询答复继续关注关联交易问题。要求发行人进一步说明关联交易的合规性，认为根据其已披露信息和问询回复，尚存在关联借款信息披露不充分，部分关联交易问题未正面回复的问题，并要求其进一步说明规范关联交易的具体措施及可行性、有效性。

第三轮问询中，北交所指出根据申请文件及问询回复等材料，关于发行人与某关联公司之间的关系、是否存在代垫成本费用等问题，前期回复文件涉及的基本事实、核查结论等存在明显矛盾，并就相关问题展开进一步追问。

本案例中关联交易问题是北交所问询中的重点关注问题。如若在回复中未充分、全面回应相关问题，很可能在后续多轮问询中被继续追问。合理范围内的关联交易并不被禁止，一般而言，发行人需要说明关联交易具有必要性、合理性及公允性。严格控制关联交易的底层逻辑是保证公司和股东的利益，因此，如果发行人内部具有健全完善的关联交易决策制度和程序，保证关联交易的合规合理，关联交易则不会成为上市审核的障碍。

（来源：北交所网站发行上市－审核动态－公开发行并上市－状态）

3. 关于信息披露质量的问题

根据《北京证券交易所上市公司证券发行上市审核规则（试行）》的规定，北交所上市审核对于信息披露质量的要求是：重点关注上市公司的募集说明书及其他信息披露文件是否达到真实、准确、完整的要求，是否符合中国证监会制定的内容与格式规定和本所的信息披露要求。重点关注发行上市申请文件及信息披露是否达到下列要求：

（1）充分、全面披露对投资者作出投资决策有重大影响的信息，披露程度达到投资者作出投资决策所必需的水平；

（2）所披露的信息一致、合理且具有内在逻辑性；

（3）简明易懂，便于一般投资者阅读和理解。

案例：

南京某水治理股份有限公司于 2022 年 7 月 20 日终止审核，在审核期内的两轮问询中，北交所均对其信息披露质量问题予以了关注。

首轮问询中，北交所指出发行人信息披露的准确性、充分性问题。要求发行人对尚未了结的诉讼案件具体情况、董监高薪酬合理性、部分重大合同长期未履行的原因及合理性、重大合同标准的确定依据、保证金期限在 5 年以上尚未结算的对应项目的进展情况等问题进行补充披露。

二轮问询中，北交所再一次指出发行人信息披露质量存在问题，首轮问询答复中，发行人及中介机构存在部分问题漏答、未按要求回答、论证不充分，部分披露内容和数据前后不一致或矛盾、数据统计口径不清晰或不严谨，部分核查结论与事实描述不一致或矛盾、结论不明确或答非所问，较多数据或文字错误、表述不规范或不准确等问题。北交所要求发行人认真梳理前期申请文件及首轮回复文件存在的各类问题，并重新回答关联交易、工程分包、劳务分包、公司经营资质等问题。

本案例中信息披露质量是审核中关注的又一重点问题，发行人和中介机构都应当予以重视。在符合真实、准确、完整的前提下，应保证最基本的文字表述、格式不出现错误，同时应当注意申请文件及回复文件中的逻辑问题，论述问题切勿出现前后矛盾的问题，对于问询提到的所有问题，都应当充分回应论述，不可以回避、漏答错答问题。

（来源：北交所网站发行上市－审核动态－公开发行并上市－状态）

（三）被否案例

根据北交所的公开信息，2022 年以来，已有多家企业终止审核，大多数为企业主动申请撤回。

根据 2022 年 9 月 19 日北交所上市委员会 2022 年第 43 次审议会议结果公告，安徽泰达新材料股份有限公司因毛利率变动、收入利润增长原因、供应商选择合理等主要问题 IPO 申请被否，成为北交所首家被否企业。

上市委员会审议认为，发行人及中介机构未就报告期内毛利率显著高于同行业上市公司的合理性、净利润连续大幅增长的合理性进行充分的解释、说明，相关信息披露不符合《证券法》第 19 条、《北京证券交易所向不特定合格投资者公开发行股票注册制管理办法（试行）》第 5 条、《北京证券交易所向不特定合格投资者公开发行股票并上市审核规则（试行）》第 20 条等相关规定。

（四）处罚案例

1. 未按规定及时报告重大事项

北交所发行上市审核动态 2022 年第 2 期披露：在本所首轮问询函发出后，发行人以临时公告形式披露年度审阅报告。根据审阅报告，公司将不再符合申报时选定的上市标准。公司及其中介机构未在首轮问询回复中说明前述事项及其影响，亦未及时履行重大事项报告义务。

2. 现场检查发现，申请文件相关表述前后存在实质性差异

北交所发行上市审核动态 2022 年第 2 期披露：发行人在第一轮、第二轮问询回复中，披露业绩下滑是公司主动筛选客户所致；根据证监会派出机构现场检查报告、保荐机构专项说明及更新后的问询回复，发行人及其保荐机构将业绩下滑的原因调整为因国家医保控费、“两票制”、零差价等医疗改革政策，医药流通企业销售市场整合，导致公司丢失了部分销售市场。前述表述前后存在实质性差异。

3. 申报信息披露违规

北京证券交易所自律监管措施的公告文件北证监管执行函〔2022〕7 号、8 号披露：

河南硅烷科技发展股份有限公司（简称硅烷科技）公开发行股票并上市申

请文件于 2021 年 12 月 29 日获得受理。审核期间，硅烷科技于 2022 年 5 月 9 日披露《关于公司前期会计差错更正公告》，对 2018 年至 2021 年年度财务报告中涉及的会计差错事项进行说明，并对 2018 年至 2021 年的财务数据进行了追溯调整。其中，2020 年调减净利润 3079659.83 元，调整前净利润 49908528.82 元，调整后净利润 46828868.99 元，调整比例 –6.17%；2019 年调减净利润 3752018.96，调整前净利润 19469829.17 元，调整后净利润 15717810.21 元，调整比例 –19.27%；2018 年调减净利润 937015.96 元，调整前净利润 7545112.26 元，调整后 6608096.30 元，调整比例 –12.42%。

硅烷科技的上述行为，不符合发行上市申请文件和信息披露应当真实、准确、完整的要求，违反了《公开发行证券的公司信息披露内容与格式准则第 46 号——北京证券交易所公司招股说明书》第 5 条、《北京证券交易所向不特定合格投资者公开发行股票并上市审核规则（试行）》第 20 条的规定，构成信息披露违规。

鉴于上述违规事实及情节，根据《北京证券交易所自律监管措施和纪律处分实施细则》第 16 条的规定，北京证券交易所于 2022 年 7 月 18 日作出如下决定：

对硅烷科技、董事长孟国均、财务负责人梁涌涛、董事会秘书付作奎采取出具警示函的自律监管措施。（北证监管执行函〔2022〕7 号）

对保荐人李雪斌、梁奋采取出具警示函的自律监管措施。（北证监管执行函〔2022〕8 号）

特别鸣谢

本书写作历时将近 1 年。为了使广大企业家朋友更深入了解北交所上市相关内容，我集结了 8 位专家老师共同编著此书，此间历经无数次内容推翻与探讨，最终确定此版本，其间经历了各种坎坷，幸而得到多方支持，我对此心存感激。

首先，我要感谢的是副主编徐静静、林凌山，他们帮助我解决一个又一个难题，理清了写作方向，互相促进脑力激荡并获得成长。此外，还要向围绕本书相关主题的合著者王钦刚、屠博、郭宝生、黄立才、陈擎致以最真挚的感谢，在成书的过程中我们展开多次深度调研与讨论，在每个细节上追求务实、追求极致，我们互相给予中肯的意见，是他们的认真专注使这本书的面世成为可能。

我要特别感谢朱少平老师、万力会长，他们不仅耐心倾听我所遇到的挑战和问题，更给予我明确的指引、坚定地支持、学术的教导、细节的补充，让本书的内容完善且尽量简练尽可能让所有人都能看懂。

除此之外，《直通北交所》得到了绍兴杭州湾会计学苑的大力支持和热心帮助，由学苑采购 1000 册书籍，并将进行大力推广，如此认可与支持，致以由衷的感谢。

最后我要感谢中国民主法制出版社的大力支持，我们的《新时代股权投资百问》就是在中国民主法制出版社的支持下与读者见面的，当时其编辑的专业性与出版品质给我留下来非常深的印象，所以坚定了我想要继续合作的信念，相信中国民主法制出版社一定会为本书带来品质保障。

张冉静

2023 年 1 月

绍兴杭州湾区会计学苑简介

杭州湾会计学苑全称绍兴杭州湾区会计学苑，是绍兴市委市政府积极响应长三角一体化国家战略，主动拥抱大湾区建设的重大项目，也是深挖大禹文化和绍兴“会计发源地”的寻根溯源基地。

学苑由绍兴市财政局、国融兴华投资管理集团有限公司、中审众环财税专业服务集团、北京中泽融信管理咨询有限公司共同出资打造，是一家采取联合办学方式共同经营管理，提供中高端职业教育培训及系统研修服务的社会办学机构。

学苑坐落于“中国会计之乡”、世界历史文化名城绍兴。学苑距离杭州萧山机场30分钟车程，距离绍兴高铁北站仅3公里，交通便利。学苑拥有国内一流、齐全的数字教学设施，包括智慧校园平台、大规模计算机教学中心、多功能语音中心、多媒体电子教室、400余人大会堂、直播录播室，以及同声传译机、LED大屏等智能化教学设备，能容纳500余人住宿、2000余人上课、400余人同时用餐。学苑内设“中国会计博物馆”，室内陈列布展总面积达3200平方米，全方位、多角度展现了中国会计文明史。

学苑以绍兴全球独一无二的悠久会计历史文化和雄厚的会计人才培育基础为依托，旨在打造国内一流的高端财经人才教育基地、高端财经峰会基地和会计文化交流圣地。